歴代天皇知れば知るほど

所　功・監修
Isao Tokoro

JIPPI Compact

実業之日本社

監修のことば

所　功（京都産業大学名誉教授）

いま世界に二百近い独立国家がある。そのうち、多くは元首を選挙で決める共和制だが、約三十か国は君主制をとっている（イギリス国王＝女王を統合の象徴とする大英連邦の加盟国は五十か国ほどある）。

ただ、一口に君主国といっても、ヴァチカンのごとく法王を内密にコンクラーベで選ぶとか、マレーシアのごとく各州のスルタンが五年ごとに廻り持ちするような所もあり、またスペインやカンボジアのごとく、いったん廃止された王制を復活させた例もある。

その点、わが国の皇室は、大和朝廷の始祖と伝えられる神武天皇から数えて一二五代（および北朝五代）、ほぼ二千年近くも同一血縁の王家が続いているとみられる。これは、まさに比類のない稀有《けう》な存在と言えよう。

念のため、第二十六代の継体天皇は、第十五代応神天皇の五世孫と伝えられ、前代の武烈天皇と離れすぎているから、ここで王朝が断絶し交替したように説く人も少なくない。しかし、その皇后は前帝の姉か妹にあたる手白香《たしらか》皇女であり、その所生の欽明天皇の子孫が約千五百年後の現在まで続いている。

ところで、従来の歴代天皇は、八方・十代の女帝以外、男系（父系）の男子皇族により続いてきたが、それは后妃として正室以外に側室を容認し、約半数を庶子で継承することもできたからである。しかし、すでに昭和天皇が一夫一婦制を実践され、戦後の皇室典範（法律）によって側室も庶子も否定された。それにも拘わらず、皇位の継承資格は依然「男系の男子」に限定されている。

そのため、平成二十六年（二〇一四）末の時点で、今上陛下（八十一歳）の後継者は、皇長男（五十四歳）・皇次男（四十九歳）・皇男孫（八歳）の三方がおられるから、幸い順調に進めば男系の男子で続くにせよ、その先に必ず皇男子が得られるとは限らない。

では、どうしたらよいのか。このような問題を考える際も、歴代天皇の歩みを振り返ってみると、各時代の多様な動向が直接間接に投影されている。それを読者は、本書から自由に読みとっていただきたい。

歴代天皇知れば知るほど　目次

第2章　飛鳥・奈良時代の天皇

木本好信・坂井洋子

第4章　鎌倉・南北朝時代の天皇 ―― 201
武家との対立と皇統の分裂　平泉隆房・坂井洋子

第5章　室町・戦国時代の天皇
朝廷の権威と戦国武将たち ―― 241
五島邦治・坂井洋子

第6章　江戸時代の天皇
朝幕関係の複雑な変化 ―― 261
久保貴子・坂井洋子

＊本書は、小社刊『歴代天皇　知れば知るほど』（二〇〇六年発行）をもとに加筆・再編集したものです。

序論　日本史上の天皇

所　功（京都産業大学名誉教授）

わが国の天皇は、『皇統譜』によれば、今上陛下で一二五代（および北朝五代）を数える。その初期には不確かな方も少なくないが、仮に一代平均十数年とみれば、二千年近い歴史を有することになる。その間には天皇の在り方にもかなり変遷があったに違いない。ここでは時期を大まかに四分して、各々の特質を明らかにしよう。

●建国過程の「大王」

日本列島の大部分が大和朝廷によって統一されたのは、おそらく西暦の四世紀前半とみられる。しかし、「ローマは一日にして成らず」といわれるごとく、大和朝廷による日本統一も、十数代・二百数十年以上をかけて、だんだんに達成されたようである。しかも、その先頭に立ったのが、大和の大王＝天皇であり、皇族たちにほかならない。

『古事記』や『日本書紀』によれば、まず初代と伝えられる神武天皇（神日本《かむやまと》磐余《いわれ》彦尊《ひこのみこと》）は、原《ウル》ヤマトの九州（福岡県旧山門《やまと》郡＝みやま市→宮崎県高千穂《たかちほ》町あたりか）より東征して、大和の磐余《いわれ》（奈良県桜井市中部〜橿原《かしはら》市東南部）に拠点を築き、畝傍《うねび》の「橿原宮」で即位されたという。その実年代は、おそらく稲作文化などが広く普及した弥生中期（一世紀初め前後）とみて大過ないであろう。

この畿内大和を中心に基礎を固めた朝廷は、三世紀の前半、「水垣宮《みずがきのみや》（磯城瑞蘺宮）」（奈良県桜井市の巻向《まきむく》地区あたり）にいた⑩崇神天皇（⑩は『皇統譜』による第十代の意。以下同様）が、畿外に「四道《しどう》将軍」（『日本書紀』に登場する皇族の四人の将軍）を派遣されたという。その一人で崇神天皇の伯父にあたる大彦命《おおひこのみこと》は、北陸に遣わされたが、ついで東国にまで勢力を伸ばしたとみられる。なぜなら、のちワカタケル大王（㉑雄略天皇）に「杖刀人《じょうとうにん》」として仕えた東国（埼玉県）の豪族オワケ臣《おみ》も、八代前の先祖をオホヒコ（大彦命）と称しているとみなしうるからである（稲荷山《いなりやま》古墳出土鉄刀銘）。

また崇神天皇は、それまで宮中で祀ってきた皇祖神の天照大神《あまてらすおおみかみ》と地主神の倭国魂神《やまとこくたまのかみ》とを、宮外の聖地に奉安して、「祭政」を分立されるとともに、九州伝来の天神《あまつかみ》と大和など在地の地祇《くにつかみ》とを整序し調和させたという。これは、天照大神を奉ずる大和朝廷の大王が、それぞれの神々を奉ずる各地の豪族（小王）を勢力下におさめ、やがて彼らに氏《うじ》や姓《かばね》を与えるような主体的地位を高めつつあったことを意味すると考えられる。

その統一事業を最も積極的に展開されたのは、⑫景行天皇と皇子の日本武尊《やまとたけるのみこと》（倭建命）である。この父子が四世紀前半頃、九州の熊襲《くまそ》も東国の蝦夷《えみし》も平定したという英雄伝説は、五世紀後半、雄略天皇（幼武尊《わかたけるのみこと》）とみられる倭王武《わおうぶ》の「昔より祖禰《そでい》みずから甲冑《かっちゅう》を擐《つらぬ》き……東は毛人《もうじん》を征すること五十五国、西は衆夷《しゅうい》を征すること六十六国……」（『宋書《そうじょ》』倭国伝《わこくでん》）という上表文とも符合するから、大筋は史実に近いであろう。

このように建国過程の天皇および皇族たちは、国内平定に陣頭指揮をとったに違いない。その結果、天皇は各地で勢力を張る多数の小王を従えて天下に君臨する「大王」となり、事実、「オオキミ」（大王・大君）と呼ばれるようになったのである。

●律令制下の「天皇」

その大王が、おそらく大を天、王を皇に改めて「天皇」と称されるようになったのは、七世紀に入ってからとみられる。この「天皇」という称号は、世俗の政治的権力を超えて、より神聖な宗教的権威を具有するに至った日本の最高統治者「スメラミコト」（澄《す》める命・統《す》べる尊）を表すにふさわしい、と考えられたのであろう。

日本の律令法典は、七世紀に舶来された隋・唐のモデルに抜本的な修訂を加えて、㊷文武天皇の大宝元年（七〇一）に完成した。その『大宝令』によれば、天皇は祭祀の主宰者として「天子」と称し、外交の代表者として「皇帝」の称を用いること、また国政上、最も主要な事項は「天皇」の「勅定」により「詔書」で示すことになった。しかも『大宝律』には、『唐律』と同じく「非常の断、人主これを専《もっぱ》らにす」とあり、立法主体の人主＝天皇は、通常の成文法規を超えて非常の聖断（恩赦など）を下しうることになっていたのである。

しかし、法制的にも実態面をみても、日本の天皇は、中国皇帝のような独裁権をもたず、むしろ天皇から任命される公卿（大臣・納言・参議）などに議政の権限を委ねていた。したがって、その頂点に立つ太政大臣（平安中期には摂政・関白）のポストを獲得した執政者（ほとんど藤原氏）が、政治を左右する大きな力をもったのである。

とはいえ、この時代の天皇も、単なる飾り物だったわけではない。たとえば、八世紀末に都を奈良から平安京（京都）へ遷された㊿桓武天皇や、十世紀初めに『延喜《えんぎ》格《きゃく》式《しき》』『古今和歌集』などを勅撰された⑥⓪醍醐天皇など、積極的に政治的な指導力を発揮された例も、けっして少なくない。

また十一世紀後半には、⑦②白河天皇が、譲位後も上皇（太上《だいじょう》天皇）として自由な立場で政務をみる「院政」を開かれた。これ以後、上皇は「治天《ちてん》の君」として天皇や摂政・関白の太政官政治に大きな影響力を与えるようになったのである。

●武家時代の「ミカド」

このように平安中・後期の天皇は、摂関や上皇に政治の実権を握られがちであったが、京都の内裏《だいり》を舞台として律令的な王朝政治が展開されたことは、それ以前と変わりがない。しかしながら、十二世紀末、源頼朝が関東の鎌倉に幕府を開き、征夷大将軍として武家政権を樹立して以降、ほぼ全国を支配するに至った。

それに対して、十三世紀初め、㉒後鳥羽上皇は、次男の㉔順徳上皇らとともに、幕府追討を企てられたが、あえなく失敗に終わり、逆に隠岐（順徳上皇は佐渡）へ島流しにされてしまった。その約百年後、㊻後醍醐天皇は、二度の失敗にもめげず、幕府の打倒に成功され、院政も摂政・関白も廃して、名実ともに天皇親政を再開された。しかし、まもなく足利高氏（尊氏）が別の天皇を擁立し、やがて京都で幕府政治を再開した。そのため、後醍醐天皇は京都を出て南方の吉野へ遷らざるを得なくなり、いわゆる南朝と北朝の対立が、以後六十年近く続いたのである。

その南朝から北朝に三種の神器を強引に取り戻して両朝の合一をはかり、内政のみならず外交の権限までも掌握したのが、三代将軍足利義満である。しかし義満は、一方でみずから上皇のごとく振る舞い、他方で明《みん》の皇帝に臣従するような態度をとったので、当時から識者の批判を浴びた。しかも、その没後、有力な守護大名などの対立が激しくなり、やがて戦国時代に突入していく。

その長い戦国武乱世を平定統一したのが、織田信長・豊臣秀吉などである。彼らは伝統的な天皇の権威を奉じて、朝廷の高官（大臣・関白）となることにより、民心を帰伏《きふく》させた。

続いて十七世紀初め、徳川家康は⑩⑦後陽成天皇から征夷大将軍に任命され、関東の江戸に幕府を開いた。そして、まもなく「禁中《きんちゅう》並《ならびに》公家《くげ》諸法度《しょはっと》」などを発し、朝廷と公家や社寺などの言動を厳しく制限している。

しかし、五代将軍綱吉の頃から、幕府自体が武断政治より儒教（朱子学）による文治政策を重んじたので、全国の大名・武家のみならず町民・農民クラスにも、学問・教育が盛んになった。それにともない、京都御所のミカド＝天皇こそ「名誉の源泉」であり、江戸の将軍は朝廷から全国統治を委任されている、というような考えが広まっている。

しかも、幕府が十八世紀末頃から、しだいに内政・外交への対応策で行き詰まりをみせるようになると、朝廷に政権を返上して出直すべきだ、との声が高まった。そこで、ついに慶応三年（一八六七）、十五代将軍慶喜は、みずから「大政奉還」に踏み切ったのである。

●近代史上の「皇帝」

こうして再び天皇を中心に結束し、内政・外交を建て直すことになった明治政府は、近代化＝西洋化の政策（殖産興業・富国強兵など）を強力に推し進めた。また自由民権運動の盛り上がりなどもあって、明治二十二年（一八八九）、近代的な憲法を制定し、翌年から二院制の帝国議会（勅選の貴族院と民選の衆議院）を開設するに至ったのである。

その『大日本帝国憲法』に「天皇は国の元首にして統治権を総攬《そうらん》し、この憲法の条規によりこれを行ふ」と明記されているごとく、近代の天皇は、みずから憲法の規定に従って大局的に国政を総攬する元首＝立憲君主である。したがって、一見絶大な権限をもち、対外的に「皇帝

＝Emperor」と称されたが、実際は、内閣・議会・裁判所の決定をオーソライズするに留まり、私的な意向で国政を左右されることはなかったとみられる。

ただ、⑫明治天皇は、青年期から全国各地を巡幸して民情に精通され、常に国家・国民のため心を砕いておられた。そのため、政治家も軍人たちも、天皇の御心に添うよう公務に精励する者が多く、それに大多数の国民も共感し協力している。そのような状況下で、急速に「殖産興業・富国強兵」などを達成することができたのである。

やがて日本は、台湾や朝鮮を植民地化して、東アジアの強大国となった。けれども、それにつれて欧米列強と利害の対立を深め、ついに「大東亜戦争」（太平洋戦争）に突入して、未曾有の敗北を余儀なくされ、連合国軍に占領統治されるに至った。

しかしながら、その被占領下でGHQ草案に基づいて制定された『日本国憲法』も、第一章に「天皇」の条項を設け、天皇は国政に関する機能を有しないが、日本国を代表し全国民を統合する「象徴」という格別な立場と役割を明記している。

それは、GHQにとっても、日本国民にとっても、「世襲」天皇の存続が必要と判断されたからであろう。事実、⑫昭和天皇の全国巡業などにより、多くの国民が慰められ励まされて、奇跡的といわれるほどの復興を成し遂げえたのである。

その昭和天皇の崩御直後、皇太子明仁親王が第一二五代の皇位を承け継がれた。まもなく八十一歳の今上陛下は、いまでも外国から「Emperor」と称されているが、父帝を御手本として、名実ともに「象徴天皇」の道を歩み続けておられる。

ちなみに、現在の年号（元号）である「平成」は、「内平外成」（『史記《しき》』）、「地平天成」（『書《しょ》経《きょう》』）を出典とし、「国の内外にも天地にも平和が達成される」ことを意味する。今上陛下は、まさにこれを理想として、伝統的な年中祭祀や憲法上の国事行為および多用な公的行為などを、誠心誠意お務めになっている。

●歴代天皇の特質

以上、日本の建国から最近に至る天皇の在《あ》り方を概観してきた。それは、もちろん各時代の政治や社会などの動向につれて、さまざまに変化している。しかしながら、本質的な部分は、古来ほとんど変わりないことも確かである。

まず第一点は、皇位が大和朝廷の血縁子孫（皇族）に代々承け継がれて、中国や西洋のような武力による革命（王朝の交替）が一度もなかったことである。それゆえ、一系の皇室には、一般国民のような自他を区別する氏姓や苗字が必要ないのであろう。

ついで第二点は、歴代天皇が皇祖神の天照大神をはじめとする神々の祭祀（神事）を最も大切にしてこられたことである。たとえば、鎌倉初期の順徳天皇は『禁秘抄《きんぴしょう》』に、「およそ禁中の作法、神事を先にし他事を後にす。旦暮《たんぼ》（朝夕）敬神の叡慮懈怠《えいりょけたい》なし」と書かれており、また江戸初期の(108)後水尾天皇も、『当時年中行事』にこの部分を引用し、「今もって堅く守らるる一か条なり」と記されている。

さらに第三点は、多くの天皇が学問を好まれ、和歌や音楽などを嗜《たしな》みとしてこられたことである。その学問は「古道を明らかにして……大政を致す」ためにも、「御身のあやまりをも改められ、人のよしあしをも正され」るためにも必要とされた（『禁秘抄』）。また折々の和歌＝御製には、天皇の深い御心情が示されており、貴重なメッセージといえよう。

このように二千年近く続いて、いまなお健全に存在する世襲の王室は、世界史的にみても、ほとんど他に例がない。歴代の天皇は、中国の皇帝や西洋の国王のような強い政治・経済・軍事の力をもたれない。しかし、むしろ世俗の権力を超えた宗教的・道徳的・文化的な「権威」の体現者として、大多数の国民に敬愛され続けてきたのである。

ちなみに、天皇を「日本国の象徴」「日本国民統合の象徴」と明記したのは、いうまでもなく戦後GHQ案に基づいて制定された『日本国憲法』である。ところが、すでに昭和六年（一九三一）、新渡戸稲造《にとべいなぞう》博士は、英文著書『日本—その課題と発展の諸相』において、「日本皇帝はその民族の代表者であり、その民族統合の象徴なのだ」と指摘している。また、翌七年に刊行された里見岸雄博士の著書『天皇の科学的研究』も、「天皇は、日本民族の社会及び国家における最高の象徴」と説明している。このような「象徴」は、日本国の代表者であり国民統合の中心者である天皇の特質を的確に表現しているとみられる。

第1章

大和時代の天皇

記紀神話から古代王権の成立へ

『日本書紀』（国立国会図書館蔵）

第一代

神武《じんむ》天皇

前七一一～前五八五（在位：前六六〇～前五八五）

●記紀が伝える初代天皇の東征伝説

記紀神話は、天地のあけはじめから、高天原《たかまがはら》と呼ぶ神々の世界と、そこから神が天降《あまくだ》り、日本を統治する皇室の祖先の神々の話が中心となって展開する。イザナギ・イザナミの尊《みこと》が国土や海・山川草木《さんせんそうもく》などを生み、次にこの国の君たるべき神としてアマテラス大神《おおみかみ》（日神、皇祖神）を生まれた。しかしアマテラス大神はあまりに尊い神であったので、天上に送られ、高天原を治めることとなる。そこでアマテラス大神は御子のアメノオシホミミの尊を下ろしたところ、この国が騒乱状態であることを知り、引き返して大神に報告する。

もともとこの国の経営者として努力してきたのは、オオクニヌシの神であった。この神に対して国土要求の交渉が何度か行われ、やがて平穏のうちに国ゆずりが成立する。その上で、アマテラス大神は、国土統治のために、天孫ニニギノ尊を高天原から地上へ下された。ニニギノ尊は日向《ひゅうが》の高千穂峰《たかちほのみね》（宮崎県と鹿児島県の県境）に天降り、その御子のヒコホホデミの尊、その御子のウガヤフキアエズの尊と三代つづいてこの地を統治された。そして初代天皇のカムヤマトイワレヒコ（神日本磐余彦）の尊に受け継がれた、と伝える。

皇室の祖先神の系譜を中心にたどった大筋である。神話はそのまま歴史事実と考えることは

＊生没年・在位は、第41代までは『日本書紀』による。

できないが、単なる想像上の作り話でもなく、神々のはたらきとして語られる伝承に、神話が形成された時代やそれ以前の世界観や宗教、道徳、風俗、さらに歴史的、政治的な成り行きが反映されているとみられる。

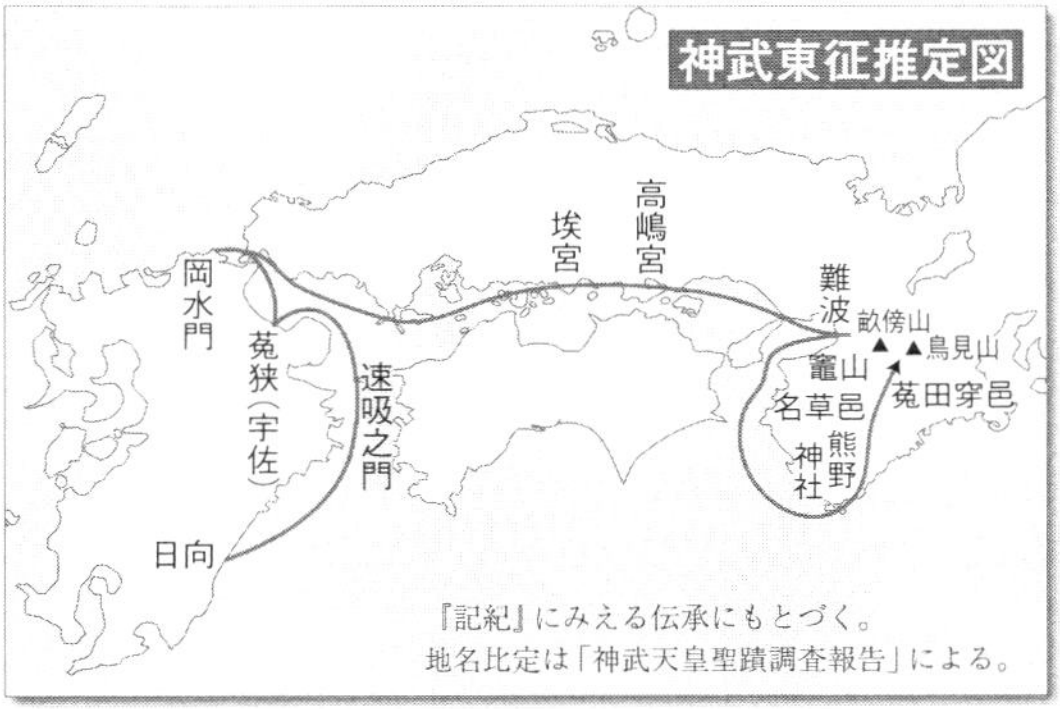

『記紀』にみえる伝承にもとづく。
地名比定は「神武天皇聖蹟調査報告」による。

神武天皇という名は、中国風にならって後世（奈良時代の末、淡海三船《おうみのみふね》の撰か）に贈られた諡《おくりな》である。記紀に伝えるのは国語風のカムヤマトイワレヒコノミコトの尊称だが、カムヤマト（神日本）は美称にすぎない。イワレ（磐余）は奈良県の桜井市中部から橿原《かしはら》市東南部にかけての古地名であり、ヒコ（彦）は男子を表すから、「イワレ地方の男（磐余彦）」というのが、神武天皇の本名であったことになる。

天皇はイワレヒコといっても、もともと大和（奈良県）の磐余地方に住んでおられたのではない。はじめは日向（宮崎県）におられ、兄弟や子たちと相談して、東国をめざすことになった。兵を率いて日向を船出し、宇佐（大分県宇佐市）をへて九州の北岸、岡水《おかのみな》門《と》（岡田宮、福岡県の遠賀《おんが》川河口付近）へ向かい、ここから転じて一路、瀬戸内海を東進する。安芸《あき》の埃宮《えのみや》（タケリの宮、広島県府中市あたりか）で軍を休め、吉備《きび》の高嶋宮《たかしまのみや》（岡山市高島）に留まり、ここで軍船を修理し、糧食を蓄えたあと、浪速《なにわ》（大阪市）に入る。難波崎から川をのぼり、河内《かわち》の草香邑《くさかのむら》（東大阪市日下町あたり）の青雲《あおくも》の白肩津《しらかたのつ》に着く（青雲は「白」にかかる枕詞）。当時、大阪平野は広い湖で、川によって大阪湾に通じていた。

天皇は白肩津で船から下り、生駒《いこま》山を越えて大和に入ろうとしたところ、土豪《どごう》・長髄彦《ながすねひこ》の頑強な抵抗にあい、兄・五瀬命《いつせのみこと》は流れ矢を受け重傷を負う。そこで、日の神の子孫でありながら日に向かって戦うのは天道に背く、退いて神々を祀り、日の神の勢いを背にして進まねばならないと悟り、進路を南にとり、大阪湾を南下する。重傷の五瀬命は紀伊の竈山《かまやま》（和歌山市和田）に到って、亡くなった。

やがて船団は熊野《くまの》に入るが、熊野灘で暴風にあい、兄の稲飯命《いないのみこと》、三毛入野命《みけいりののみこと》がともに海に身を投げて危機を救い、ようやく荒坂津《あらさかのつ》（丹敷浦《にしきのうら》。三重県熊野市二木島町《にぎしまちょう》あたりか）に上陸した。ここから大和へ向けて進むが、天皇の進路を塞ぐさまざまな困難が待ち受けていた。

天皇はまず、土地の神の毒気《どくけ》にふれて戦意を失うが、熊野の高倉下《たかくらじ》という人が、天照大神と武甕雷神《たけみかづちのかみ》から韴霊《ふつのみたま》という剣をたまわる夢を見、その夢の通りの剣を得て、これを天皇に奉《たてまつ》った。この剣によって軍勢は勇気を回復するが、山険しく道に踏み迷い難渋《なんじゅう》する。そこに八咫《やた》烏《がらす》（『日本書紀』では頭八咫烏）が現れて道案内に立ち、これに導かれて日臣命《ひのおみのみこと》（大伴《おおとも》氏の先祖）が兵を率いて進み、大和の菟田《うだ》（宇陀郡菟田野町）に着いた。この八咫烏は、山背《やましろ》（山城、京都府南部）の鴨《かもの》（賀茂）県主《あがたぬし》の先祖である。

菟田・吉野《よしの》を平定したあと、菟田の高倉山の頂《いただき》に登り、四方の情況を見ると、あちこちに八《や》十梟帥《そたける》（八十は「数多く」、梟帥は「勇敢な人」の意）がおり、天皇に反旗をひるがえしている。国見ヶ丘《くにみがおか》の上にも、忍坂《おしさか》（忍阪《おっさか》）にも磯城《しき》にも葛城《かずらき》にも彼らはいたが、天皇はしだいにこれを平定して、再び長髄彦との決戦に臨んだ。

天皇はまたも苦戦するが、このとき金色の不思議な鵄《とび》が飛来して天皇の弓弭《ゆはず》（弓の先）に止まり、その鵄の光に長髄彦の軍勢は目がくらみ、戦うことができなくなった。天皇に先立って大和に入っていた饒速日命《にぎはやひのみこと》に仕える長髄彦は服従を拒んだが、天皇と同族の饒速日命は指示に応じない長髄彦を殺して帰順した。この饒速日命が、のちの物部《もののべ》氏の先祖である。

ようやく大和の国は平定され、畝傍《うねび》山の東南、橿原に立派な宮殿を造営して初代天皇の位につくと、大三輪《おおみわ》の神の娘・媛蹈鞴《ひめたたら》五十《い》鈴媛命《すずひめのみこと》を皇后とした。地元でもっとも有力な先住氏族の娘を迎えて、融和政策による統治を進め、大和朝廷の基礎を築いたので、「始馭天下之《はつくにしらす》天《すめら》皇《みこと》」と称された。

小国家の統合が進み、皇室を中心とするヤマト朝廷の支配する領域が、日本の相当の部分を占め、統一国家としての様相を整えてくるのは、三世紀から四世紀半ばにかけてと考えられる。しかし、そこに至るまでにはさまざまな曲折があり、時とともに発展した歴史過程があった。国家統一事業を成就したヤマト朝廷は神武天皇にさかのぼり、最初にこの国を治め、国の基《もとい》を築いた建国創業の主を神武天皇と伝えるのである。

御陵は畝傍山東北陵《うしとらのすみのみささぎ》（奈良県橿原市大久保町）と定められ、その近くの橿原宮跡伝承地に橿原神宮が建っている。（清水潔）

第二代 綏靖《すいぜい》天皇

前六三二〜前五四九（在位：前五八一〜前五四九）

●武勇にすぐれる神武天皇の第三皇子

第二代綏靖天皇から第九代開化天皇までは、「欠史八代」といわれ、『日本書紀』『古事記』とも、続柄・名前・宮都と在位年数、后妃・皇子・皇女の出自や名前、崩御の年月や年齢、山陵などを記すだけで、天皇の事績に関する記述はほとんどない。初代神武と第十代崇神とのあいだをつなぐため、大和地方に古くから残っていた神名をもとに、推古朝ごろに「皇統譜」に記載された天皇群であろうとみられる。

神武天皇と皇后・媛蹈鞴五十鈴媛命《ひめたたらいすずひめのみこと》（事代主神《ことしろぬしのかみ》の娘。『古事記』では伊須気余理比売《いすけよりひめ》）とのあいだには、日子八井命《ひこやい》（この名は『日本書紀』にはない）、神八井耳命《かんやいみみ》、神渟名川耳尊《かんぬなかわみみのみこと》の三人の皇子が生まれた。しかし神武天皇には、すでに日向にいたときに吾平津媛《あひらつひめ》という妻があり、二人の子どもまでもうけていた。そのうちの長男が手研耳命《たぎしみみ》で、早くから政治に関与し、神武天皇が熊野から北上するときにもつき従っていたとされる。

神武天皇の没後、父の皇后であった媛蹈鞴五十鈴媛命をめとった手研耳命は、異母弟の神八井耳命、神渟名川耳尊を殺そうとした。これを知った媛蹈鞴五十鈴媛は、「狭井《さい》川よ　雲立ちわたり　畝傍山　木の葉さわぎぬ　風吹かむとす」と歌を詠んで、皇子らに異変を告げた。

危険を悟った神八井耳命と神渟名川耳尊は、先手を打って手研耳命を襲ったが、神八井耳命は怖じ気づいて弓を射ることができなかった。そこで神渟名川耳尊が、兄に代わって手研耳命を討ち果たした。臆病な自分を恥じた神八井耳命は、「自分は兄であるが、悪者一人、殺すことができない。あなたこそ天皇にふさわしい」と言った。

こうしてその翌年、葛城高丘宮《かずらきのたかおかのみや》で即位した綏靖天皇は、母の妹・五十鈴依媛命《よりひめ》（川派媛《かわまたひめ》とも糸織媛《いとおりひめ》とも）を皇后として磯城津彦玉手看尊《しきつひこたまてみ》（のちの安寧天皇）をもうけた。御陵は桃花鳥田《つきだの》丘上陵《おかのえのみささぎ》（橿原市四条町）と定められている。（坂井洋子）

第三代　安寧《あんねい》天皇　前五六七～前五一一（在位：前五四九～前五一一）

●即位の場所をめぐる二つの説

安寧天皇は綏靖天皇の第一皇子。綏靖天皇二十五年に立太子し、同三十三年、父帝の崩御にともない、都を片塩《かたしお》に遷し、浮孔宮《うきあなのみや》で即位したという。その伝承地は、奈良県大和高田市片塩とも、大阪府柏原市とも推定されている。

安寧天皇は、事代主神の孫である葛城《かずらき》（『古事記』では磯城《しき》）の鴨王《かものきみ》の娘・渟名底仲媛命《ぬなそこなかつひめ》（『古事記』では阿久斗比売《あくとひめ》）を妃とし、大和南部の葛城にあった豪族の支援を受けていたとされる。そして、祖父・父から三代にわたって事代主神の系統から皇后を選んだことは、天皇家と葛城氏との深い関係をうかがわせる。御陵は畝傍山西南御陰井上陵《ひつじのさるのみほどのいのえのみささぎ》（橿原市吉田町）と定められている。（坂井）

第四代 懿徳《いとく》天皇 前五五三～前四七七（在位：前五一〇～前四七七）

●軽の地に宮を営む

懿徳天皇は安寧天皇の第二皇子で、母は葛城の鴨王の娘・渟名底仲媛命（『古事記』では阿久斗比売）。安寧天皇十一年、十六歳で立太子となり、同三十八年、父帝が在位三十八年で崩御すると、そのあとをうけて翌年に即位し、軽曲峡宮《かるのまがりおのみや》に都を遷したという。

この天皇もまた伝説的な存在であるが、宮をめぐっては、『和州旧蹟幽考《わしゅうきゅうせきゆうこう》』に「軽《かる》の町（奈良県橿原市大軽《おおがる》町）から西南五町ばかりのところの田地に、〈まはりをさ〉と俗に呼ばれる所がある。〈まがりほ〉の片言だといわれている」とあり、かつて橿原神宮の南にあった「まがりをさ」という小字とあわせて興味ぶかい。御陵は畝傍山南《みなみの》繊沙《まさごの》谿《たにの》上陵《えのみささぎ》（橿原市西池尻町）と定められている。（坂井）

第五代　孝昭《こうしょう》天皇

前五〇六～前三九三（在位：前四七五～前三九三）

●大和平野の南部が本拠か

孝昭天皇は懿徳天皇の第一皇子で、母は安寧天皇の皇子・息石耳命の娘である皇后・天豊津媛命（『古事記』では賦登麻和訶《ふとまわか》比売命）。和風諡号《しごう》は観松彦香殖稲尊《みまつひこかえしねのみこと》。懿徳天皇二十二年、立太子。同三十四年に父帝が崩御すると、翌年に即位して、大和の掖上池心宮《わきのかみいけごころのみや》（奈良県御所《ごせ》市）に都を遷したという。同市池之内に宮跡伝承地の碑が建てられている。

尾張連《おわりのむらじ》の遠祖にあたる瀛津世襲《おきつよそ》の妹・世襲足媛《よそたらしひめ》を皇后とし（一説では磯城県主の娘・渟名城《ぬなき》津媛《つひめ》、また豊秋狭太媛《とよあきさたひめ》の娘・大井《おおい》媛）、天足彦国押人命《あめたらしひこくにおしひとのみこと》と日本《やまと》足彦国押人尊（のちの孝安天皇）をもうけた。天足彦国押人命は和珥《わに》氏の始祖というが、事績はほとんど伝わらない。御陵は掖《わきの》上博多山上陵《かみのはかたのやまのえのみささぎ》（奈良県御所市三室《みむろ》）と定められている。（坂井）

第六代 孝安《こうあん》天皇

前四二七〜前二九一（在位：前三九二〜前二九一）

●都のあった秋津島が日本国の美称となる

孝安天皇は孝昭天皇の子で、母は尾張連の遠祖にあたる瀛津世襲の妹・世襲足媛。『日本書紀』に日本足彦国押人尊、『古事記』に大倭帯《おおやまとたらし》日《ひ》子《こ》国押人《くにおしひと》命とみえるが、それは美称であって、必ずしも実在性を示すものではない。孝昭天皇六十八年、立太子。同八十三年、父帝が崩御すると、翌年に即位し、葛城の室《むろ》の秋津《あきつ》島宮《しまのみや》（奈良県御所市室）に都を遷したという。兄・天足彦国押人命の娘・押媛《おしひめ》を皇后に迎え（『日本書紀』の一書では磯城県主の娘・長媛《ながひめ》、また十市《とおち》県主の娘・五十坂媛《いさかひめ》）、やがて大日本《おおやまと》根《ね》子《こ》彦《ひこ》太瓊《ふとに》尊（のちの孝霊天皇）をもうけた。

御陵は玉手丘上陵《たまてのおかのえのみささぎ》（奈良県御所市玉手《たまて》）と定められている。（坂井）

第七代 孝霊《こうれい》天皇

前三四二〜前二一五（在位：前二九〇〜前二一五）

●在地勢力と婚姻を結ぶ

孝霊天皇は孝安天皇の子で、母は天足彦国押人命の娘である皇后・押媛。『日本書紀』に大日本根子彦太瓊尊、『古事記』に大倭根子日子賦斗邇《ふとに》命とみえるが、やはり、その抽象性が現れている。孝安天皇七十六年、立太子。同一〇二年、父帝が崩御すると、黒田廬戸宮《くろだのいほとのみや》（奈良県磯城郡田原本町黒田）に都を遷し、翌年、即位したという。

在地勢力の磯城県主（『古事記』では十市県主）・大目《おおめ》の娘・細媛《ほそひめ》命（細比売《くわしひめ》）を皇后とし、大日本根子彦国牽《くにくる》尊（のちの孝元天皇）をもうけた。ただし、この「細」という字も美しいという意味で、一般的な形容詞にすぎず、皇后を特定することはできない。

とはいえ、孝霊天皇から孝元・開化天皇の三代は、名の上半部にヤマトネコヒコという称号が冠され、皇妃も複数となるなど、それ以前の天皇とはいくらか違いがみられるようになる。

御陵は片丘馬坂陵《かたおかのうまさかのみささぎ》（奈良県北葛城《きたかつらぎ》郡王寺《おうじ》町）と定められている。（坂井）

第八代　孝元《こうげん》天皇

前二七三～前一五八（在位：前二一四～前一五八）

●皇子の大彦命は四道将軍の一人

孝元天皇は孝霊天皇の第一皇子で、名を大日本根子彦国牽尊という。母は磯城県主（『古事記』では十市県主）・大目の娘・細媛命（細比売）。孝霊天皇三十六年、立太子。同七十六年に父帝が崩御すると、翌年、即位して軽境原宮《かるのさかいはらのみや》（奈良県橿原市大軽町）に都を遷したという。かって懿徳天皇が宮都をおいたとされる場所の近くであるが、宮跡を牟佐坐《むさにいます》神社（同市見瀬《みせ》町）とする伝承もある。

穂積臣《ほづみのおみ》の遠祖にあたる欝色雄《うつしこお》命の妹・欝色謎《うつしこめ》命を皇后とし、稚日本根子彦大日日《わかやまとねこひこおおひひ》尊（のちの開化天皇）をもうけた。ほかに阿倍氏の始祖とされる大彦《おおひこ》命という皇子がいる。これを稲荷山《いなりやま》古墳（埼玉県）から出土した鉄剣銘に刻まれた「意冨比垝《おほひこ》」と同一人物とみなす説もあるが、鉄剣銘に孝元天皇の皇子であると記されているわけではない。

御陵は劔池島上陵《つるぎのいけのしまのえのみささぎ》（橿原市石川町）と定められている。（坂井）

第九代　開化《かいか》天皇　前二〇八～前九八（在位：前一五八～前九八）

●歴史的に古代日本を統一した崇神天皇の父

開化天皇は孝元天皇の第二皇子で、大彦命の弟にあたる。母は穂積臣の遠祖にあたる欝色雄命の妹・欝色謎命。孝元天皇二十二年、立太子。同五十七年、父帝の崩御にともない、春日率川宮《かすがのいざかわのみや》（奈良市本子守町の率川神社付近か）で即位したという。それまで歴代天皇の宮都は大和平野の南部に位置していたが、初めて北部に営まれたことになる。

物部氏の遠祖にあたる大綜麻杵《おおへそき》の娘で、父帝の妃の一人だった伊香色謎《いかが》命を皇后とし、御間《みま》城入彦《きいりひこ》五十《い》瓊殖《にえ》尊（のちの崇神天皇）をもうけた。『古事記』では六十三歳で崩じたという。御陵は前方後円墳の春日率川坂上陵《かすがのいざかわのさかのえのみささぎ》（奈良市油阪町）と定められている。（坂井）

第一〇代　崇《す》神《じん》天皇　前一四八～前三〇（在位：前九七～前三〇）

●大和朝廷の軍事的統一国家体制を整備

崇神天皇は、神武天皇と同じく「ハツクニシラススメラミコト」と称された。『日本書紀』に「御肇国天皇」、『古事記』に「所知初国天皇」とみえる。それほどに崇神天皇の御代は、著しく内政が充実し、国が栄えた新しい時代として評価されたのであろう。『古事記』に記す崩年干支は「戊寅」で、これは西暦二五八年にあたるから、その御代は三世紀前半とみられる。天皇の磯城瑞籬宮《しきのみずがきのみや》（師木水垣宮）とみられる纏向《まきむく》遺跡の大型建物の遺構も、まさに三世紀前半と推定されている。

天皇の御代の初めには、疫病が流行して死亡する者が多く、国内は不穏な状態であった。天皇はこれを深く憂い、祭祀が至らないためではないかと考えた。それまでは天照大神《あまてらすおおみかみ》と倭《やまとの》大国魂神《おおくにたまのかみ》とを宮中に祀っていたが、神の勢いをおそれた天皇は、天照大神は豊鍬入姫命《とよすきいりひめのみこと》につけて笠縫邑《かさぬいのむら》に祀らせ、大国魂神は磯城の長尾市《ながおち》につけて祀らせた。

また天皇の夢枕に現れた大物主神《おおものぬしのかみ》は、大田田根子《おおたたねこ》（三輪君《みわのきみ》の祖）をして私を祀るようにせよ、そうすれば疫病はやみ、天下は平らかになるであろう、と告げた。そこで茅渟県《ちぬのあがた》の陶邑《すえむら》に大田田根子を探し当て、三輪の大物主神を祀らせたと伝える。

天社《あまつやしろ》・国社《くにつやしろ》（天神《あまつかみ》・地祇《くにつかみ》）と神地《かんどころ》・神戸《かんべ》の制が定められたという伝えも、天神系氏族と地祇系氏族の調和をはかり、祭祀がおろそかにならないようにする施策とみられる。こうして国内は静謐《せいひつ》になり、百姓は豊饒《ほうじょう》になったという。漢風諡号に「崇神」（神を崇める）が選ばれたゆえんである。

これまで天皇の本拠は大和が中心だったが、崇神天皇の時代は大和から畿内へ、さらに外に向かって伸張した時期として語られる。そのひとつが、四道《しどう》将軍の派遣伝承である。孝元天皇の皇子・大彦命《おおひこのみこと》を北陸に、大彦命の子・武渟川別《たけぬなかわわけ》を東海に、孝霊天皇の皇子・吉備津彦《きびつひこ》を西道（山陽）に、開化天皇の孫・丹波道主命《たんばのみちぬしのみこと》を丹波（山陰）に遣わした。

その任命は崇神天皇十年九月で、翌月に出発し、翌十一年四月に帰還している。『古事記』には、北陸地方の平定のために下向した大彦命と、東海へ派遣された武渟川別とは相津《あいづ》（福島県会津）でたまたま往き遭った。それで、そこを「相津」というとの地名起源説話を伝える。

出雲（島根県）では、出雲大神宮に蔵する神宝を献上することがあった。神宝を司っていた出雲臣の祖・出雲振根《いずものふるね》がたまたま筑紫（北九州）に赴いて不在のあいだに、弟の飯入根《いいいりね》が天皇の命を受けて神宝を献上した。

筑紫より帰った振根は、数日待つべきであった、何を恐れてそんなにたやすく神宝を差し出してしまったのか、と弟を責め、ついにこれを殺してしまった。そこで天皇は吉備津彦と武渟川別を遣わし、振根を誅滅《ちゅうめつ》させた。出雲臣らはおそれ畏《かしこ》んで、しばらくのあいだは大神を祀ることを控えたが、やがて出雲大神を祀ることを許されたという。

御陵は山辺道勾岡上陵《やまのべのみちのまがりのおかのえのみささぎ》（奈良県天理市柳本町）と定められている。（清水）

第一一代　垂仁天皇《すいにん》　前六九〜七〇（在位：前二九〜七〇）

●伊勢神宮を創始し、神祇祭祀の礎を固める

垂仁天皇は、父・崇神天皇の治績とその精神をうけ継がれた。神祇を尊び、皇女・倭姫命《やまとひめのみこと》をして、豊鍬入姫命に代わって天照大神に奉仕させられた。倭姫命は、神鏡を奉じて倭の笠縫邑を出発し、菟田《うだ》の筱幡《ささはた》（奈良県宇陀郡榛原《はいばら》町）・近江（滋賀県）・美濃（岐阜県）と巡歴した後、伊勢（三重県）の五十鈴《いすず》の川上こそ、大神をお祭りするのに最もふさわしい聖地であるとして、ここに祠《ほこら》を建ててお祭りをした。これが伊勢神宮の創祀と伝える。

『日本書紀』はこれを垂仁天皇二十五年三月とするが、前月には、五大夫《たいふ》に神祇祭祀の重要性を詔《みことのり》している。この五大夫の実態は将軍であるが、伊勢は海路を東国へ進発する基地として

重要であり、伊勢湾をまたげば最短距離で東国の陸路につながる。

すでに崇神天皇のとき、武渟川別を東国に遣わし、垂仁天皇の弟・豊城入彦命《とよきいりひこのみこと》が東国に下っているように、東国への動きは前代からみられる。伊勢神宮の創始も、このような時代趨勢からすれば、ヤマト朝廷の東国進出における前進基地に皇室の祖神が祀られた、という解釈が成立する余地もあるであろう。

垂仁天皇二十六年には、崇神朝以来しばしば使者を出雲に派遣して、その国の神宝を取り調べさせたが、はっきりとした報告がないので、物部十千根《もののべのとちね》を遣わし神宝をあらためさせた。そこで十千根にその神宝をつかさどらせた、と伝える。

ところで天皇の御代、当麻邑《たぎまのむら》（奈良県葛城《かつらぎ》市當麻《たいま》）に当麻蹶速《けはや》という力持ちがいた。その手で、動物の堅い角を割り、鉤状の武器を伸ばすことができるほどであった。怪力無双、天下に並ぶ者はないと自慢し、われと思わん者は出てこい、命がけで力比べをしたい、と言うのを聞いた天皇は、誰か相手になれる者はないか、と尋ねられた。

すると、野見宿禰《のみのすくね》という勇士が出雲におります、と申し上げる者がいた。早速、野見宿禰を呼び出し、当麻蹶速と試合をさせた。双方足をあげて蹴り合いをしたが、蹶速は脇腹の骨を蹴り折られ、腰を踏み砕かれて、死んでしまった。この両者が雌雄を決したのは垂仁天皇七年七月七日。これを相撲の起源として、のちに宮廷で七月七日に相撲節会《せちえ》が行われるようになる。

野見宿禰はそのまま留まって朝廷に仕えた。その頃までは、殉死という風習があり、主人が亡くなると、親しくその人に仕えていた人々が、没後も仕えるように要求されて、一所に生き埋めにされた。

これは古く中国にも西洋にも広く行われていたことであるが、天皇はそのような残酷なことをつづけるのはよくないと考え、野見宿禰の提案により、土器で人や馬などの埴輪《はにわ》をつくり、これを陵墓の周囲に立てて、殉死に代用させることとなった。野見宿禰の子孫は、代々これをつかさどり、土師連《はじのむらじ》と呼ばれた。

御陵は菅原伏見東陵《すがわらのふしみのひがしのみささぎ》（奈良市尼辻《あまがつじ》西町）と定められている。（清水）

第一二代 景行《けいこう》天皇 前一三?～一三〇（在位：七一～一三〇）

●皇子の日本武尊に命じて熊襲・蝦夷を討伐

四世紀前半に比定される景行天皇の御代は、大和朝廷の勢力が東西に大きく伸展したときである。西に熊襲を討って九州地方を平定し、東に蝦夷《えみし》を征する事業が進められた。

天皇の皇子は合わせて八十人、その多くは別《わけ》、国造《くにのみやつこ》、県主《あがたぬし》、稲置《いなぎ》など地方の統治者として遣わされ、その地に根をおろしたと伝える。この伝承も、皇室の勢力がこの時代に地方に広がったことを示すものとみられる。

『日本書紀』は日本武尊《やまとたけるのみこと》（『古事記』では倭建命《やまとたけるのみこと》）の熊襲平定に先だって、天皇が九州に遠征し、反乱はいったん鎮まったと伝える。これは、尊の熊襲征伐が天皇の事績に結び付けて語り伝えられてきたために所伝が混同したのかもしれない。

日本武尊は景行天皇の第二皇子で、本名は小碓尊《おうすのみこと》（『古事記』では小碓命）という。気性は荒く、力も強かった。父の命に従わない兄・大碓尊《おおうすのみこと》（『古事記』では大碓命）を諭そうとして、その手足をもぎ取り、薦《こも》に包んで捨ててしまったという。天皇はその荒い気性を恐れ、危険な熊襲征伐を命じた。

熊襲反乱の首魁《しゅかい》は川上梟帥《かわかみのたける》で、通常の戦闘では勝てないとみた皇子は、少女の姿に変装し、梟帥が親類仲間を集めて催した宴会にまぎれ込む。梟帥はその容姿の美しさをたいそう気に入り、そばに引き寄せ楽しむうちに泥酔状態に陥った。そのとき、隠し持っていた刀でこれを刺し殺したのである。梟帥は息の絶える直前に、深く皇子の勇敢さに感心し、「今後は日本武尊と名乗りたまえ」と言って、亡くなったという。九州を平定し、帰途にも方々の反乱を平らげて、日本武尊は大和へ凱旋する。

幾年もたたないうちに、今度は東国が乱れたので、日本武尊は天皇から再び征討を命ぜられた。東国に向かう途中、伊勢神宮に参り、倭姫命《やまとひめのみこと》に暇乞《いとまご》いしたところ、草薙剣《くさなぎのつるぎ》を授けられる。駿河（静岡県中部）の焼津《やいづ》では賊に欺かれて、鹿狩りのため野の中に入ったところ、賊は火をつけて野を焼いたので、危うく焼き殺されそうになった。

そこで剣を抜いて周囲の草を薙ぎ払い、逆に火を付けて危機を脱出し、賊を焼き滅ぼすことができた。この剣は、素戔嗚尊《すさのおのみこと》が八岐大蛇《やまたのおろち》を退治したときに、大蛇の尾から現れ出た剣で、それまでは天叢雲剣《あめのむらくものつるぎ》と呼ばれていたが、このときから草薙剣というようになったという。

その後、日本武尊は相模の馳水《はしりみず》(走水、東京湾口の浦賀水道)から上総(千葉県中央部)へ渡ろうとして、暴風雨にあい、船は漂って進むことができなくなった。そのとき、妃(妾)の弟《おと》橘姫《たちばなひめ》は、海神の怒りをとくため、自ら進んで海中へ身を投じ、危難を救った。「さねさし相模の小野に 燃ゆる火の 火中《ほなか》に立ちて 問ひし君はも」(かつて相模の野で火攻めにあったとき、炎の中に立って名を呼んでくださった君よ)は、夫に感謝して一命を捧げた弟橘姫の歌である(『古事記』)。

日本武尊はさらに北上して陸奥《みちのく》に入り、竹水門《たかのみなと》(宮城県多賀城市か)まで至り、蝦夷を平定したと伝える(『日本書紀』)。その帰途、碓日坂《うすひのさか》(群馬県碓氷《うすい》峠、『古事記』は足柄《あしがら》坂とする)に登ったとき、かえりみて関東平野を望み、その関東経略の犠牲になった美しい弟橘姫を偲び、「吾妻《あづま》はや」と詠嘆した。それ以後、関東のことを「あづま」と呼ぶようになったという。

やがて日本武尊は甲斐(山梨県)、信濃(長野県)を通って尾張(愛知県西部)まで帰り、しばらく尾張氏の娘・宮簀姫《みやずひめ》のもとに滞在していたが、近江と美濃との境にある伊吹《いぶき》山に暴逆の神がいると聞いて、討伐に向かった。そのとき、草薙剣は宮簀姫の家においたまま、素手で伊吹山へ登る。

山の神は、大蛇に化けて道を塞いでいたが、日本武尊はこれを山の神とは思わず、気楽に跨《また》いで行ったところ、山の神の怒りに触れて、気を失い、病にかかり歩けなくなった。ようやくのことで伊勢の能褒野《のぼの》（三重県亀山市能褒野町）までたどり着いたが、そこで重体となり、ついに亡くなるのである。

死に臨んで日本武尊は、伊勢神宮へ戦勝を報告し、天皇にも使いを遣わし、征討帰還できたものの、天命に限りがあって、生きて父帝にお仕えすることができない悲しみを申し上げる。「倭《やまと》は　国のまほろば　たたなづく　青垣　山こもれる　倭うるわし……はしけやし　我家の方よ　雲居《くもい》立ちくも」（大和は国のいちばんよいところだ。重なり合った青垣のような山々、その山に囲まれた大和は、ほんとうに美しい。……ああ懐かしい、わが家のほうから雲が湧いてくるよ）。

能褒野で故郷・大和を偲んで詠んだという、『古事記』が伝える日本武尊の望郷歌である。景行天皇は、深く嘆かれ、能褒野に陵《みささぎ》を造らせて厚く葬ったが、尊の魂は白鳥になって陵より出て、大和をさして飛び立った。

白鳥はいったん大和の琴弾原《ことひきのはら》（奈良県御所市冨田《とみた》）にとまったので、そこに陵を造ったが、白鳥はさらにそこからも飛び出して、河内の旧市邑《ふるいちのむら》（大阪府羽曳野《はびきの》市古市）まで行って留まったので、そこにも陵が造られた。三つとも白鳥陵《しらとりのみささぎ》と名付けられたという。

話はいかにも面白く、また美しいが、長い口伝《くでん》のうちには、誇張が生まれ、付会が加わったところもあろう。それは、東西辺境の平定に、身を粉《こ》にして尽力した古代史最大の国民的英雄に対する、限りない敬愛と愛惜の情によるものと思われる。

しかし景行朝に、皇子・日本武尊に代表されるように、皇室が中心となり、あるいは先頭に立ち、非常な辛苦と献身によって、国家統一という大事業が飛躍的に進展したという話の大筋は、事実と認めてよいであろう。

御陵は山辺道上陵《やまのべのみちのえのみささぎ》（奈良県天理市渋谷《しぶたに》町）と定められている。（清水）

第一三代 成務《せいむ》天皇 八四？～一九〇（在位：一三一～一九〇）

●武内宿禰を日本で最初の大臣に任じる

成務天皇は景行天皇の第四子で、母は皇后・八坂入姫命《やさかのいりひめのみこと》。日本武尊の異母弟にあたる。景行天皇五十一年に立太子、同六十年、父帝が近江の志賀高穴穂宮《しがのたかあなほのみや》（滋賀県大津市穴太《あのう》）で崩御すると、翌年正月、即位したという。琵琶湖のほとりに鎮座する高穴穂神社に宮跡の碑が建てられている。『古事記』によれば、穂積臣《ほづみのおみ》らの祖である建忍山垂根《たけおしやまたりね》の娘・弟財郎女《おとたからのいらつめ》を妃とし、和訶奴気《わかぬけ》王をもうけたという（『日本書紀』には記載がない）。

成務天皇三年、武内《たけしうちの》（建内）宿禰《すくね》を「大臣」に任じた。武内宿禰は天皇と誕生日が同じであったために、とくに寵愛されたのである。翌年、地方支配を整えるため、国造・県主（『日本書紀』では稲置）をおき、「これを以て、百姓安く居《す》みき。天下事無し」という平和な治世が実現したと伝えられる。

この武内宿禰は、『日本書紀』には景行・成務・仲哀・応神・仁徳の五朝に仕えたとある（『古事記』では成務・仲哀・応神・仁徳の四朝）。しかし、通算三〇〇歳もの長寿が保てるはずがなく、日本武尊が大和の多くの勇者の物語を集めて創られたとされるように、武内宿禰もまた幾人かの大臣の伝承をひとつにしたものと考えられる。

成務天皇四十八年、日本武尊の子・足仲彦尊《たらしなかつひこのみこと》（のちの仲哀天皇）を皇太子とし、同六十年、崩御して、神功《じんぐう》皇后と同じく奈良市山陵《みささぎ》町にある狭城盾列陵《さきのたたなみのみささぎ》（狭城盾列池後《いけじりの》陵とも）に葬られた。（坂井）

第一四代　仲《ちゅう》哀《あい》天皇　?〜二〇〇（在位：一九二〜二〇〇）

●神託を無視して熊襲征討を進め、筑紫で崩御

日本武尊は、戦いに疲れ、不幸にして早く亡くなった。御年三十と伝える。成務天皇は男子に恵まれなかったことから、日本武尊の第二子が即位した。すなわち仲哀天皇である。『日本書紀』によれば、仲哀天皇は父の日本武尊が亡くなると、その霊魂が白鳥となって天にのぼっ

たと信じ、これを追慕して父の陵の周囲の池で白鳥を飼い、心を慰めようとした。そこで諸国に白鳥を献上させたという。

仲哀天皇は、皇后に気長足姫尊《おきながたらしひめのみこと》、すなわち神功皇后を迎え、治世の多くを皇后とともに各地を巡察行幸し、一所に定住安息することなく、父の志を継承しようとした。角鹿《つぬが》の笥飯宮《けひのみや》（福井県敦賀市の気比《けひ》神社）、紀伊の徳勒津宮《ところつのみや》（和歌山市新在家）、穴門《あなと》（長門）の豊浦宮《とゆらのみや》（山口県下関市豊浦《とようら》町）をへて、筑紫の橿日宮《かしひのみや》（福岡市東区香椎《かしい》）に移り、ついにこの宮で崩御した。

徳勒津宮において、再び熊襲が叛き、貢《みつぎ》を奉らないとの報せを受けた天皇は、熊襲征討を決意し、海路、九州へ向かい、角鹿にいた神功皇后にも使いを遣わし、ただちに船出し、穴門で遭うよう命じた。そして皇后と豊浦津で合流した後、橿日宮で熊襲征討の会議を開く。

このとき、神功皇后が神懸かられ、神の神託が下りた。それによると、熊襲の国は痩せた不毛の地であり、兵を挙げて討つほどの必要はない。それよりも金銀など珍しい宝のある国が海の向こうに存在する。その国は新羅《しらぎ》というが、私（神託を下した神）を手厚く祀るならば、流血なしに帰服するだろうし、熊襲もまた服従するであろう、というものであった。

『古事記』では、神下ろしのために、天皇みずから琴を弾き、武内宿禰を沙庭《さにわ》（審神者《さにわ》。神託の意味を解く霊媒者）とし、やがて皇后に神が乗りうつったと伝える。琴を弾くのは、琴の音には、神霊をゆり動かす呪力があると信じられていたためである。

仲哀天皇は、高地に登って西方を眺望してみた。しかし、海原ばかりでそれらしき国は見えなかったため、天皇は神託を無視して熊襲の征討にあたった。だが、戦いに勝つことができなかったばかりか、急な病を得て、橿日宮で亡くなった。

神功皇后は民心の動揺を防ぐため、崩御のことを秘匿して発表せず、ひそかに亡骸《なきがら》を豊浦宮に移して殯《もがり》を行った。その後、皇后みずから神主となって、あらためて神託をうかがい、熊襲を討ち、ついで新羅の征伐に向かうのである。

呪術能力にすぐれた神功皇后は、その巫女《ふじょ》的性質から邪馬台国の卑弥呼《ひみこ》に比定されることがある。しかし、卑弥呼の時代は神功皇后の時代より百数十年前であり、年代的に一致しない。ただ、どちらもともに、古くは神意により政《まつりごと》を行うという祭政一体化した統治形態が存在したことを示唆している。

御陵は狭城盾列陵《さきのたたなみのみささぎ》（奈良市山陵町）と定められている。（清水）

第一五代　応神《おうじん》天皇　二〇〇～三一〇（在位：二七〇～三一〇）

●河内の大王にまつわる帰化人伝説

神功皇后が新羅を討った翌年のこと、仲哀天皇の皇子、麛坂《かごさか》・忍熊《おしくま》の二王がクーデターを企てた。二王の母は大中姫《おおなかつひめ》で、誉田別《ほむたわけ》皇子（のちの応神天皇）とは異腹の兄弟になる。二人は、皇后が筑紫で誉田別皇子を出産したことを知り、群臣がこの幼い皇子を天皇に立てるのではないかと不安を抱いたのである。

『日本書紀』神功皇后摂政前紀によれば、兄の麛坂王は、摂津の菟餓野《とがの》（大阪市北区菟餓野町あたり）で戦《いくさ》の勝敗を占った際に、猪に喰い殺されてしまうが、弟の忍熊王は、各地を転戦しながら、神功皇后の差し向けた数万の軍に抵抗する。しかし、最後は琵琶湖沿岸まで敗走し、瀬田（滋賀県大津市瀬田）で入水《じゅすい》した。

この内乱については、神功皇后・応神天皇を中心とする政治集団と麛坂・忍熊二王を中心とする政治集団の対立抗争とみて、これに勝利した前者が「河内大王家」を樹立したと考える説もある。しかし、事実はそうではないであろう。

初期のヤマト政権は、大和とその周辺に盤踞《ばんきょ》していた複数の政治集団によって構成される連合組織であり、その中のもっとも有力な政治集団から最高首長が出ていた。四世紀後半、この最高首長権を握っていたのは、大和東北部から山城（京都府南部）にかけての地域を勢力基盤とする政治集団で、麛坂・忍熊二王はその正統な後継者とみられる。

ところが、四世紀末に最高首長の座をめぐる内紛が生じ、神功皇后・応神天皇の一派が勝利を得た。記紀は、麛坂・忍熊二王を反逆者のように描いているが、これは、記紀のもとになった「原帝紀」が、応神天皇を正統な後継者とする体制のなかでまとめられたことに原因があるように思われる。

応神天皇の在位年数は、『日本書紀』によれば四十一年（『古事記』では三十三年）。記紀ともに、在位中の記事は豊富である。なかでも注目されるのが、『古事記』に頻出する帰化人伝説である。新羅人が来朝し、武内宿禰がこれを引率して百済《くだら》池を作った話、百済の照古王《しょうこおう》が、阿《あ》知吉師《ちきし》に付して馬を貢上《こうじょう》したこと、和邇《わに》（王仁《わに》）吉師に付して『論語』と「千字文《せんじもん》」（漢文の長詩）を貢進したこと、新羅の王子・天之日矛《あまのひぼこ》の渡来、などがそれである。もっとも、こうした帰化人伝説が応神天皇紀に集中するのは、それらを神功皇后の朝鮮半島遠征の結果とみる『古事記』の年代史観のあらわれである。だから、必ずしも史実に即したものではない。

応神天皇の時代に、技術者や学者の来朝が多かったという話は、『日本書紀』にもみえる。しかし、『日本書紀』は、百済王の薨去《こうきょ》や即位など、百済側の史料によった記事も載せており、『古事記』とはいささか趣が異なる。神功皇后紀・応神天皇紀の年紀に干支二運（一二〇年）の延長があることも、これら百済関係の記事を『東国通鑑《とうごくつがん》』などの外国史料と比較することによって、はじめて明らかにされた事実である。

御陵の恵我藻伏岡陵《えがのもふしのおかのみささぎ》（大阪府羽曳野市誉田《こんだ》六丁目）は、誉田山古墳とも称される巨大な前方後円墳である。（荊木美行）

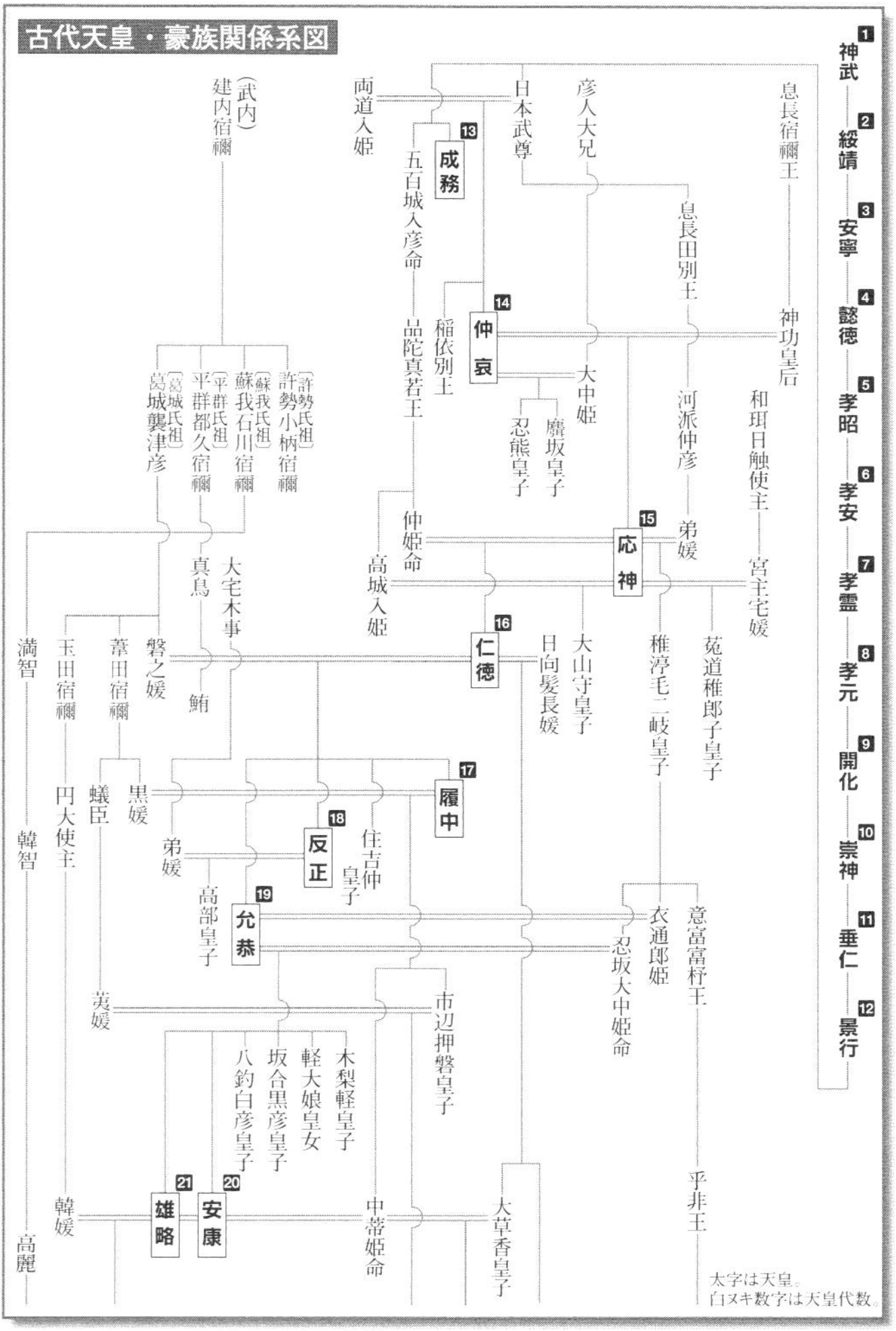
1 神武
2 綏靖
3 安寧
4 懿徳
5 孝昭
6 孝安
7 孝霊
8 孝元
9 開化
10 崇神
11 垂仁
12 景行
息長宿禰王
息長田別王
神功皇后
和珥日触使主
彦人大兄
日本武尊
両道入姫
13 成務
五百城入彦命
品陀真若王
稲依別王
14 仲哀
大中姫
麛坂皇子
忍熊皇子
河派仲彦
弟媛
宮主宅媛
15 応神
仲姫命
高城入姫
菟道稚郎子皇子
稚渟毛二岐皇子
大山守皇子
日向髪長媛
16 仁徳
(武内)建内宿禰
(許勢氏祖)許勢小柄宿禰
(蘇我氏祖)蘇我石川宿禰
(平群氏祖)平群都久宿禰
(葛城氏祖)葛城襲津彦
大宅木事
真鳥
鮪
磐之媛
葦田宿禰
玉田宿禰
満智
17 履中
黒媛
蟻臣
円大使主
韓智
住吉仲皇子
18 反正
弟媛
高部皇子
意富富杼王
衣通郎姫
忍坂大中姫命
19 允恭
市辺押磐皇子
荑媛
木梨軽皇子
軽大娘皇女
坂合黒彦皇子
八釣白彦皇子
乎非王
大草香皇子
中蒂姫命
20 安康
21 雄略
韓媛
高麗
太字は天皇。
白ヌキ数字は天皇代数。
古代天皇・豪族関係系図

第一六代 仁徳天皇《にんとく》 二五七～三九九（在位：三一三～三九九）

●徳政を施したという伝説の聖帝

応神天皇は、大鷦鷯尊《おおさざきのみこと》（のちの仁徳天皇）・大山守皇子《おおやまもり》・菟道稚郎子《うじのわきいらつこ》の三人の子のうち、もっとも年少の菟道稚郎子を太子（皇位継承者）に指名していたが、天皇崩御ののち、菟道稚郎子は兄・大鷦鷯尊に皇位を譲ろうとする。ところが大鷦鷯尊がこれを固辞したため、なかなか次の天皇が決まらなかった。

そんな折、応神天皇の子の一人、額田大中彦皇子《ぬかたのおおなかひこ》（母は高城入姫《たかぎのいりひめ》）が大和の屯田《みた》と屯倉《みやけ》を奪うため、屯田司の淤宇宿禰《おうのすくね》を排除しようとした。しかし大鷦鷯尊は、淤宇宿禰の弟の証言により、額田大中彦皇子の主張を斥けた。

額田大中彦皇子の同母弟である大山守皇子は、自分が皇太子に立てられなかったことで不満が募っていたが、この事件が引き金となって、ついに太子・菟道稚郎子の殺害を謀った。ところが大鷦鷯尊がその企てを察知し、菟道稚郎子に通報したので、菟道稚郎子は、先手を打って大山守皇子を殺害した。

こうして大山守皇子は排除されたが、大鷦鷯尊と菟道稚郎子は互いに皇位を譲り合い、むなしく三年が経過した。『日本書紀』によれば、菟道稚郎子は、譲位を果たすために自殺を試みたというが、『古事記』は夭折したと記すだけである。しかし、いずれにしても太子の死によって、大鷦鷯尊の即位がようやく実現することになった。

『日本書紀』は仁徳天皇の在位年数を八十七年とする。『古事記』の崩年干支（天皇が崩御した年の干支。三十三天皇のうち十五人について記載）から得られる治世年数は三十四年だから、両者のあいだにはかなりの開きがある。しかし、天皇の治世が長期にわたったことは事実で、記紀には天皇にまつわる豊富な記載がある。

なかでも、天皇が高台から遠望して、民の竈《かまど》に煙が立たないのを知り、三年間も税を免除したという話は有名である。天皇が、倹約を重ねつつ善政を施し、それによって国民は豊かになるという仁政ぶりは、記紀がともに記すところである。二書は、仁徳天皇のことを「聖帝」とたたえる。

ただ、こうした仁徳天皇の人物像は、葛城氏と親密な関係にある仁徳・履中天皇系の王統を是とする「原帝紀」の性質に由来するのではないかと考えられる。そのため、こうした思想をうけ継いだ記紀の記載を、そのまま史実と認めてよいかどうかは慎重でなければならない。しかしながら、仁徳天皇の百舌鳥耳原中陵《もずのみみはらのなかのみささぎ》に比定される大仙《だいせん》古墳（大阪府堺市大仙町。墳丘長四八六メートル）の偉容は、この天皇の治世が、いかに国力の充実した時代であったかを雄弁に物語っている。（荊木）

第一七代 履中《りちゅう》天皇

?〜四〇五（在位：四〇〇〜四〇五）

●難波から大和に移り、中央権力を確立

履中天皇は、去来穂別天皇《いざほわけのすめらみこと》（『古事記』では大江之伊邪本和気命《おおえのいざほわけのみこと》）ともいわれる。仁徳天皇の長子で、母は葛城襲津彦《かずらきのそつひこ》の娘である皇后・磐之媛命《いわのひめのみこと》。反正・允恭両天皇の同母兄にあたる。仁徳天皇三十一年、立太子。

同八十七年、父帝の喪が明けて即位を待つばかりとなったとき、羽田矢代宿禰《はたのやしろのすくね》の娘・黒媛《くろひめ》を見初め、妻に迎えようと同母弟・住吉仲《すみのえのなかつ》皇子を遣わした。ところが住吉仲皇子は自分を皇太子と偽って黒媛を姦《かん》し、露見すると兵を挙げた。

これを鎮圧した皇太子は履中天皇元年二月、磐余稚桜宮《いわれのわかざくらのみや》で即位し、秋には葦田宿禰《あしたのすくね》の娘・黒媛《くろひめ》を妃とした。黒媛とのあいだに市辺押磐《いちのべのおしは》皇子・御馬《みま》皇子・飯豊《いいとよ》皇女（青海《あおみ》皇女）を、また幡梭《はたひ》皇女を妃として中蒂《なかし》皇女をもうけた。

履中天皇二年、住吉仲皇子を討った同母弟の多遅比瑞歯別尊《たじひみずはわけのみこと》（のちの反正天皇）を皇太子とし、平群木莵《へぐりのつく》宿禰、蘇我満智《そがのまち》宿禰、物部伊莒弗大連《もののべのいこふおおむらじ》、葛城円大使主《つぶらのおおうし》に国事をとらせた。また同四年、国々に国史《ふみひと》をおいて、そのありさまを言上《ごんじょう》させた。

履中天皇六年、蔵職《くらのつかさ》をおいて、蔵部《くらひとべ》を任命した。このとき、祭祀にかかわるものを納めた斎《いみ》

蔵《くら》、天皇家が用いるものを納めた内蔵《うちつくら》、朝廷の財物を納めた大蔵《おおくら》の三蔵《みつのくら》ができたという。三蔵の管理は有力な渡来人が担当し、やがて彼らを支配下に入れた蘇我氏が力を伸ばしていった。

御陵は百舌鳥耳原南陵《もずのみみはらのみなみのみささぎ》（大阪府堺市石津ケ丘）とされる。没後、子の市辺押磐皇子らは大泊瀬幼武尊《おおはつせわかたけのみこと》（のちの雄略天皇）に殺害されるが、皇子の子は皇位を継承して顕宗・仁賢両天皇となった。（坂井）

第一八代 反正天皇《はんぜい》

?〜四一〇（在位：四〇六〜四一〇）

●傍系相続の端緒となり、国内外に存在感を発揮

反正天皇は、多遅比瑞歯別尊、瑞歯別尊などといわれる。生まれながらにして歯が美しく整っていて、さらに誕生の地である淡路宮《あわじのみや》に瑞井《みずのい》という井戸があり、皇子がそこの水を汲むと、その中に多遅《たじ》の花（虎杖《いたどり》）が咲いていたことから、そう名付けられたという。

仁徳天皇の皇子で、母は葛城襲津彦の娘である皇后・磐之媛命。履中天皇の同母弟、允恭天皇の同母兄にあたる。父帝の崩御後、履中天皇に叛いた住吉仲皇子を策略によって討ち、その功もあって、履中天皇二年、皇太子に立てられた。

履中天皇の崩御にともない、即位し、河内の丹比柴籬宮《たじひのしばがきのみや》（比定地未定）に都を遷したとい

う。大宅臣《おおやけのおみ》の祖にあたる木事《こごと》の娘・津野媛《つののひめ》とその妹・弟媛《おとひめ》を妃とし、二人のあいだに一男三女をもうけたが、その子孫で皇位を継いだ者はいない。

在世中の事績はほとんど伝わらないが、『日本書紀』によれば、五穀《ごこく》が豊かに実り、人民は富み、天下は太平であったと記されている。天候に恵まれたとはいえ、名君であったという記憶だけは後世まで長く伝えられたようである。在位五年（『日本書紀』）にして、六十歳（『古事記』）で崩御したという。御陵は百舌鳥耳原北陵（大阪府堺市三国ヶ丘町）に比定される。

なお、五世紀に中国の宋（南朝）と交渉をもった「倭《わ》の五王」の珍《ちん》を反正天皇にあてる説があり、有力視されている。この珍は西暦四三八年、その官爵の承認を求めたが、宋は珍を安東《あんとん》将軍・倭国王にしか与えなかった。そこで珍は、百済《くだら》王や新羅《しらぎ》王より格上の「天王」号を自称したとされる。（坂井）

第一九代　允恭《いんぎょう》天皇

?〜四五三（在位：四一二〜四五三）

●氏姓の乱れを正した神誓裁判の顚末

允恭天皇は仁徳天皇の皇子で、先に即位した履中・反正両天皇の同母弟にあたる。母は葛城襲津彦の娘・磐之媛。仁徳天皇と磐之媛とのあいだに生まれた子が相次いで皇位を継いだのは、葛城襲津彦が仁徳朝の有力者であったことに原因がある。

『古事記』には、允恭天皇が病弱を理由に即位を固辞したが、臣下の再三の申し出に折れて、ようやく登極《とうきょく》したことが、簡単に記されている。しかし、『日本書紀』允恭天皇即位前紀および同元年条には、この間の経緯について、さらに詳しい記述がある。

すなわち、反正天皇五年（四一〇）正月に反正天皇が崩御すると、群卿《まえつきみたち》（国政審議に参加する上級豪族）は、仁徳天皇の皇子の雄朝津間稚子宿禰尊《おあさづまわくごのすくねのみこと》（のちの允恭天皇）と大草香《おおくさか》皇子のいずれを天皇に推挙するかを相談した。そして、雄朝津間稚子宿禰尊が年長で仁孝だという理由から、この皇子に剣璽《けんじ》（草薙剣《くさなぎのつるぎ》と八尺瓊勾玉《やさかにのまがたま》）を奉った。

しかし、雄朝津間稚子宿禰尊は、重病であること、また自分は天皇の器ではないことを理由に、なかなか皇位につこうとはしない。妃の忍坂大中媛命《おしさかのおおなかつひめのみこと》は、群卿が困り果てているのを見て心を痛め、御手洗《みたらい》の水を持って皇子の前に差し出し、人々の望みどおりに、無理にでも皇位につくよう進言する。

皇子は黙したままで、聞き容れようとしないが、折しも真冬で風も強く、大中媛命は凍えそうになる。驚いた皇子は、あわてて彼女を助け起こし、即位を決意する。そのことばを聞いて、大中媛命はよろこび、ただちにそれを群卿に伝え、允恭天皇の即位が実現したのである。

『日本書紀』によれば、允恭天皇の治世年数は四十二年（『古事記』崩年干支からの計算では十八年）と長く、在位期間中の記録も豊富である。たとえば、治世の允恭天皇四年（四一五）九月、氏姓の混乱を是正するために、詔《みことのり》して盟神探湯《くがたち》（熱湯に手を入れて探り、その爛《ただ》れによって真偽を判定する神判）を実施したことは、よく知られている。

また翌年には、反正天皇の殯を葛城玉田宿禰《たまだのすくね》に主宰させたところ、彼は出仕せず、自宅で酒宴を催していた。そこで天皇は、玉田宿禰を捕らえて誅殺する。天皇家の外戚として繁栄をきわめた葛城氏の驕《おご》りと凋落を象徴する大事件である。

なお、皇后の妹で絶世の美女である弟姫《おとひめ》（衣通郎姫《そとおりのいらつめ》）を入内させる話は、『古事記』には見えないが、天皇・皇后・弟姫のそれぞれの心情をいきいきと描いており、歌物語としてもすぐれている。御陵は恵我長野北陵《えがのながののきたのみささぎ》（大阪府藤井寺市国府《こふ》）とされる。（荊木）

第二〇代　安康《あんこう》天皇　四〇一～四五六（在位：四五三～四五六）

●木梨軽皇子・眉輪王とつづく復讐の連鎖

允恭天皇のあとをうけて皇位についたのが、安康天皇である。諱《いみな》を穴穂《あなほ》といい、允恭天皇と忍坂大中媛命とのあいだに生まれた。『日本書紀』允恭天皇二十三年条には、はじめ木梨軽皇《きなしのかる》子が太子に立てられたとする。この軽太子は、艶麗な同母妹・軽大郎皇女《かるのおおいらつめ》に心を奪われ、彼女と結婚したいと考えていた。しかし、いかに男女の関係がおおらかな当時でも、同母の男女の結婚はタブー。犯せば処罰は免れない。

罪に問われることを恐れた木梨軽太子は、想いを胸に秘めていたが、恋慕の情は募るいっぽうで死なんばかりであった。「このままむなしく死ぬよりは、たとえ罪になろうとも、耐え忍ぶことはできない」——そう考えた太子は、ついに密通に及ぶ。しかし翌年、密告により、二人の関係が発覚。皇女は伊予（愛媛県）に流される。

允恭天皇四十二年正月、天皇が崩御する。この年の十月、葬礼が終わるころ、木梨軽太子が暴虐をふるい、婦女への淫行に及んだので、人々は太子を誹謗《ひぼう》し、群臣も穴穂皇子につく。太子は、穴穂皇子を襲おうと、ひそかに兵を整えたが、皇子もまた、これに応じて挙兵した。形勢の不利をさとった太子は、物部大前宿禰《もののべのおおまえ》の家に逃げ込んだが、ついに自害する（『日本書紀』は、伊予に流罪になったとする異説も伝える）。こうして、この年の十二月、安康天皇の即位が実現した。

以上は、『日本書紀』の伝承であるが、『古事記』はやや違った話を掲げる。『古事記』では、木梨軽太子と軽大郎皇女の姦通事件を允恭天皇崩御後のこととし、事件の結果、群臣と国民が太子を離れ、穴穂皇子についたので（ただし、二人の相姦関係が露見したために、太子から人心が離れたとする解釈を誤りとする考えもある）、太子が挙兵したとする。そして、穴穂皇子との戦いに敗れた木梨軽太子は廃太子となって伊予に流され、軽大郎皇女（以後、『古事記』では「衣通姫」の名で登場）は太子を追って伊予に行き、二人はそこで亡くなったという。

ところで、安康天皇の治世は四年弱と短い。これは、天皇が在位中に殺害されたからである。『日本書紀』によれば、安康天皇は、同母弟の大泊瀬幼武尊《おおはつせのわかたけのみこと》（のちの雄略天皇）のために、大草香皇子の妹・幡梭皇女を妻に迎えさせようと根使主《ねのおみ》を遣わす。大草香皇子はよろこび、天皇に対する忠誠心の証として、押木珠縵《おしきのたまかづら》を献上する。しかし、宝を託された根使主は、これを自分のものにしたいと考え、「大草香皇子は命令を聞き容れません」と虚偽の報告をする。これを聞いた天皇は、怒って大草香皇子を殺害し、その妻であった中蒂姫を妃にしてしまう。

中蒂姫と大草香皇子とのあいだには幼い眉輪王《まよわのおおきみ》（眉弱王）という子がいたが、父を殺したのが安康天皇であることを知った王は、昼寝中の天皇を刺殺し、父の仇を討つ。五十六歳でこの世を去った安康天皇は、菅原伏見西陵《すがわらのふしみのにしのみささぎ》（奈良市宝来四丁目）に葬られた。（荊木）

第二一代 雄略《ゆうりゃく》天皇 四一八〜四七九（在位：四五六〜四七九）

●古代の画期となった「倭王武」の実像

記紀によれば、五世紀中ごろから六世紀前半にかけては、皇室内部で皇位継承をめぐる骨肉の争いが絶え間なくつづいたという。仁徳天皇ののち、履中・反正・允恭という同母の皇子が相次いで即位してからは、兄弟による皇位継承が定着するが、これが皇位をめぐる争いに拍車をかける原因となった。

まず、履中天皇はまだ皇太子のころ、婚約者だった羽田矢代宿禰の娘・黒媛を、同母弟の住吉仲皇子が姦したことに端を発し、同母弟の瑞歯別皇子（のちの反正天皇）に命じて、住吉仲皇子を殺害させている。また允恭天皇も、同母兄の木梨軽皇子を自害に追い込んでいる。

しかし、もっとも残虐な振る舞いをしたのは雄略天皇である。独断に陥りやすく、誤って人を殺すことが多かったので、世間では「大《はなは》だ悪《あ》しき天皇」と評した。天皇は允恭天皇の第五皇子で、母は忍坂大中媛命。安康天皇の同母弟にあたる。その安康天皇は、根使主の讒言《ざんげん》を信じて伯父の大草香皇子を殺したために、自らも大草香皇子の子・眉輪王に殺害された。

この報に接した大泊瀬幼武尊（のちの雄略天皇）は、たいそう驚くとともに、兄たちを疑い、まず、同母兄の八釣白彦《やつりのしろひこ》皇子を殺害する。そして、同じく同母兄の坂合黒彦《さかいのくろひこ》皇子と従兄弟の眉輪王にもその矛先を向けた。二人は相談して葛城円大臣《つぶらのおおおみ》の家に逃げ込んだが、大泊瀬幼武尊は兵を起こして円大臣の家を囲んだ。円大臣は、娘の韓媛《からひめ》と葛城七か所を献上して許しを乞うが、大泊瀬幼武尊は彼らを焼き殺してしまう。

大泊瀬幼武尊の残虐ぶりは、その後もとどまるところを知らない。安康天皇が市辺押磐皇子を皇位継承者に予定していたことを恨み、皇子を騙して狩りに誘い出して殺害し、同じころ、皇子の同母弟の御馬《みま》皇子も殺害している。こうして兄弟の排斥に成功した大泊瀬幼武尊は、泊瀬朝倉宮において即位を果たした。

雄略天皇は、内政面では、機織《はたおり》の巧みな秦氏《はた》に「太秦《うずまさ》」の姓を与え、製陶に長じた土師氏《はじ》を集めて「贄土師部《にえのはじべ》」をつくるなど、国家財政を充実させた。また、それまで丹波に祀られていた豊受大神《とようけおおみかみ》を、天照大神の御饌神《みけつかみ》（食物神）として伊勢に遷し、外宮《げくう》としたと伝わる。

一方、外交面では、新羅の攻略には成功しなかったが、高句麗に滅ぼされた百済の再興に乗り出している。西暦四七八年、中国南朝の宋に使いを遣わし、その祖先が日本列島を平定したことを伝え、朝鮮諸国への軍事的支配力をも認知させようとした上表文を送った「倭王武《わおうぶ》」は、この雄略天皇と推定されている。御陵は丹比高鷲原陵《たじひのたかわしのはらのみささぎ》（大阪府羽曳野市島泉）。

しかし、血で血を洗う抗争は、やがて皇室の弱体化を招いた。『日本書紀』によれば、雄略天皇の子の清寧天皇には皇子がなく、殺された市辺押磐皇子の子で、播磨（兵庫県）に身を隠していた億計王《おけおう》（億計尊。のちの仁賢天皇）・弘計王《おけおう》（弘計尊。のちの顕宗天皇）の兄弟が発見されて、いったんは皇位断絶の危機を逃れた。だが、仁賢天皇の子の武烈天皇にも皇子がなく、ここに至って仁徳天皇の皇統は途絶えてしまったのである。（荊木）

第二二代 清寧《せいねい》天皇

四四四～四八四（在位：四八〇～四八四）

●星川皇子の謀叛を抑えたが、短期で崩御

清寧天皇は雄略天皇の第三子で、母は葛城円大臣の娘・韓媛。生まれながらにして白髪であったという。『古事記』は「御子、白髪大倭根子命《しらがのおおやまとねこのみこと》、伊波余《いわれ》の甕栗宮《みかくりのみや》に坐しまして、天下を治《し》らしめき。此の天皇、皇后無く、御子も無かりき。故、御名代として、白髪部を定めたまひき」と記している。『日本書紀』では白髪武広国押稚日本根子天皇《しらかのたけひろくにおしわかやまとねこのすめらみこと》。その実在が疑問視されるように、影の薄い天皇であったことは否めないが、霊異あることを悟った雄略天皇は、雄略天皇二十二年、皇子を皇太子とした。

翌年、父帝が崩御すると、異母弟・星川《ほしかわ》皇子が大蔵を掌握するなど、権勢をほしいままにした。わが子の天下を望む星川皇子の母・稚姫《わかひめ》がけしかけたのである。雄略天皇から後事を託されていた大連の大伴室屋《おおとものむろや》は、皇太子に仕えるべきだと軍兵を動員して、大蔵を囲んで火を放ち、星川皇子は母とともに火中に没した。こうして皇太子は大和の磐余《いわれの》甕栗宮（桜井市池之内）で即位した。

清寧天皇には后妃・皇子女が一人もいなかった。たまたま播磨に遣わされた国司が、履中天皇の孫にして市辺押磐皇子の子、億計王（のちの第二十四代仁賢天皇）と弘計王（のちの第二十三代顕宗天皇）の兄弟を同地で捜し出して、皇嗣としたという。なお、『古事記』では、この二王子の発見を清寧天皇の没後のこととしている。清寧天皇五年に崩じ、御陵は河内坂門原《こうちのさかどのはらの》陵《みささぎ》（大阪府羽曳野市西浦）と伝える。（坂井）

第二三代 顕宗天皇《けんぞう》 四五〇～四八七（在位：四八五～四八七）

●兄弟による麗しき皇位の譲り合い

顕宗天皇は履中天皇の皇子・市辺押磐皇子の子で、母は蟻臣《ありのおみ》の娘・荑媛《はえひめ》。第二十四代仁賢天皇の同母弟にあたる。

允恭天皇の子・大泊瀬幼武尊（のちの雄略天皇）は、兄・安康天皇が眉輪王に暗殺されると、その眉輪王を攻め殺した後、兄が生前、皇位を従兄弟の市辺押磐皇子に譲ろうとしたことを恨み、皇子を狩りに誘い出して殺害した。市辺押磐皇子の子、億計王と弘計王の兄弟は、難を避けようと逃れた播磨の縮見屯倉首《しじみのみやけのおびと》である忍海部造《おしぬみべのみやつこ》細目《ほそめ》に奴《ぬ》として仕え、じっと身を潜めていた。

時は流れて清寧天皇二年、后妃をもたなかった天皇には当然、皇子女がなく、人々を憂慮させていた。大嘗供奉《だいじょうぐぶ》の品を調達するため、播磨に派遣された国司の伊与来目部小楯《いよのくめべのおだて》が、新築祝いの宴を開く細目の邸に招かれたとき、二王子は細目にうながされて舞を舞い、歌を詠じた。「大和のあちこちにある茅原《ちはら》、その浅茅原のような私たちなのです」――それを聞いて、いぶかしげな小楯に「自分たちこそ、市辺押磐皇子の子だ」と弘計王が身分をあかすと、小楯は驚いて席を立ち、兄弟の前にひざまずいた。

こうして二王子は朝廷に迎えられ、兄の億計王が皇太子に立てられたが、天皇が崩御しても、兄弟は互いに譲り合って、なかなか皇位につこうとしなかった。そこで二王子の叔母（姉とする史料もある）の飯豊皇女（青海皇女）が一時、政《まつりごと》を行ったが、その皇女も崩じたため、ついに弟の弘計王が即位した。顕宗天皇である。治績については、次の仁賢天皇の項であわせて述べる。

御陵は傍丘磐坏丘南陵《かたおかのいわつきのおかのみなみのみささぎ》（奈良県香芝《かしば》市北今市）とされる。（坂井）

第二四代　仁賢《にんけん》天皇　四四九～四九八（在位：四八八～四九八）

●父の仇・雄略天皇を赦して称賛される

仁賢天皇は履中天皇の皇子・市辺押磐皇子の子で、母は蟻臣の娘・荑媛。『古事記』では意祁王。第二十三代顕宗天皇の同母兄にあたる。

父・市辺押磐皇子の没後、顕宗天皇（弘計王）が兄である皇太子・億計王とともに父の墓所を訪れて掘ってみると、骨は従者のものと混ざっていて、見分けがつかなかった。あらためて雄略天皇への怒りが湧き起こり、顕宗天皇は、雄略帝の陵を破壊して骨を投げ散らそうと、億計王を向かわせた。

ところが、億計王は、御陵の一部を少し掘っただけで戻ってきた。顕宗天皇が、なぜすべて壊さなかったのかと詰問すると、億計王は、「父王の怨みからすれば、たしかにそうであるけれども、天皇の陵をあばくのは、どんな理由があろうとも、よくないこと。それに雄略天皇は自分たちの従父弟であり、私たちの恩人である清寧天皇の父なのですから」と弟を諫め、この情理を尽くした兄の答えに、天皇も深く納得したという。

顕宗天皇の崩御後、億計王は大和の石上広高宮《いそのかみのひろたかのみや》（天理市石上町《いそのかみ》）で即位し、仁賢天皇となった。漢風諡号が「仁賢」とされるのは、いま述べた人となりのせいでもあろう。仁賢天皇三年、この宮に付属する石上部舎人《いそのかみべのとねり》をおき、同七年には皇后・春日大娘《かすがのおおいらつめ》とのあいだにもうけた小泊瀬稚鷦鷯尊《おはつせのわかさざきのみこと》（のちの武烈天皇）を皇太子に立てた。「国中、事無くして、吏、其の官に称《かな》ふ。海内《あめのした》、仁に帰《おもむ》き、民、其の業《わざ》を安んず」と、その治世をたたえられ、同十一年に崩じた。埴生坂本陵《はにうのさかもとのみささぎ》（大阪府藤井寺市青山《あおやま》）に葬られたという。（坂井）

第二五代　武烈《ぶれつ》天皇　四八九～五〇六（在位：四九八～五〇六）

●乱行伝説にみられる文学的作為

武烈天皇は仁賢天皇の皇子で、母は雄略天皇の皇女である皇后・春日大娘。名の稚鷦鷯は、

『古事記』では若雀となっている。仁賢天皇の崩御にともない即位し、大和の泊瀬列城《はつせのなみき》（奈良県桜井市初瀬《はせ》）に都を遷したという。春日娘子《いらつめ》を皇后とした。

皇太子時代、物部麁鹿火《もののべのあらかひ》の娘・影媛《かげひめ》をめぐって平群鮪《へぐりのしび》と恋仇となり、のちに大連となる大伴金村と謀って、鮪を攻め殺し、ついで王権を狙っているとして、その父である大臣・平群真鳥《まとり》をも殺害した。この大伴金村の推挙によって、武烈天皇が誕生した。けれども、即位後の治績はなんともすさまじいものがある。

『古事記』は伝えないが、『日本書紀』には武烈天皇の暴虐ぶりが数多く記されている。妊婦の腹を裂き、人の生爪を剥がしたうえで墓を掘らし、人を池に入れ、流れ出るところを三刃の矛で刺し殺す、などなど。これは、同時代の『百済新撰』という百済の書物にみえる末多王《またおう》の暴虐記事をもとにして、『日本書紀』に意図的に混入したとする説がある。

名の小泊瀬は、同じく悪行を重ねた大泊瀬、すなわち雄略天皇に連なるとみる『日本書紀』編者の認識であろう。諡号の文字のごとく「有徳」の仁徳天皇の王系が、「有徳」と「悪徳」の二面性をもつ雄略天皇をへて、「大悪」の武烈天皇で絶えることが、ここには暗示されている。事実、武烈天皇には継嗣がなく、やむなく子代《こしろ》として小長谷部《おはつせべ》を定めた。そのことも、『日本書紀』が自由に悪行を書き記した理由であろう。

御陵は傍丘磐坏丘北陵《かたおかのいわつきのおかのきたのみささぎ》（奈良県香芝市今泉）と定められている。（坂井）

第二六代 継体《けいたい》天皇 四五〇～五三一（在位：五〇七～五三一）

●皇統の危機を救った「五世孫」の大王

『日本書紀』継体天皇即位前紀によれば、悪逆無道の天皇として知られる武烈天皇には子がなかった。そこで、大伴金村の発議によって、まず、丹波国桑田郡（京都府亀岡市付近か）にいた仲哀天皇五世孫の倭彦王《やまとひこのおおきみ》を迎えようとした。しかし、王は迎えにきた兵を望見して色を失い、山中へと逃亡してしまう。

金村らは、ふたたび協議して、今度は越前国坂井《さかのい》の三国《みくに》（福井県坂井《さかい》市三国町）にいた応神天皇五世孫・男大迹王《おおどのおおきみ》（継体天皇）を迎え、皇緒《こうちょ》を伝えることにした。王は、なかなか首を縦にふらなかったが、やがて河内馬飼首荒籠《かわちのうまかいのおびとあらこ》の助言によって承諾し、樟葉宮《くすはのみや》（大阪府枚方市楠葉《くずは》）で即位する。しかし、その後もなかなか大和に入らず、山背（山城、京都府南部）の筒城《つつき》、弟国《おとくに》と宮処を転々とし、即位からじつに二十年後（七年後という異説もある）、ようやく磐余《いわれ》玉穂宮《たまほのみや》（奈良県桜井市）に都を定めて政治を行った。

継体天皇がなかなか大和入りを果たせなかったのは、大和や河内の豪族の中に、遠縁の天皇の存在を快く思わない一派があったからであろう。天皇が名実ともに「大王《おおきみ》」として認められるのは、前王統の血を引く仁賢天皇皇女の手白香《たしろか》皇女との婚姻が成立してからである。

ところで、『日本書紀』は、継体天皇を応神天皇の五世孫としながらも、その中間の系譜を記していない。そこから、「五世孫」という記述は、皇親の範囲が四世王から五世王にまで拡大された慶雲三年（七〇六）二月以降に、継体天皇を皇親として取り扱う目的で捏造されたものであるとみる説があった。

戦後の一時期、大いに有力視された説であるが、現在では下火となっている。なぜなら、『釈日本紀《しゃくにほんぎ》』所引の「上宮記《じょうぐうき》」逸文《いつぶん》（推古朝前後の時期、遅くとも七世紀末までに成立）の引く継体天皇の系譜が信憑性の高いものであることが、明らかになってきたからである。

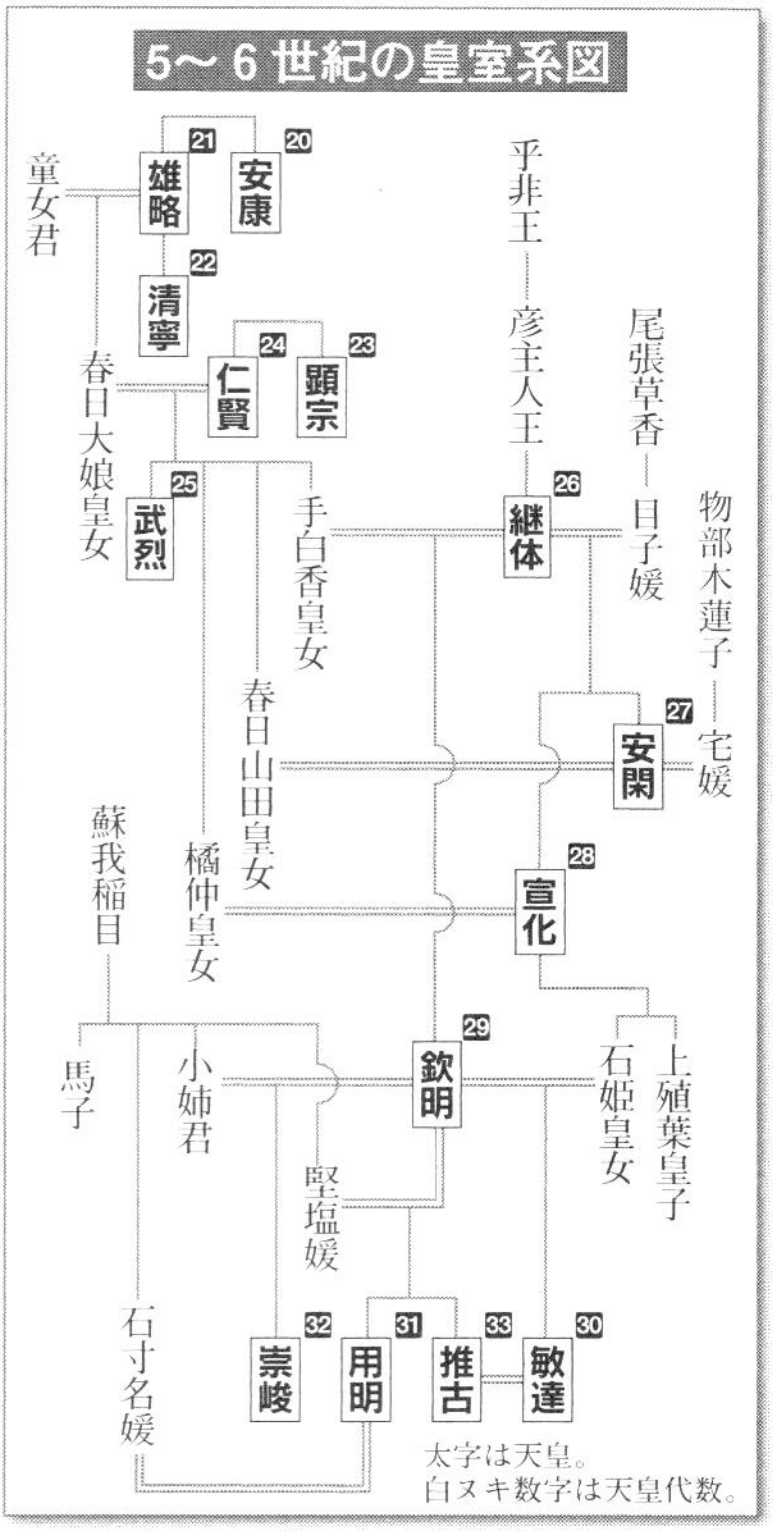

これによると、継体天皇は、若野毛二俣《わかぬけふたまた》王《おう》（稚渟毛二岐皇子）から出た

ことになっており、天皇は、近江国坂田郡付近に土着していた王族の末裔である彦主人王《ひこうしのおおきみ》と、越前の三国付近に本拠をおく一族の娘・振媛《ふるひめ》（『古事記』では垂仁天皇の七世孫）とのあいだに生まれたことが知られる。

『日本書紀』が継体天皇の系譜を掲げていないは、付録の「系図一巻」（現存せず）に譲ったからだと思われる。また『古事記』がそれを載せないのも、五世孫の登極《とうきょく》など、ほかに例がなかったから、「品太天皇五世之孫」と書くだけで十分だったのであろう。

ただ、ヤマト政権のほんとうの狙いは、血統よりも、倭彦王や継体天皇のもつ政治力と経済的基盤にあったようだ。先にもふれたように、継体天皇に先立ち、丹波国桑田郡を本拠地としていた倭彦王を擁立しようとしたが、こちらも仲哀天皇の五世孫というから、血筋のうえでは、傍系である。しかし、五世紀末から六世紀前半の千歳車塚《ちとせくるまづか》古墳（京都府亀岡市千歳町。墳丘長約八〇メートル）の存在からも知られるように、当時、桑田郡には巨大な政治集団が存在していた。ヤマト政権は、この勢力を取り込むことによって、権力基盤の強化をもくろんだのであろう。

倭彦王との交渉は不首尾に終わり、継体天皇に白羽の矢が立ったわけだが、ここでも、天皇が越前・近江・尾張といった広い範囲に勢力を有していたことが決め手になったと思われる。天皇は、さらに山背から河内北部・摂津にかけての地域の勢力とも結んでいたのである。

継体天皇の時代には、九州地方で磐井《いわい》の乱が勃発している。ヤマト政権が、手強い磐井の軍を鎮圧できたのも、継体天皇の擁立に成功し、権力基盤を再編していたことと無関係ではない。『日本書紀』によれば、継体天皇二十一年（五二七）六月、天皇は、新羅に簒奪された任那《みまな》の故地を再興するために、近江毛野《おうみのけぬ》を将軍とする六万の兵を任那に派遣した。ところが、新羅は筑紫国 造《つくしのくにのみやつこ》磐井に賄賂を贈り、毛野の軍の渡海を防ぐよう要請した。

同書によれば、磐井はかねてから叛逆を企てていたというから、ヤマト政権に対してなんらかの不平・不満があったのであろう。その支配地であった北九州地方は、大陸進攻の基地として、事あるごとに大きな負担を強いられたので、あるいは今回の派兵にも批判的だったのかもしれない。

事態をことさらに重くみた継体天皇は、物部麁鹿火を大将軍として筑紫に下向させ、その征討を命じる。麁鹿火は、翌年十一月に筑紫の御井《みい》（福岡県三井郡）で磐井の軍勢と交戦した。両軍は必死に戦い、互いに一歩も譲らなかったが、最後は麁鹿火が磐井を斬る。十二月、筑紫《つくしの》君葛子《きみくずこ》は、父・磐井に連坐して誅《ちゅう》されるのを恐れ、糟屋屯倉《かすやのみやけ》を献上して許しを乞い、ここに乱は終息をみた。

磐井の乱のことは、『古事記』の継体天皇段にも簡単な記述があるほか、『筑後国風土記』にも記載されている。『釈日本紀』の引く同書の逸文には、磐井の墓に関する記述があり、古老の伝承を引いて、官軍に追われた磐井が豊前の上膳県《かみつみけのあがた》（福岡県豊前市）に逃れて、南の山の険しい嶺の隠れたところで死んだとする（死亡場所は『日本書紀』とは異なる）。だが一般には、岩戸山《いわとやま》古墳（同県八女市吉田）が磐井の墓だといわれている。

ところで、磐井の乱の鎮圧に成功した毛野は、継体天皇二十三年三月になって、ようやく朝鮮半島に赴く。しかし、新羅・百済との調整に失敗して任那の故地回復もかなわず、翌年に日本へ召還され、対馬に到着したところで病死した。そして、継体天皇もまた翌二十五年二月に崩御し、三島藍野陵《みしまのあいののみささぎ》（大阪府茨木市太田）に葬られたとされる。朝鮮半島における劣勢は、ついに挽回できないままであった。（荊木）

第二七代 安閑《あんかん》天皇 四六六～五三五（在位：五三一～五三五）

●安閑・宣化両朝と欽明朝の並立説

安閑天皇は継体天皇の第一皇子。母は尾張連草香《おわりのむらじくさか》の娘である目子媛《めのこひめ》で、継体天皇が越前の三国にあったころからの皇妃である。檜隈高田皇子《ひのくまのたかだ》（のちの宣化天皇）は同母弟。『日本書紀』に「男大迹天皇（継体天皇）、大兄《おおえ》（安閑天皇）を立てて天皇と為したもう。即日、男大迹天皇崩れます」とあるように、継体天皇の崩御の日に即位したとされている。しかし、同じ『日本書紀』でも継体紀二十五年条、あるいは聖徳太子の伝記で最古といわれる『上宮聖徳法王帝説《じょうぐうしょうとくほうおうていせつ》』では、即位までに二年余の空位があったことになる。

この点について、継体紀二十五年条は説得力がある。すなわち、その注によれば「百済本記」に拠ったとあり、百済と日本では暦に年次の上で差異があるため、継体天皇の崩御は百済の暦で記し、安閑天皇の即位は日本の暦で記した。だから、このような矛盾が生じたのだとする説もある。さらに安閑天皇の異母弟・天国排開広庭尊《あめくにおしはらきひろにわのみこと》（欽明天皇）が、継体天皇の死の翌年に即位した形跡もみられる。

以上のことから、継体天皇の崩御後、なんらかの皇位継承をめぐる争いが生じ、安閑・宣化両朝と欽明朝が並立したのではないかとする説もある。

いずれにせよ、安閑天皇は大和の勾金橋宮《まがりのかなはしのみや》（橿原市曲川町）に都を遷し、仁賢天皇の娘・春日山田皇女《かすがのやまだ》を皇后とした。先帝と同じく、大伴金村と物部麁鹿火を大連に任じ、各地に多くの屯倉をおいて、天皇家の経済力を強めた。しかし、その治世は長く続かず、安閑天皇二年に崩じ、古市高屋丘陵《ふるちのたかやのおかのみささぎ》（大阪府羽曳野市古市）に葬られたという。（坂井）

第二八代　宣化《せんか》天皇　四六七〜五三九（在位：五三五〜五三九）

●清廉で心の澄んだ君子と慕われる

宣化天皇は継体天皇の第二皇子で、母は尾張連草香の娘・目子媛。つまり、安閑天皇の同母弟にあたる。清廉で心が澄み、君子にふさわしい人格を備えていたといわれ、安閑天皇が皇嗣なくして崩御したため、そのあとを継いで即位した。しかし、安閑天皇の項でも少し触れたように、『上宮聖徳法王帝説』では、継体天皇が皇后・手白香皇女とのあいだにもうけた異母弟・天国排開広庭尊が即位して、欽明天皇となったとされている。すなわち、安閑・宣化両朝と欽明朝が並立したとする説の根拠のひとつである。

そしてさらに、そこには安閑・宣化両朝を擁立する大伴氏らと、欽明朝を支持する蘇我氏の対立があったとし、継体朝の次に欽明朝がつづくとする説もある。たしかに蘇我稲目《いなめ》は娘の堅《き》塩《た》媛《しひめ》と小姉君《おあねのきみ》を天国排開広庭尊の妃としており、その即位を望んだとしてもおかしくはない。しかし、これでは継体と欽明とのあいだに安閑・宣化の入る余地がなくなる。こうした矛盾を解決するために、両朝並立説が生まれたと考えることもできる。

いずれにせよ、宣化天皇は即位後、檜隈《ひのくま》の廬入野《いおりの》（奈良県高市郡明日香村檜前《ひのくま》）に都を遷した。仁賢天皇の娘・橘仲《たちばなのなかつ》皇女を皇后として一男三女をもうけ、また大河内《おおしこうちの》稚《わく》子《ご》媛《ひめ》とのあいだにも一男をもうけたが、いずれも皇位を継ぐことはなかった。

大伴金村と物部麁鹿火を大連としたのは、兄・安閑天皇と同じだが、注目すべきは、蘇我稲目を新たに大臣に任じ、蘇我氏隆盛の端緒を開いたことである。老境に入ってからの即位であったため、その在位は長くなかった。

御陵は身狭《むさの》桃花鳥《つき》坂上陵《さかのえのみささぎ》（奈良県橿原市鳥屋町）とされている。（坂井）

第二九代　欽明《きんめい》天皇　五〇九？～五七一（在位：五三九～五七一）

●仏教伝来の余波と任那の滅亡

欽明天皇は、継体天皇と手白香皇后とのあいだに生まれた。皇后は石姫《いしひめ》。天皇と皇后とのあいだに生まれた皇子女は二十数人にのぼるが、そのうち訳語田渟中倉太珠敷尊《おさだぬなくらのふとたましきのみこと》（敏達天皇）、橘豊日尊《たちばなのとよひのみこと》（用明天皇）、豊御食炊屋姫尊《とよみけかしきやひめのみこと》（推古天皇）、泊瀬部《はつせべ》皇子（崇峻天皇）の四人が、のちに天皇となっている。

『日本書紀』によれば、宣化天皇崩御の後、皇子（のちの欽明天皇）は、安閑天皇の皇后・山田皇女を推したという。しかし、皇后はこれを辞退したのみならず、群臣に、皇子に早く即位していただくよう、お願いしてほしいと申し出たので、若い天皇が誕生した。

ところで、『元興寺伽藍縁起《がんごうじがらんえんぎ》 并《ならびに》 流記資財帳《るきしざいちょう》』や『上宮聖徳法王帝説』によれば、欽明天皇の即位年は辛亥である。一方、継体天皇は、治世の継体天皇二十五年（五三一）、勾大兄《まがりのおおえ》皇子（のちの安閑天皇）に譲位し、即日崩御したというが（『日本書紀』安閑天皇即位前紀）、これも辛《しん》亥《がい》年（五三一）のことである。もし、これが事実ならば、一時期、安閑・宣化天皇と欽明天皇が、同時に皇位にあったことになる。いわゆる両朝の並立説である。

この説については、批判も少なくないが、継体天皇二十五年十二月条の引用する「百済本

任那の興亡図

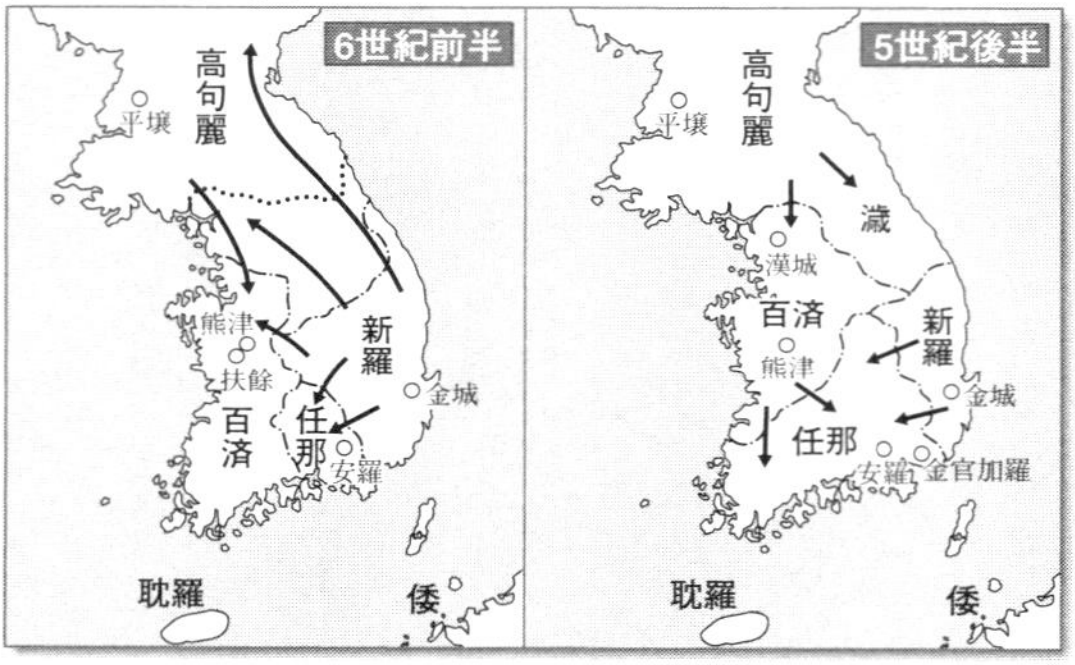

記」に「日本の天皇と太子・皇子、倶《とも》に崩薨《まか》りますと聞けり」とあることは、継体天皇の崩御に際して、朝廷内部で事件が起きたことをうかがわせる。記事はあくまで風聞で、その真相は明らかでないが、欽明朝に、仁徳・履中天皇の流れを汲む欽明天皇系のグループと、畿外出身の継体天皇系のグループとが、反目しあっていたことは事実である。あるいは、継体天皇崩御後、次の皇位をめぐってトラブルがあったのかもしれない。

　ところで、欽明天皇の在位中には、仏教伝来と任那への出兵という、二つの大事件があった。欽明朝では、大伴金村・物部尾輿《おこし》が大連《おおむらじ》、蘇我稲目が大臣《おおおみ》の地位にあったが、継体天皇のときの任那四県を百済に割譲したことが尾を引いて、金村は引退した。以後は、物部氏と蘇我氏が主導権を握る。

　だが欽明天皇十三年（五五二）、百済の聖明王《せいめいおう》が釈迦仏の金銅像《こんどうぞう》（鍍金《ときん》した銅像）や経論《きょうろん》などを奉り、仏教を伝えると（五三八年とする説も有力）、その受容をめぐって、廃仏派の物部氏・中臣《なかとみ》氏と崇仏派の蘇我氏とのあいだに対立が生じる。いわゆる崇仏論争だが、これはたんなる信仰の問題ではなく、本質は両氏の権力争いである。

一方、朝鮮半島における状況はいよいよ悪化していく。欽明天皇二年（五四一）、欽明天皇は聖明王に任那復興を命じるが、百済の力では新羅・高句麗《こうくり》に対抗できない。同十三年、百済は日本に救援を要請し、翌年にも再び窮状を訴えてくる。同十五年、日本は百済に援軍を送って新羅を討つが、新羅の反撃は激しく、この年、聖明王も戦死した。

勢いに乗る新羅は、欽明天皇二十三年、最後に残った任那諸国のひとつである加羅《から》を占領する。そして同三十二年四月、欽明天皇は、皇太子（敏達天皇）に任那の復興を託して息を引きとり、檜隈坂合陵《ひのくまのさかあいのみささぎ》（奈良県高市《たかいち》郡明日香《あすか》村）に葬られたという。（荊木）

第三〇代　敏達《びだつ》天皇　五三八〜五八五（在位：五七二〜五八五）

●百済大井宮の造営と任那復興の挫折

欽明天皇のあとをうけて即位したのは、敏達天皇である。敏達天皇は、すでに欽明天皇十五年に皇太子となっていたが、欽明天皇崩御の翌年に即位すると同時に、百済大井宮《くだらのおおいのみや》（奈良県北葛城郡広陵町百済、あるいは大阪府河内長野市太井《おおい》）を造営した。

敏達天皇は、三年後に訳語田幸玉宮に移り、敏達天皇十四年（五八五）に崩御するまでここに住んだから、百済大井宮のことはあまり知られていない。しかし同宮の存在は、敏達朝における派閥争いを解明するうえで、きわめて重要である。

訳語田幸玉宮《おさだのさきたまのみや》は、敏達天皇五年三月に皇后となった蘇我氏系の豊御食炊屋姫尊（のちの推古天皇。母は蘇我稲目の娘・堅塩媛）のためにもうけられた。これに対し、百済大井宮は、前年正月、炊屋姫に先立って立后された広姫《ひろひめ》（この年十一月に薨去《こうきょ》）のための宮である。

百済大井宮がおかれた広瀬郡は、広姫とその子・押坂彦人大兄皇子《おしさかのひこひとのおおえ》を中心とする派閥の拠点であり、敏達天皇の殯《もがり》もここで営まれている。天皇の殯は、宮の近くで営まれるのが原則だから、もしこのとき蘇我氏が完全に権力を掌握していたならば、殯も、炊屋姫ゆかりの訳語田幸玉宮の近くで営まれたはずである。にもかかわらず、それが広瀬郡で営まれているのは、当時、押坂彦人大兄皇子らにそれだけの力があったからにほかならない。

ところで、欽明天皇に任那復興を託された敏達天皇は、高句麗と国交を開き、百済・新羅とも積極的に交渉を重ねる。しかし、経過ははかばかしくない。『日本書紀』敏達天皇十二年条には、天皇が、百済にいた火葦北《ひのあしきた》国造《くにのみやつこ》阿利斯登《ありしと》の子・日羅《にちら》を召還し、彼とともに任那復興の計略を立てようとした話が掲げられている。日羅は、天皇に国力の充実と軍備の増強を説き、百済の九州侵攻に備える作戦を伝授した。ところが、日羅は、同行していた監視役の百済高官に暗殺され、任那復興どころか、百済との関係も雲行きが怪しくなる。

一方、敏達天皇十四年、国内に疫病（天然痘）が蔓延。二月には、蘇我馬子《うまこ》も罹患し、占いにしたがって弥勒《みろく》の石像を礼拝する。このとき多くの人が死んだが、廃仏派の物部守屋《もりや》と中臣《なか》勝海《とみのかつみ》は、これを馬子の崇仏のせいだとして、敏達天皇に働きかけ、仏法を禁止し、仏像・仏殿を焼却させた。天皇自身は、仏教にはあまり好意的でなかったようだ。

その敏達天皇も、疫病により同年八月に崩御し、河内磯長中尾陵《こうちのしながのなかおのみささぎ》（大阪府南河内郡太子町）に葬られた。その殯が広瀬郡で営まれたことは先にも述べた。このとき、佩刀《はいとう》して誄《しのびごと》（死者をたたえ、哀悼の意を表す詞《ことば》）を奉る馬子を見て、守屋は矢で射られた雀のようだと言い、今度は守屋が手足を震わせながら誄をすると、馬子は鈴をつけたらよかろう、と応酬する。

こうした挿話は、両者の対立がもはや極限に達していたことを示す。結局、この問題は一触即発の状態のまま、次の用明朝に持ち越されることになる。（荊木）

第三一代　用明《ようめい》天皇　五四〇～五八七（在位：五八五～五八七）

●蘇我・物部両氏の対立抗争

用明天皇は欽明天皇の皇子で、母は蘇我稲目の娘・堅塩媛である。その即位前後、皇位をめぐって、三つの派閥が互いに反目しあっていた。ひとつは、竹田《たけだ》皇子（父・敏達天皇、母・炊屋姫）を擁立する豊御食炊屋姫・蘇我馬子・聖徳太子らの一派。これが、最大の派閥であった。二つめは、穴穂部皇子《あなほべ》（父・欽明天皇、母・蘇我小姉君。崇峻天皇〈泊瀬部皇子〉の実兄）を擁立する物部守屋・中臣勝海らの一派。そして最後は、継体天皇の旧勢力を継承した、息長系《おきなが》の押坂彦人大兄皇子（父・敏達天皇、母・息長広姫《ひろひめ》。用明朝の太子）を中心とする一派。この第三派閥の存在を抜きにしては、六世紀の政治史は正しく理解できないといわれている。

用明天皇二年（五八七）四月、『日本書紀』同月条によれば、病にかかった天皇は、仏法に帰依《きえ》したいと思い、群臣に協議するよう指示したという。朝廷での会議の席上、第二派閥の物部守屋・中臣勝海は詔《みことのり》に反対し、馬子と激しく対立する。

ここで守屋は、穴穂部皇子が僧を引き連れて内裏《だいり》に入ってきたのを見て激怒する。穴穂部皇子は、守屋に見切りをつけ、崇仏派の馬子に接近しようとしたのかもしれないが、廃仏派の守屋が怒るのは当然である。

群臣が自分の帰路を断とうとしているとの情報を得た守屋は、自邸に退いて兵を集結する。勝海もこれにしたがい、彦人大兄皇子と竹田皇子の像を作って呪詛《じゅそ》するが、成功の見込みがないと知り、途中で第三派閥に帰順しようとした。守屋が穴穂部皇子から彦人大兄皇子に乗り換えようとしたのを見て、勝海も態度を変えたのであろう。しかし勝海は、彦人大兄皇子邸を退出した直後、第一派閥に属していたとみられる聖徳太子の従者の手によって殺害された。

やがて、用明天皇が在位二年で病死すると、馬子は、穴穂部皇子と、皇子と親しかった宅部《やかべ》皇子を殺害。つづいて諸皇子と群臣にもちかけて、守屋を滅ぼす計画を立てる。泊瀬部皇子

（崇峻天皇）・竹田皇子・聖徳太子らが軍勢を率いて進み、河内の渋川（東大阪市衣摺《きずり》）にある守屋の邸宅を囲む。守屋は、子弟と奴《ぬ》の軍で応戦するが、結局、一族は殺されたり、逃亡したりして、物部大連家は滅亡。ここに守屋の排斥が完了した。

ところが、ここで、第一派閥にとって不慮の事態が生じた。どうやら竹田皇子が、政界で活躍できないような状態に陥ったようである（あるいは、すでに死亡していたのかもしれない）。そこで、彼らは、用明天皇の異母弟で、対物部戦争にも加わった泊瀬部皇子の擁立を企てた。本来なら、彦人大兄皇子が即位すべきところであったが、天皇の外戚として勢力の拡大をはかっていた馬子としては、蘇我氏にまったく関係のない彦人大兄皇子を即位させるわけにはいかなかったのである。

用明天皇の初葬地は明らかでないが、のち河内磯長原陵《こうちのしながのはらのみささぎ》（大阪府南河内郡太子町）に改葬されたとされる。（荊木）

第三二代　崇峻《すしゅん》天皇

?～五九二（在位：五八七～五九二）

●傀儡天皇の痛ましい悲劇

崇峻天皇の在位はわずか五年と短いが、この間に、さまざまな政策が実施された。むろん、それらは蘇我馬子の発案にかかるものであろう。崇峻天皇一年（五八八）には、百済が仏舎利《ぶっしゃり》（釈迦の遺骨）とともに、僧・技術者・学者を献上したが、馬子は、それを利用して、飛鳥に法《ほう》興寺《こうじ》を建立した。また翌二年には、境界の視察のため、近江臣満《おうみのおみみつ》らを東山道・東海道・北陸道に派遣した。

さらに、任那復興にも乗り出す。崇峻天皇四年には、紀男麻呂《きのおまろ》らを大将軍に任じ、二万余の軍を引率して筑紫に出陣させるとともに、吉士金《きしのかね》・吉士木蓮子《いたび》を、それぞれ新羅・任那に遣わして任那のことを諮問させた。

ところが、そのさなかに、不幸な暗殺事件が起きた。『日本書紀』崇峻天皇五年十月条によれば、天皇は、馬子殺害をほのめかす発言をする一方で、多くの武器を準備していたという。馬子は、泊瀬部皇子が危険な存在になってきたことを察知し、先手を打って東漢直駒《やまとのあやのあたいこま》に天皇を殺させたのである。そして即日、倉梯岡陵《くらはしのおかのみささぎ》（奈良県桜井市倉橋）に埋葬されてしまったという。

馬子は、崇峻天皇殺害に先立って、炊屋姫に即位を承諾させていたのであろう。当時、蘇我氏系の皇子の中には、押坂彦人大兄皇子に対抗できる者がいなかった。炊屋姫の登極《とうきょく》は、女帝という一点を除けば、当時の兄弟相承の慣習にもかなっており、誰も文句のつけようがなかったのである。（荊木）

第2章

飛鳥・奈良時代の天皇

天皇制度の確立から皇親政治へ

天智天皇（個人蔵）

第三三代 推古《すいこ》天皇 五五四～六二八（在位：五九二～六二八）

●聖徳太子を摂政に抜擢した日本初の女帝

崇峻天皇五年（五九二）十月、天皇に山猪《いのしし》が献上された。このことは『日本書紀』同月丙子条に「何《いずれ》の時にか此の猪《しし》の頸を断《き》るが如く、朕《ちん》が嫌《ねた》しとおもふ所の人を断らむとのたまふ」とあり、また壬午条には、「蘇我馬子宿禰《そがのうまこのすくね》、天皇の詔《みことのり》したまふ所を聞きて、己を嫌《そね》むらしきことを恐る。党者を招き聚《あつ》めて、天皇を弑《しい》せまつらむと謀る」と見えている。

崇峻天皇は蘇我馬子の甥であり、また娘・河上娘《かわかみのいらつめ》を妻としていたが、いつしか馬子と対立するようになり、猪の首を断《た》つように、嫌いな馬子の首を落としたいと発言するようになっていた。これを聞いた馬子は十一月三日、天皇を暗殺した。

天皇暗殺という非常事態をうけて、後継者選びはすんなりといかなかった。もっとも有力なのは敏達天皇の皇子・押坂彦人大兄《おしさかのひこひとのおおえ》皇子であったが、すでに亡くなっていた可能性が高い。そうすると、用明天皇の皇子・厩戸《うまやど》皇子（「聖徳太子」の呼び名の成立は八世紀半ばとみられ、ここでは厩戸皇子に統一する）と敏達天皇の皇子・竹田《たけだ》皇子が有力であった。

厩戸皇子の母は穴穂部間人《あなほべのはしひと》皇女、竹田皇子の母は豊御食炊屋姫《とよみけかしきやひめ》、ともに馬子の姉妹である小姉君《おあねのきみ》と堅塩媛《きたしひめ》の娘であって、馬子には姪になる。馬子をはじめ朝廷内では調整がつかなか

皇室と蘇我氏の関係系図

太字は天皇。白ヌキ数字は天皇代数。

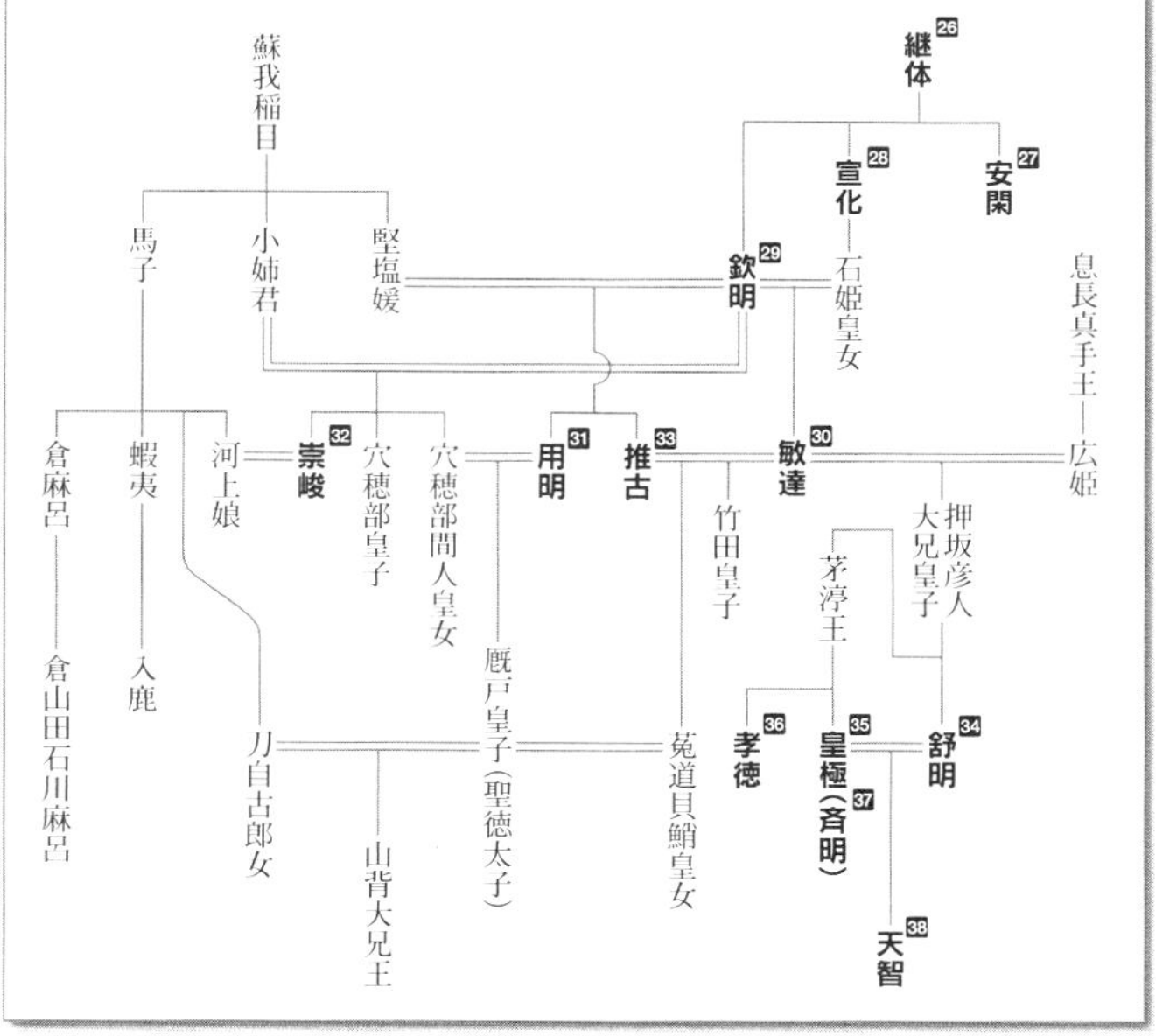

ったのか、敏達天皇の後添《のちぞ》いの皇后で、欽明天皇の皇女・豊御食炊屋姫が擁立されることになった。推古女帝である。

推古天皇二年（五九三）四月、『日本書紀』には、「廐戸《うまやどの》豊《とよ》聡《と》耳《みみ》皇子を立てて、皇太子とす。仍《よ》りて録《まつりごと》摂政《ふさねつかさど》らしむ。萬機《ばんき》を以て悉《ことごと》く委ぬ」と、廐戸皇子が皇太子に立てられ、摂政に就任したとある。しかし、皇太子が制度化されるのは「浄《きよ》御《み》原令《はらりょう》」であり、皇太子的な存在になったと理解したほうがよい。

また「摂政」も職名ではなく、推古天皇の政治を補佐するようになったと考えられる。

大化以前の立太子が天皇即位の年という例は、この厩戸皇子のみである。崇峻天皇の暗殺後、厩戸皇子と竹田皇子のいずれとも決められず、初めての女帝となることを覚悟してまで推古天皇を擁立したことを考えれば、皇太子も同様に決めにくかったはずである。即位後、早い時期に厩戸皇子を後継者とすることができたならば、わざわざ推古天皇ではなく、はじめから厩戸皇子を即位させることもできたのではないだろうか。

また、没後に一緒に葬られることを望むほどに愛し、『日本書紀』に「泊瀬部《はつせべ》皇子（崇峻天皇）、竹田皇子、厩戸皇子」の順に記されるように、厩戸皇子よりも重要視されていた竹田皇子の後継を、推古天皇があきらめることは考えにくい。そこから、厩戸皇子が後継者となったのは、少なくとも竹田皇子の没後のことと推察できる。ただ、『隋書《ずいしょ》』東夷伝倭国条《とういでんわこく》には、開皇二十年（六〇〇）に倭王の「多利思比孤《たりしひこ》」が使いを遣わしたとあり、この多利思比孤が厩戸皇子をさすとすれば、このころには厩戸皇子が皇太子的・摂政的地位にいたとみてよい。

聖徳太子の政治というと、推古天皇十一年（六〇三）の冠位十二階の制定、翌年の憲法十七条の作成があげられる。前者は門閥の打破、人材の登用がその目的とされるが、この冠位は中国の位階制のように官職の等級ではなく、官人身分の等級を定めることを主眼としていた。むしろ朝鮮半島の高句麗《こうくり》十二階・新羅《しらぎ》十七階・百済《くだら》十六階の影響を受けていたといえる。

また憲法十七条については、戦前に津田左右吉《そうきち》博士が唱えたように、第四・八・十四条に見える「群卿《まえつきみたち》百寮《つかさつかさ》」という語句は天武・持統朝以後のものであり、第十二条の「国司《くにのみこともち》」も大宝元年（七〇一）完成の「大宝令《たいほうりょう》」（「大宝律令」とも）で初めて規定されたものである以上、『日本書紀』が潤色していることは確かであろう。ただ、このような潤色が可能となるような「原憲法十七条」があったとみることはできよう。

　さらに、これらの政策自体、廐戸皇子が行ったかについても疑問視されている。崇峻天皇を殺害しうる政治力をもつ蘇我馬子がまったく関与しなかったとは、とうてい考えられないからである。なぜならば、『日本書紀』推古天皇二年二月丙寅条に「皇太子及び大臣に詔して」、同十五年二月甲午条に「皇太子と大臣と、百寮を率《ひきい》て」とあり、また聖徳太子の伝記ではもっとも古い『上宮聖徳法王帝説《じょうぐうしょうとくほうおうていせつ》』にも「上宮廐戸豊聡耳命、島大臣《しまのおおおみ》と共に天下の政《まつりごと》を輔《たす》けて」、「聖徳王と島大臣と、共に謀りて」などと見える。したがって聖徳太子が蘇我馬子（島大臣）とともに推古女帝の政治を輔けていたとみられる。近年では、推古女帝のより強い領導力を指摘する説もある。

　では、なぜ『日本書紀』は廐戸皇子一人の施策としたのか。それは、のちに乙巳《いっし》の変で子・蝦夷《えみし》、孫・入鹿《いるか》が誅殺され、蘇我氏がイメージ・ダウンしたため、馬子の功業とすることが難しかったからであろう。

　皇嗣を定めぬまま七十五歳で世を去った推古女帝は、竹田皇子の磯長山田陵《しながのやまだのみささぎ》（大阪府南河内郡太子町）に合葬された。（木本好信）

第三四代 舒明《じょめい》天皇

五九三?〜六四一（在位：六二九〜六四一）

●百済大寺の造営と初の遣唐使派遣

舒明天皇は敏達天皇の皇子・押坂彦人大兄皇子《おしさかのひこひとのおおえ》の子で、母はその異母妹・糠手姫皇女《ぬかてひめ》。糠手姫皇女は別名を田村皇女《たむら》といい、諱《いみな》の田村はこれにちなんでいる。

推古天皇三十六年（六二八）、崩御に臨んで推古天皇は、田村皇子《たむら》と聖徳太子の子・山背大兄《やましろのおお》皇子《え》を別々に病床に呼んで、遺言した。田村皇子には「言動を慎むように」と戒め、山背大兄皇子には「よく群臣の意見に耳を傾けるように」と諭した。田村皇子は蘇我馬子の娘・法提郎女《ほうてのいらつめ》を妃とし、古人大兄皇子《ふるひとのおおえ》をもうけていた。山背大兄皇子は馬子の娘・刀自古郎女《とじこのいらつめ》が生んだ子である。どちらも甲乙つけがたく、大臣《おおおみ》・蘇我蝦夷は頭をかかえた。

推古天皇が崩じ、半年が経っても、それぞれを推す二派が反目し、皇位継承者の決定には至らなかった。そんなとき、業《ごう》を煮やした境部臣摩理勢《さかいべのおみまりせ》が山背大兄皇子に即位をうながした。田村皇子へと傾いていた蘇我蝦夷は摩理勢を殺し、これを見た山背大兄皇子は即位を断念せざるを得なかった。こうして田村皇子が舒明天皇として即位した。

天皇は姪にあたる宝皇女《たから》（のちの皇極・斉明天皇）を皇后とし、中大兄皇子（のちの天智天皇）、間人皇女《はしひと》（孝徳天皇の皇后）、大海人皇子《おおあま》（のちの天武天皇）をもうけた。『万葉集』（第一巻）に、香具山《かぐ》に登っての「望国の歌」があり、「うまし国ぞ蜻蛉島《あきつしま》　大和の国は」と結ばれているように、その御世は穏やかであったことがうかがえる。盛大な葬儀の後、押坂内陵《おさかのうちのみささぎ》（奈良県桜井市忍阪《おっさか》）に葬られたという。（坂井洋子）

第三五代　皇極天皇《こうぎょく》　五九四？～六六一（在位：六四二～六四五）

●乙巳の変に対処し、百済救援の途上に急逝

皇極天皇三年（六四四）、『日本書紀』同年十一月条によると、蘇我蝦夷・入鹿父子は邸を「宮門《みかど》」と称し、周りには城柵と兵器庫までつくり、子どもたちを「王子《みこ》」と呼ばせていたという。また畝傍山《うねび》の東にも邸をつくっていたが、周囲を池で囲み、兵器庫には箭《や》を貯え、常に五十人もの兵士で守衛し、その勢威に圧倒されて、諸氏が門前に侍《はべ》るようになったという。

蝦夷・入鹿の専横に対して、その打倒に立ち上がったのが中大兄皇子（のちの天智天皇）であった。翌年六月八日、蘇我倉山田石川麻呂《そがのくらやまだのいしかわまろ》に入鹿斬殺の意思を打ち明けたのである。同月十二日、剣を寸刻も離さない入鹿を騙して剣を取り上げ、宮殿の十二門を閉ざすと、弓矢を持った中臣《なかとみの》（藤原）鎌足《かまたり》を従え、自らも長槍を持った中大兄皇子は、佐伯子麻呂《さえきのこまろ》と葛城稚犬養網田《かずらきのわかいぬかいのあみた》に剣を授けて入鹿斬殺を命じた。しかも、緊張してたじろぐばかりの子麻呂と網田に業を煮

やした中大兄皇子は、かけ声もろともに躍り出て、入鹿の頭から肩にかけて斬りつけた。驚いた入鹿は、立ち上がろうとしたところを子麻呂に足を斬られ、御座の下に転倒、斬殺された。驚きを隠せぬ皇極天皇に中大兄皇子は、「入鹿は皇孫を滅ぼして皇位を断とうとしています。神々の後裔である皇位を入鹿に代えることができるでしょうか」と言ったという。そばで目撃していた中大兄皇子の異母兄で有力な皇位継承者であった古人大兄皇子《ふるひとのおおえ》は、私宅に駆けかえり、即位の要請を辞退して大和の吉野山に逃れたが、のちに謀叛の疑いをかけられて殺害された。

飛鳥寺《あすか》に陣営を張った中大兄皇子らに対して、蝦夷は一族を結集させて対抗しようとしたが、十三日には諦めて自殺した。ここに権勢を専断してきた蘇我本宗家は滅亡し、その翌日、皇極女帝は孝徳天皇に譲位し、中大兄皇子が皇太子の地位についた。阿倍内麻呂《あべのうちまろ》が左大臣、蘇我倉山田石川麻呂が右大臣、そして中臣鎌足が内臣《うちつおみ》に任じられ、この新しい政権によって、「大化の改新」が推進されることになるのである。

このクーデターの中心人物は誰であったのか。中大兄皇子を中心に、鎌足や石川麻呂らによって策謀されたものであったとするのが通説である。近年、孝徳天皇の主導を主張する説も唱えられているが、残念ながらこの間、孝徳天皇の動向が何ひとつ知られていない。

クーデターを主導して新しい政治体制を構築したのであれば、なぜ孝徳天皇を難波《なにわ》に残したまま、みなが中大兄皇子に従って飛鳥に戻ったのか、なぜ孝徳天皇は難波で寂しく病死したの

か、まだ十分に解明されておらず、通説によらざるを得ないと思われる。（木本）

第三六代　孝徳《こうとく》天皇　五九六？～六五四（在位：六四五～六五四）

●乙巳の変後に即位し「大化の改新」を推進

孝徳天皇の父は、敏達天皇の孫にして押坂彦人大兄皇子の子・茅渟王《ちぬのおおきみ》で、母は欽明天皇の孫・吉備姫王《きびつひめのおおきみ》。皇極天皇の同母弟にあたる。軽《かる》皇子は幼名で、天万豊日《あめよろづとよひ》天皇は和風諡号《しごう》である。皇極天皇二年（六四三）、蘇我入鹿が山背大兄皇子を討滅したとき、入鹿の軍勢に加わっていたという。

皇極天皇四年（大化元年・六四五）六月の乙巳の変後、皇極天皇は、大極殿《だいごくでん》で蘇我入鹿が殺害されるというクーデターの責任をとって退位を決意し、長子の中大兄皇子（のちの天智天皇）を即位させるよう、勅令を出した。ところが、中大兄皇子は、異母兄・古人大兄皇子や叔父・軽皇子を差しおいて即位するのは人道に反するとの中臣鎌足の助言を入れて即位を辞退した。古人大兄皇子もまた辞退したため、やむなく軽皇子は中大兄皇子を皇太子として皇位を継ぐと、同年十二月、難波長柄豊碕宮《なにわのながらのとよさきのみや》（大阪市北区豊崎六丁目）に遷った。

孝徳天皇は、翌年正月には屯倉《みやけ》・田荘《たどころ》の廃止や食封《じきふ》の支給、戸籍・計帳・班田収授《はんでんしゅうじゅ》の施行などを主とする「改新の詔《みことのり》」を発布し、政治改革を行った。しかし、その実体は中大兄皇子と中臣鎌足に操られる傀儡であり、中大兄皇子が「阿倍内麻呂を左大臣に、蘇我倉山田石川麻呂を右大臣に、中臣鎌足を内臣に定めます」と奏上すると、うなずくことしかできなかった。

やがて中大兄皇子が望む大和への還都を認めなかったことで、両者の対立は決定的となった。そして白雉四年（六五三）、中大兄皇子は母で先帝の皇極上皇、妹で皇后の間人皇女をはじめ、諸王や諸臣たちを引き連れ、大和の飛鳥川辺行宮《あすかのかわらのかりみや》に戻ってしまった。孝徳天皇にとって、皇極先帝は姉であり、中大兄皇子は甥で、かつ皇后・間人皇女の兄という関係にあった。

ひとり難波にとり残された孝徳天皇は、中大兄皇子を恨み、いっそのこと退位しようとした。そして、山碕《やまさき》の地に離宮を造らせているさなか、病床につき、翌年十月十日、憂悶と失意のうちに崩御した。御陵は大阪磯長陵《おおさかのしながのみささぎ》（大阪府南河内郡太子町）である。（坂井）

第三七代 斉明《さいめい》天皇（皇極重祚） 五九四？〜六六一（在位：六五五〜六六一）

●聞き容れられなかった有間皇子の弁明

孝徳天皇のあとをうけて、皇極先帝が再び即位して斉明天皇となった。しかし、中大兄皇子には孝徳天皇の遺児である有間《ありま》皇子が皇位継承の有力なライバルとして意識された。有間皇子も、父の恨みを含みながら、中大兄皇子の敵意を感じていたに違いない。斉明天皇三年（六五七）九月には、「有間皇子、性《ひととなり》黠《さと》くして陽狂《うほりくるい》すと、云々。牟婁温湯《むろのゆ》（和歌山県西牟婁郡白浜町。現在の白浜温泉）に往《ゆ》きて、病を療《おさ》むる偽《まね》して」（『日本書紀』）と、危険を感じた有間皇子が狂人を装い、牟婁温湯に遁れていたことが見える。

翌年十月、斉明天皇は、有間皇子の勧めに応じて牟婁温湯に出かけた。その間、留守を預かった蘇我赤兄《あかえ》は、天皇が大きな倉庫を建てて民財を積み聚《あつ》めたこと、長い渠《みぞ》を穿《ほ》り公費を消費したこと、船に石を積み運び丘にしたこと、これら三つの失政を有間皇子に語ったという。よろこんだ皇子は赤兄に挙兵の真意を告げ、十一月五日には計画を練るつもりで赤兄の家に赴いた。ところが楼に登ったとき、夾膝《おしまづき》（脇息）が折れ、これを不吉として計画は中止された。だが、その夜になって赤兄は、物部朴井鮪《もののべのえのいのしび》らを市経《いちぶ》（奈良県生駒市壱分町）にある皇子の邸に派遣して、皇子、守大石《もりのおおいわ》、坂合《さかい》（境）部薬《べのくすり》、塩屋鯯魚《しおやのこのしろ》らを逮捕し、牟婁温湯に護送した。

牟婁温湯では、中大兄皇子の訊問があった。これに有間皇子は「天と赤兄と知らむ。吾全《われもは》ら解《し》らず」と弁明したが容れられず、十一日に藤白坂《ふじしろさか》（和歌山県海南市藤白）で斬られた。この間の有間皇子の歌二首が『万葉集』（巻二）に見える。

赤兄が謀って陥れたものか、途中で裏切ったものか説は分かれるが、中大兄皇子の歓心を買いたい赤兄とライバルを抹殺したい中大兄皇子が、ともに謀ったものであろう。

斉明天皇の御陵は越智崗上陵《おちのおかのえのみささぎ》（奈良県高市《たかいち》郡高取町）である。（木本）

第三八代　天智《てんじ》天皇　六二六～六七一

｛称制…六六一～六六八
在位…六六八～六七一｝

●白村江の戦い後、近江大津宮で改革を断行

母の斉明天皇が遠征先の筑紫で病没した後、皇位につかずに政務をとる皇太子の称制《しょうせい》という形を続けていた中大兄皇子は、称制七年目にあたる天智天皇六年（六六七）三月、都を近江の大津に遷した。『日本書紀』天智天皇五年是冬条に「京都の鼠《ねずみ》、近江に向きて移る」とあり、遷都は着々と進んでいたものと思われる。しかし、「是の時に、天下の百姓、都遷すことを願はずして、諷《そ》へ諫《あざむ》く者多し。童謡《わざうた》亦衆《またおお》し。日日夜夜、失火の処多し」とも見えることから、遷都は民衆に快く思われず、それを風刺する歌が流行り、また放火なども起きていた。

万葉歌人で知られる柿本人麻呂《かきのもとのひとまろ》も、「……大和を置きて　あをによし　奈良山を越え　いかさまに　思ほしめせか　天離《あまざか》る　夷《ひな》にはあれど　石走《いわばし》る　淡海《おうみ》の国の　楽浪《さざなみ》の　大津の宮に天の下　知らしめしけむ……」（『万葉集』巻一）と、神武天皇以来、歴代の帝が天下を治めてきた大和から、何を思ってか、田舎の近江で天下を治めることにしたのだろうかと回想している。これが臣下・民衆の偽らざる気持であろう。

では、中大兄皇子は、なぜ反対を押し切って、近江への遷都を実行したのであろうか。それは天智天皇二年（六六三）八月、白村江《はくそんこう》の戦いにおける惨敗が影響していた。唐・新羅連合軍

に攻略された百済を救援に向かった日本軍は、朝鮮半島西南部を流れる白村江での海戦で大敗し、百済も滅亡した。唐・新羅連合軍の日本本土への侵攻を恐れた中大兄皇子は、筑紫（福岡県）に水城《みずき》や大野城《おおののき》を築き、防人《さきもり》を配置して防衛に備えた。

これに加えて、東国・北陸への交通の便が考慮されていたが、中大兄皇子には、天智天皇七年（六六八）正月の即位を前にして、新しい都での治世を望む気持もあったことであろう。その近江大津宮は、昭和五十三年（一九七八）の発掘調査で官衙《かんが》の遺構が検出され、大津市内の錦織《にしこおり》地区であることが確実になった。

『日本書紀』によれば、天智天皇七年五月、天皇は弟・大海人皇子（のちの天武天皇）、内臣・中臣鎌足ら貴族らをともなって近江の蒲生野《がもうの》で狩猟を行った。この蒲生野での有名なエピソードが、大海人皇子と額田女王《ぬかたのひめみこ》との歌のやりとりである。

『万葉集』（巻一）には、額田女王の「あかねさす紫野《むらさきの》行き標野《しめの》行き野守《のもり》は見ずや君が袖振る」と、大海人皇子のこれに答えた「紫草のにほへる妹《いも》を憎くあらば人妻ゆゑにわれ恋《こ》ひめやも」の二首が伝えられている。「野守が見はしないでしょうか、そんなに袖などお振りなって」と、二人の関係の露呈を心配する額田女王に対して、大海人皇子は「紫草のように美しいあなたが憎いのなら、人妻であるあなたに何で恋などしようか」と迫っているのである。

いまや天智天皇の妻である額田女王は、これより先、たぶん二十歳のころに、その弟・大海人皇子とのあいだに十市《とおち》皇女を生んでいた。額田女王は舒明天皇二年（六三〇）前後の生誕と推測されているから、このときには四十歳近い年齢になっていた。ともに愛、恋というほど、もう若くはないが、昔のことを、このように戯れに歌いあう関係になっていたのである。しかし、この兄弟二人に額田女王をめぐる関係が影響しなかったとは思えない。大海人皇子の妻で娘までもうけた額田女王を、兄の天智天皇が召し出し、自分のものとしたことが問題であった。もちろん、額田女王が自らの意志によって天智天皇に近づいたとする説もあり、この兄弟の関係は微妙なものであった。

この三人の関係を象徴するとされる歌が、「香具山は　畝火雄々《おお》しと　耳梨《みみなし》と　相あらそひき　神代《かみよ》より　斯《か》くにあるらし　古昔《いにしえ》も　然《しか》にあれこそ　うつせみも　嬬《つま》を　あらそふらしき」（『万葉集』巻一）である。香具山が畝火山の愛を得ようと耳梨山と競ったように、今も一人の愛を二人で争うことがあるらしいと、天智天皇は歌っているのである。

だが、額田女王をめぐる女性関係が兄弟の関係を支配したと情緒的に考えてはならない。二人の関係は、あくまでも天皇である兄とそのあとを継ぐべき弟との政策上の齟齬《そご》、さらに皇位継承をめぐる政治的問題に帰結されるべきだからである。

天智天皇が、弟・大海人皇子への皇位継承を躊躇し、わが子・大友皇子（のちの弘文天皇）への譲位をいつごろから考慮していたかは判然としないが、即位したときには大友皇子はすでに二十歳であったから、意識していたことは間違いない。父系直系の継承法である「不《ふ》改常《かいのじょう》典《てん》」を定めたことは、その強い意志のあらわれである。

その後、天智天皇が催した琵琶湖《びわこ》畔での酒宴で、大海人皇子は天皇を前にして、長槍で敷板を刺し抜いた。皇子の敵意を看取した天皇は、怒って皇子の処罰を命じたが、中臣鎌足のとりなしで事は丸く収まったという。しかし、この大海人皇子の行動は、必ずしも酔いにまかせたものではなく、その心底には、天智天皇に対して、皇位継承にかかわる鬱積したものがあったに違いない。（木本）

第三九代 弘文《こうぶん》天皇 六四八～六七二（在位：六七一～六七二）

●壬申の乱に散った幸薄き生涯

大友皇子、伊賀《いが》皇子というほうが、古代史では通りがいいかもしれない。弘文天皇は天智天皇の第一皇子で、母は伊賀采女宅子娘《いがのうねめやかこのいらつめ》。大友皇子は天智天皇の崩御にともない即位したが、『日本書紀』はその事実を恣意的に記さなかったとする主張が、江戸時代に『大日本史』や『長等《ながら》の山風《やまかぜ》』（伴信友《ばんのぶとも》著）などで提唱され、明治三年（一八七〇）七月、明治天皇は皇子に弘文天皇と追諡《ついし》した。

『日本書紀』編者の一人である舎人《とねり》親王が、父・天武天皇を皇位簒奪者にすることをためらい、大友皇子の即位の事実を削って、その事績を天武天皇紀に編入したというのが、その主張の論拠である。

その後、皇后・倭姫《やまとひめ》の即位説や称制説も出たが、今日、天智崩御後の近江朝廷では、天皇としての大権が弘文天皇の手にあったとする見方が一般的である。歴史上から抹殺されてきた不幸な天皇は、ようやく名誉を回復することができたのである。

天智天皇十年（六七一）、史上初の太政大臣となり、同年十二月の天智天皇の崩御直後、事実上の近江朝廷の主となったが、弘文天皇元年（六七二）の壬申《じんしん》の乱に際し、吉野に隠棲していた叔父・大海人皇子（のちの天武天皇）に瀬田の戦いで敗れ、山前《やまさき》（滋賀県大津市か）で自害したという。大友皇子の首は不破宮《ふわのみや》の大海人皇子のもとに送られ、のち長等山前陵《ながらのやまさきのみささぎ》（大津市御陵町）に奉られたとされている。妃の十市皇女（天武天皇の皇女）とのあいだに葛野王《かどの》をもうけている。（坂井）

第四〇代　天武《てんむ》天皇　六三一？～六八六（在位：六七三～六八六）

●天皇中心の律令制集権国家を形成

天武天皇（大海人皇子）が兄・天智天皇の皇太子として将来を約束されたのは、称制八年目にあたる天智天皇七年（六六八）、天智天皇の即位のときであった。まだ皇太子制度はなく、事実として認めてよいか問題は残るが、この時代は兄弟で皇位を継承するのがふつうであったから、大海人皇子の継承は当然視されていた。

しかし、天智天皇は、わが子・大友皇子が長ずるに及んで、皇子に皇位を継承させたいと思うようになった。父子直系の皇位継承法である「不改常典」を定めたほか、天智天皇十年正月に大友皇子を太政大臣に任じ、左大臣に蘇我赤兄、右大臣に中臣金《なかとみのかね》、御史大夫《ぎょしたいふ》に蘇我果安《はたやす》、巨勢人《こせのひと》、紀大人《きのうし》を命じて、大友皇子をサポートする体制を固めたことは、天智天皇が自分のあとは皇子に譲位し、大海人皇子を排除することを意識したものと見てよい。

同年十月、天智天皇は病気の悪化にともない、大海人皇子を病床に呼び、後事を託そうとした。しかし、天智天皇の真意を知っている大海人皇子はこれを受けず、天智天皇のために出家することを請い、ただちに剃髪し、大和の吉野（吉野郡吉野町）へと遁れたのである。

大海人皇子が吉野に去った後の大津宮では、大友皇子と大臣《おおおみ》らが織物でできている仏像の繍《しゅう》仏《ぶつ》の前で誓いを立てたが、これは大友皇子の執政に不安があったことを示す。そして同年十二月に天智天皇が崩御すると、大友皇子の大海人皇子への懐疑は大きくなっていった。

弘文天皇元年（六七二）六月、ついに叔父・甥による皇位争奪の戦い、壬申の乱が勃発した。大友皇子らを中心とする近江政権は、天智天皇の山陵造営と称して民衆を徴発し、武器を与えたが、その矛先は大海人皇子に向けられたものであろうとの報告が発端だった。

大海人皇子は六月二十二日、村国男依《むらくにのおより》ら近臣に近江政権打倒の決意を告げると、美濃の安《あ》八磨評《はちまのこおり》（岐阜県安八《あんぱち》郡）を管理する多品治《おおのほむじ》に、兵士の動員と、東山道に通じる不破関《ふわのせき》（岐阜県不破郡関ケ原町）の閉鎖を指示した。そして自らは、妻・鸕野《うの》皇女や幼い草壁《くさかべ》皇子・忍壁《おさかべ》（刑部）皇子、佐伯大目《さえきのおおめ》、大伴友国《おおとものともくに》、調淡海《つきのおうみ》ら護衛の舎人《とねり》二十人余、女官十人余とともに伊勢・美濃への脱出をはかるとともに、大津宮に残っていた高市《たけち》皇子・大津皇子らに一刻も早く合流するよう命じた。

　津振《つふり》川から菟田《うだ》（奈良県宇陀市）の吾城《あき》・大野を経て、伊勢の隠駅家《なばりのうまや》（三重県名張市）・伊賀駅家（同県伊賀市）を焼いて伊賀の中山（伊賀市上野付近）に到り、ここでは数百の兵を率いた郡司たちの助勢を得た。二十五日に積殖《つむえ》の山口（伊賀市柘植《つげ》町）で高市皇子らと合流した後は、鈴鹿関《すずかのせき》を越え、翌日には朝明評《あさけのこおり》（三重県四日市市朝明《あさけ》町）の迹太《とお》川のほとりで伊勢神宮に向かって戦勝を祈り、桑名評家《くわなのこおりのみやけ》（三重県桑名市）にたどり着いた。

　さらに進んで不破評の野上行宮《のがみのかりみや》を本陣とした大海人皇子のもとには、小子部鉏鉤《ちいさこべのさいち》らが率いる二万の軍勢も参加して戦闘態勢が整えられ、七月に入って戦端は開かれた。大海人皇子は、紀阿閉麻呂《きのあへまろ》・多品治らが率いる伊勢の大山《おおやま》からの大和攻略軍と、村国男依・書根麻呂《ふみのねまろ》ら大友皇子の本拠地である近江陥落を目的とする軍勢の二方面作戦をとった。

　これに対して、動揺した大友皇子軍には内紛が起こった。不破評を急襲するため、犬上《いぬかみ》川の浜に布陣した派遣軍では、山部王《やまべおう》が殺害され、さらに蘇我果安が自殺、羽田矢国《はたのやくに》が一族とともに投降する始末であった。

壬申の乱当時の皇室系図

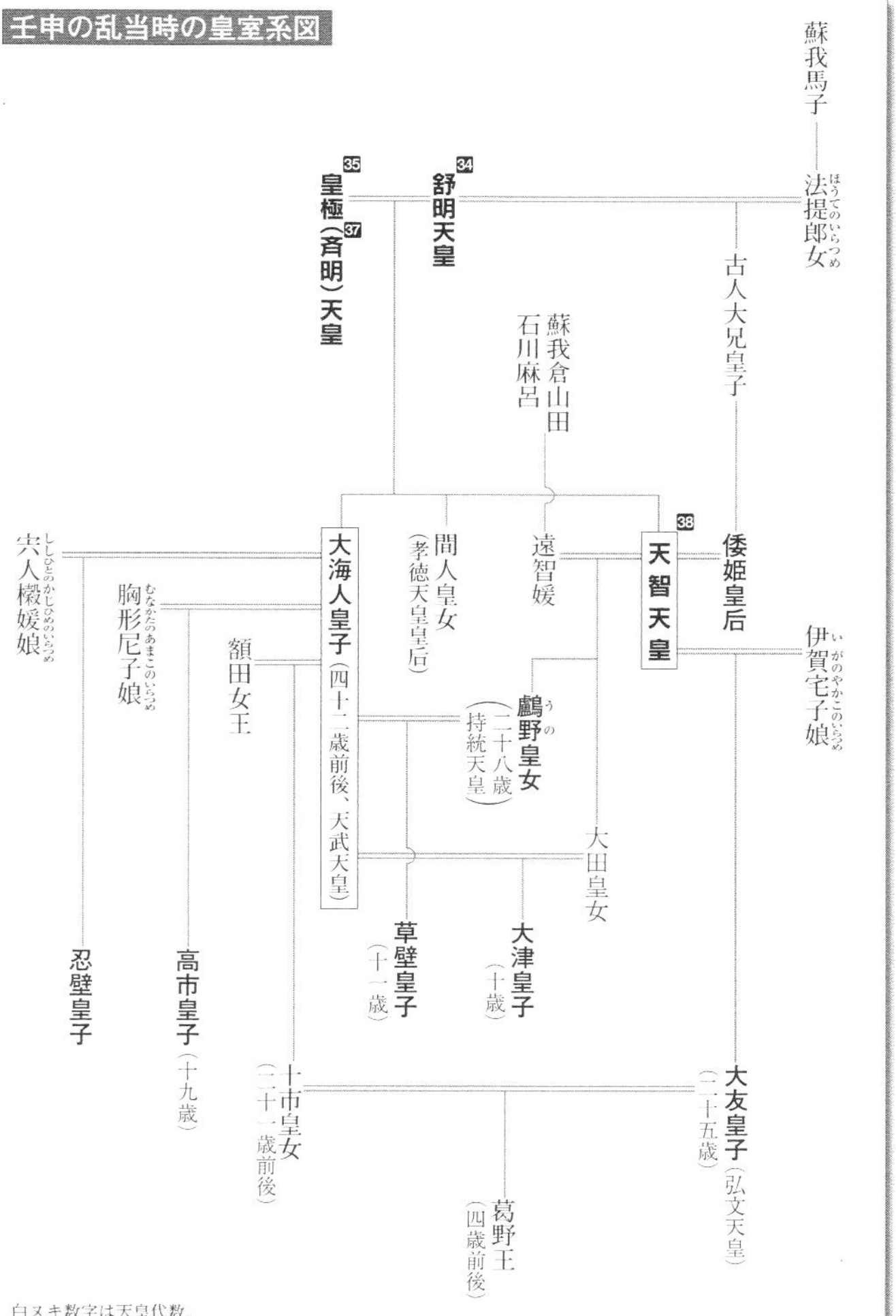

白ヌキ数字は天皇代数。

近江攻略軍は、七月七日の息長横河《おきながのよこかわ》（滋賀県米原市醒井《さめがい》付近）の戦いで村国男依らが坂合部薬らを討ち、九日には秦友足《はたのともたり》らを鳥籠《とのこ》山で斬った。つづいて十三日の安河《やすかわ》（野洲川）の浜では社戸大口《こそべのおおくち》・土師千島《はじのちしま》らの軍を敗走させ、十七日の栗太《くるもと》（滋賀県栗太《くりた》郡）の戦いでも勝利した。

一方、大和に進軍した軍勢は、緒戦で敗れたものの、莿萩野《たらの》（三重県伊賀市の北部）に進出してきた近江方の別将・田辺小隅《たなべのおすみ》を多品治が撃破し、当麻《たぎま》（奈良県葛城市當麻《たいま》）近くの葦池のほとりでは壱岐韓国《いきのからこく》の近江軍を破った。また上《かみ》ツ道・中《なか》ツ道・下《しも》ツ道の三方面に分散したうち、上ツ道の三輪高市麻呂《みわのたけちまろ》らは箸陵《はしはか》（奈良県桜井市）のもとで近江軍を大敗させ、二上《ふたかみ》山の北から河内国に入って難波に進攻した。

戦いは最後の局面を迎えた。七月二十二日、村国男依ら大海人皇子軍が大津宮の近くに到ったとき、瀬田川にかかる瀬田橋の西側では、大友皇子が群臣とともに大軍を率いて布陣していた。大友軍の隊列は、後方がどこまでつづくのかわからぬほどで、旗幟《はたのぼり》は野を覆い、打ち鳴らす鉦鼓《かねたいこ》の音は数十里に響き、土埃《つちぼこり》は舞い上がって天に連なるほどであったという。

将軍・智尊《ちそん》を先鋒とする大友軍は、雨が降るほどに矢を射かけ、瀬田橋の中央を切り落としていたため、大海人軍はすんなりと渡り切ることができなかった。しかし、やがて大分稚臣《おおきだのわかおみ》が突入したのをきっかけに大友軍は総崩れとなった。智尊は橋のほとりで斬られ、大臣たちもわれ先にと逃亡し、勝敗が決した。

大海人軍は粟津岡《あわづのおか》（滋賀県大津市膳所《ぜぜ》）に軍を集結させ、出雲狛《いずものこま》らは三尾城《みおのき》を攻め落とし、七月二十三日には犬養《いぬかいの》五十《い》君《きみ》・谷塩手《たにのしおで》ら大友軍の将軍を粟津市《あわづのいち》で斬った。追いつめられた大友皇子は、山前（大津市か）で首をくくって自害し、ここに壬申の乱は終結した。

時は流れて天武天皇十年（六八一）二月、天武天皇は鸕野皇后とともに大極殿に出て、諸親王・諸王・諸臣を前に律令の編纂を命じた。『日本書紀』には「今より更《また》律令を定め、法式を改めむと欲《おも》ふ」と見える。つまり、天武天皇は「浄御原律令」の編纂を命じたのであるが、法式も改めるとしている。法式とは、前年十一月にも見える「法則」と同義であり、臨時の単行法令である格《きゃく》・式《しき》とする説がある。

「浄御原律令」のうち、律については、『日本書紀』持統天皇七年（六九三）四月辛巳条に「贓《ぬすみもの》は律の依《まま》に徴《め》し納《と》れよ」とあるが、完成を示す史料はなく、詳細はわからない。令については、すでに天智天皇朝に「近江令」が制定されたことが『弘仁《こうにん》格式』序に見え、また中臣鎌足の伝記『藤氏家伝《とうしかでん》』にも、鎌足が律令の刊定を命ぜられたとあって、その実在性が知られる。その存在を否定する説もあるが、天武天皇が「今より更」と言っているのは、「近江令」に対して新しい律令の編纂を意図したことを示しているのであろう。

この「浄御原令」は、『日本書紀』持統天皇三年（六八九）六月庚戌条に「諸司に令一部二十二巻班《わか》ち賜ふ」とあり、施行されたことが知られるが、条文は一文も伝わっていない。しかし、『続日本紀《しょくにほんぎ》』大宝元年（七〇一）八月癸卯条の「大宝令」完成の記事に「律令を撰《えら》び定めしむること、是《ここ》に始めて成る。大略《おおよそ》、浄御原朝庭《みかど》を以て准正《じゅんせい》とす」と見えるから、少なくとも

「大宝令」の規準となるようなものであったことは確かであろう。これ以降、六年ごとに戸籍が作成され、班田収授が始まり、役《えき》と雑徭《ぞうよう》が分離し、官人も勤務評定にもとづいて冠位が昇進、官職も異動し、大宝律令制とほぼ同じように運営されていた。そこからも「浄御原令」の編纂は、律令制古代国家の成立にとって重要なものであったといえる。

天武天皇は、なぜこの時期に律令の編纂を企画したのか。それは十年という治世をへて、よりよい新しい法体系による統治をめざす気持があったこともあるが、同じ日に草壁皇子を皇太子に立てていることを考慮すれば、より身近な目的は、やはり草壁皇子を中心とする次代の治世の安定を願うことにあったに違いない。

皇太子に立てられたとはいえ、草壁皇子が天武天皇の後継者の地位を確実なものにしたというわけではない。太政大臣となる大津皇子、長子で壬申の乱に活躍した高市皇子の存在もあり、次代の政権構想は明確ではなかった。はたして二十歳の草壁皇子が多くの兄弟を抑え、かつ人臣を統率して、指導力を発揮することができるか、朝廷内の動向は複雑なものがあった。

強権的に国政を領導してきた自分とは違う政治体制を構築せざるを得ないことを考えたとき、ことに皇太子・草壁皇子と太政大臣・大津皇子との関係を熟慮したうえで志向したのが、律令を基本とした国政の運営だったのではなかろうか。律令編纂の背景には、政治状況を考慮しながら、次代の国家体制を構想した天武天皇の意図があったのである。（木本）

第四一代

持統《じとう》天皇

六四五～七〇二

称制…六八六～六八九
在位…六九〇～六九七

●嫡孫の即位まで女帝として藤原京を造営

天武天皇には皇子が十人いた。当然、天武天皇の皇嗣はこの中から選ばれるが、母の血統や本人の年齢・経験などからすると、有力な皇子はおのずと絞られてくる。それでも鸕野皇后（のちの持統天皇）を母とする草壁皇子、すでに没していたが鸕野皇后の同母姉である大田《おおた》皇女の生んだ大津皇子、母は卑姓であるが壬申の乱で活躍した長子の高市皇子などがおり、天武天皇も皇太子を決められずにいた。

しかし、いつまでもこのままでよいわけがない。ついに天武天皇八年（六七九）五月、天武天皇は、鸕野皇后をはじめ、草壁・大津・高市・河嶋《かわしま》・忍壁（刑部）・芝基《しき》の六皇子を率いて、壬申の乱以来の思い出の地で、天武朝の起点ともなった大和の吉野（吉野郡吉野町）に行幸して、この決着を図った。

このとき天武天皇は、皇子六人に、異腹・同母の別なく兄弟（河嶋と芝基は天智天皇の皇子）が互いに助け合って二心のないことを誓いあわせた。『日本書紀』には、「天皇曰《い》はく、朕《わこ》が男等《ども》、各《おのおの》異腹《ことはら》にして生まれたり。然れども今一母《ひとつおも》同産《はらから》の如く慈《めぐ》まむとのたまふ。則ち襟《みそのひも》を披《ひら》きて其の六の皇子を抱きたまふ。……皇后の盟《ちか》ひたまふこと、また天皇の如し」とある。

これをうけて、はじめに草壁皇子が「この誓いを破れば、身は滅び、子孫も絶えるであろう」と言い、あとの五人も同様に誓ったという。この「吉野の誓い」は、草壁皇子を皇嗣とし、他の五皇子にこの事実を納得させ、かつ協力を取り付けるためのデモンストレーションであった。それでも天武天皇は、皇太子を誰にするかについて慎重であった。草壁皇子は、母が鸕野皇后であり、年齢も大津皇子より一歳年長であったが、凡庸で健康にも恵まれていなかったのに対して、大津皇子は生母がすでに病没していたものの、「容貌は立派で、文武に秀でて」（『懐風藻《かいふうそう》』）おり、『日本書紀』もほぼ同様に記している。

天武天皇十年二月、天武天皇は決断して草壁皇子を皇太子に立てた。これによって皇嗣問題は解決したはずであったが、まだ迷いがあったのか、同十二年二月、大津皇子を登用して政治を補佐させた。才能ある大津皇子を惜しんだとも、才能あるゆえに政権内に取り込んで懐柔する意図があったともいわれ、あるいはまた、鸕野・草壁母子の専制を警戒した天武天皇が大津皇子をして抑制しようとしたとする説もある。

これによって皇嗣問題は再燃し、人臣間にも動揺が広がるなか、天武天皇十五年（朱鳥元年）九月、天武天皇は「天下の事は大小を問わず、悉《ことごと》く皇后および皇太子に啓《もう》せ」との言葉を残して崩御した。だが、それから一か月もたたない十月二日、大津皇子が新羅僧・行心《こうじん》にそそのかされて謀叛を企んでいるとの密告が、河嶋皇子によってなされた。

大津皇子と矢口音橿《やくちのおとかし》、壱岐博徳《いきのはかとこ》、中臣臣麻呂《なかとみのおみまろ》、巨勢多益須《こせのたやす》ら三十人余が逮捕され、翌日、大津皇子は死刑に処せられた。二十四歳であった。妃の山辺《やまべ》皇女は、髪をふりみだし、素足のまま走り追って、ともに死んだという。この事件では、大津皇子以外への処罰は寛大で、壱岐博徳、中臣臣麻呂、巨勢多益須らがすぐに政界に復帰したことを考慮すると、鸕野皇后・草壁皇子による大津皇子を抹殺するための捏造事件であった可能性が高い。

大津皇子の刑死後、草壁皇子の即位が待たれた。だが、持統天皇三年（六八九）に草壁皇子が病死してしまったため、代わって鸕野皇后が即位した。持統天皇である。天皇は、夫・天武天皇の路線を引き継ぎ、多くの政策を行ったが、なかでも重要なのは藤原京《ふじわらきょう》（『日本書紀』では新益京《しんやくのみやこ》。奈良県橿原市）への遷都であった。

藤原京の造営は、すでに天武天皇五年から工事が進められていた。いったん中止されたが、同十一年に再開され、同十三年ごろに二里四方の藤原宮の造営に着手している。やがて持統天皇四年（六九〇）十月に高市皇子が、また十二月には天皇自身が、藤原に宮地を観ていることが『日本書紀』に記されており、藤原京の造営が本格的に開始されたのはこのころと思われる。翌年十月には使者を藤原京に遣わして鎮祭させたというから、宮と京の造営が並行して進められていたこともわかる。その後、天皇は同六年正月に藤原の路を、同年六月、七年八月、八年正月にも藤原の宮地に行幸し、ついに八年十二月、遷都したのである。

藤原京は、国家権力の強化と中央集権の充実をめざした夫の天武天皇が、それにふさわしい都城を新たに建設しようとしたものであった。しかし、それが生前に成らなかったので、持統天皇は、夫の遺志を達成することと、後継者である孫の軽《かる》皇子（のちの文武天皇）を即位させることを願ったのである。

そうした政治的意図があっただけに、藤原京はそれまでの京と大きく違っていた。その中心をなす藤原宮には、天皇の出御《しゅつぎょ》する宮の中心的建物である大極殿がもうけられた。そして藤原京は、中央集権化にともない、官僚を住まわせるための居住空間として、碁盤の目状の道路によって区画された条坊をもつ新しい人工的な都市としての特徴を有していた。

藤原京の規模について、一九六〇年代に当時京都大学の岸俊男氏は、中ツ道を東京極《ひがしきょうごく》、下ツ道を西京極、横大路《よこおおじ》を北京極、阿倍山田道《あべのやまだみち》（上ツ道の延長）を南京極とする東西四里、南北六里の範囲に、半里四方の坊が東西八坊、南北十二条もうけられ、宮は京の中央北寄りに十六坊を占めると考え、これが長く支持されてきた。

ところが、一九八〇年代以降の発掘で、さらに外側に道路などが見つかったことで、より広い範囲に条坊制がしかれていたとする「大藤原京」説が提唱された。ただし、その範囲については、岸説より東西に各四坊分、北に六坊分広いとする説、最初は岸説のいう藤原京だったが、のちに拡大して「大藤原京」となったとする説や、あるいはその反対に、「大藤原京」から縮小して岸説の藤原京になったとする説などもあって、いまなお確定していない。（木本）

第四二代　文武《もんむ》天皇　六八三〜七〇七（在位：六九七〜七〇七）

●大宝令の制定と遣唐使の再開

文武天皇は天武天皇の孫で、草壁皇子の子。母は天智天皇の娘・阿閇《あべ》（安陪《あべ》）皇女（のちの元明天皇）。持統天皇十年（六九六）七月に太政大臣・高市皇子が没したのち、天武天皇の皇子を抑えて立太子した。翌年八月、持統天皇の譲位をうけて十五歳で即位し、藤原宮において、太上《だいじょう》天皇となった持統帝とともに政治をとる。このとき、意見を求められた大友皇子（弘文天皇）の子・葛野王は「子孫が相続し、帝位を世襲すべきで、兄弟相続は混乱の原因になる」と、早世した皇太子・草壁皇子の子の直系継承は当然であるとの感想を述べたという。藤原不《ふ》比《ひ》等《と》の娘・宮子を皇后に、紀竈門娘《きのかまどのいらつめ》と石川刀子娘《いしかわのとねのいらつめ》を妃とした。宮子とのあいだに首《おびと》皇子（のちの聖武天皇）をもうけている。

大宝元年（七〇一）、忍壁皇子（刑部親王）・藤原不比等らに命じて「大宝令」を完成させ、これを施行した。また大宝二年には三十三年ぶりに遣唐使を再開して、唐との関係を修復し、薩南諸島へも使者を派遣して、領土の拡大をはかった。しかし、これらを主導したのは文武天皇ではなく、やはり持統太上天皇であり、さらに持統崩御後の実権は知太上官事《ちだいじょうかんじ》（別格の最高位の大臣）の忍壁皇子にあったと考えられている。

『懐風藻』に詩三篇、『万葉集』に天皇の作と思われる短歌一首が残されている。父同様に早世し、檜隈安古岡上陵《ひのくまのあこのおかのえのみささぎ》（奈良県高市《たかいち》郡明日香《あすか》村）に葬られた。以後は、母の元明と姉の元正の女帝がつづくことになる。（坂井）

第四三代 元明《げんめい》天皇 六六一～七二一（在位：七〇七～七一五）

●「和同開珎」の鋳造と平城遷都

元明天皇は天智天皇の第四皇女で、母は蘇我倉山田石川麻呂の娘・姪娘《めいのいらつめ》。草壁皇子の妃となり、氷高《ひだか》（日高）内親王（のちの元昭天皇）、軽皇子（文武天皇）、吉備《きび》内親王を生む。慶雲四年（七〇七）七月十七日、前月に崩御した文武天皇の遺詔によって、藤原宮で即位した。七歳であった孫の首皇子（のちの聖武天皇）が成人するまでの中継ぎとしての即位であり、それはこのとき発せられた「不改常典」の宣命のとおりである。即位した翌年の正月、元号は「和銅」と改元された。武蔵国から和銅（自然銅）が献じられたことによるもので、この年、貨幣「和同開珎《わどうかいちん》」が鋳造されている。

和銅元年（七〇八）二月、平城遷都の詔をうけて十二月から都城の建設が開始され、同三年三月、平城京に都を遷した。このとき元明天皇が詠んだ歌が『万葉集』に残されている。「飛ぶ鳥の明日香の里を置きて去《い》なば　君があたりは見えずかもあらむ」――思わず藤原宮を振り返りながら、惜別の思いを込めた歌といわれている。

和銅五年正月、太安麻呂《おおのやすまろ》に命じて『古事記』を撰上させ、翌年五月には『風土記』撰進の命を出した。和銅七年六月、十四歳になった首皇子の元服の儀がとり行われ、皇太子となった。元明天皇はすでに五十五歳になっていた。

翌年の霊亀元年（七一五）九月、それを容認しない空気が朝廷内にあったからか、首皇子ではなく氷高内親王に譲位し、六年後に崩御した。遺詔により、葬儀は行われなかったが、奈保《なほ》山東陵《やまのひがしのみささぎ》（奈良市奈良阪町）に葬られた。（坂井）

第四四代　元正《げんしょう》天皇　六八〇～七四八（在位：七一五～七二四）

●母帝から皇位を継ぎ『日本書紀』を完成

元正天皇は天武天皇の孫で、草壁皇子の皇女。母は元明天皇なので、文武天皇の同母姉にあたる。諱は氷高（日高）、和風諡号は日本根子高瑞浄足姫天皇《やまとねこたかみずきよたらしひめのみこと》。和銅八年（七一五）正月、一《いっ》品《ぽん》を授けられ、同年（霊亀元年）九月二日、元明帝の譲位にともない、平城京で即位した。ときに三十六歳。母・元明天皇がそうであったように、若年の皇太子・首皇子が成長するまでの中継ぎであったとされるが、皇族側が藤原不比等の孫にあたる首皇子の即位をどうして嫌ったのか、その理由は明らかではない。

元明天皇は、即位と同時に「不改常典」の宣命を発し、これにより、首皇子の立太子が決定していたはずである。だが、それにもかかわらず、元明・元正両女帝の御世を通じて、支配層の中枢にあって優位を獲得したのは、不比等を筆頭とする藤原氏であった。

養老二年（七一八）、藤原不比等らによって「養老律令《ようろうりつりょう》」が撰修され、翌三年六月、首皇子が初めて朝政《まつりごと》を聴いた。舎人親王らの撰による『日本書紀』が完成した養老四年八月である。宮都建設、律令国家、そして国史編纂という三つの大事業をなし終えた藤原不比等が没すると、朝廷は不比等に正一位太政大臣を贈り、その多大な功績に報いた。

翌五年五月、天皇は長屋王《ながやおう》を右大臣に任じ、十月には不比等の子・房前《ふささき》を内臣とした。三世《さんぜ》一身《いっしん》の法を発した翌年の神亀元年（七二四）二月、首皇子に譲位し、天平二十年（七四八）四月二十一日に崩御した。母帝の陵の隣、奈保山西陵に葬られた。（坂井）

第四五代　聖武《しょうむ》天皇　七〇一〜七五六（在位：七二四〜七四九）

●大仏造立など天平文化の盛期を現出

聖武天皇は文武天皇の皇子で、母は藤原不比等《ふじわらのふひと》の娘・宮子《みやこ》。即位した神亀元年（七二四）二月、太政官《だいじょうかん》の首班は左大臣の長屋王であった。舎人親王が知太政官事として上位にいたが、実権は長屋王にあったと見てよい。この長屋王をいきなり大納言《だいなごん》として登用したのは、奈良時代前期の政治を領導した藤原不比等であった。その家系の良さと不比等の政治方針に共通するものがあったのであろう。

長屋王の政治は、儒教の災異観が基調になっていたといわれる。政治の乱れを天が感得して、災異という形でそれを表すというものである。よって官人へは律令を基本にすえた過度な綱紀粛正を実施し、国民には撫育《ぶいく》・救恤《きゅうじゅつ》策をとったことに特徴がある。律令官人社会の成立をめざしつつも、その独善的ともいえる長屋王の言動に対して、藤原氏を中心とする貴族官人の不満は、内政の動揺を起因とする社会不安とあいまって増長していった。

そのひとつが、外位《げい》制の実施である。令制の正・従官位のほかに外位を新たにもうけたことにより、昇級がとどこおることになった中・下級官人は猛烈に反発した。もうひとつが、聖武天皇の生母である藤原宮子の称号問題である。天皇は藤原宮子に「大夫人《だいぶにん》」の称号を贈る勅《みことのり》を出した。しかし、これを知った長屋王は、「大宝令」の公式令《くしきりょう》（朝廷の礼式・作法や公文書の書式などを定める）の規定では「皇太夫人《こうたいぶにん》」とするのが適っており、勅に従えば「大宝令」に違反し、「大宝令」に従えば違勅の罪を犯すことになる、とクレームをつけたのである。

この長屋王の主張を容れて、聖武天皇はやむなく、書く場合には「皇太夫人」、言う場合には「大御祖《おおみおや》」とする、と出したばかりの勅を撤回したが、これにより天皇の権威は大きく傷ついた。

聖武天皇に対する長屋王の挑戦的な言動はその後もつづいて、溝は深まるばかりであった。やがて政策上の対立に発展していき、天皇を擁して政権の掌握を目論む不比等の長男・武智麻呂《むちまろ》ら藤原氏と長屋王との関係は険悪なものとなった。藤原氏による長屋王打倒の原因はここにあったとする見方である。しかし、はたしてそれだけであろうか。

藤原氏が長屋王の存在を恐れた本当の理由は、先に記したように、その家系の良さにあった。長屋王は、天武天皇の長男である高市親王を父とし、元明天皇と同母姉妹である天智天皇の娘・御名部《みなべ》皇女を母としている。そのうえ、正妻の吉備内親王は、草壁親王と元明女帝とのあいだに生まれた娘にして、文武天皇および元正天皇を兄にもつのである。

一方、聖武天皇は、文武天皇の嫡子ではあるが、母は臣下にすぎない藤原不比等の娘である。家系の由緒からいうと、長屋王に劣るため、天皇が不安を覚えたとしても不思議はない。

しかも長屋王には、妻・吉備内親王とのあいだに生まれ、皇孫待遇を受けていた膳夫《かしわで》王、鉤取《かぎとり》王らがいた。聖武天皇や藤原氏が恐れたのは、じつは長屋王よりも、長子の皇太子を二歳で喪った聖武天皇の皇嗣を脅かすものとしての膳夫王や鉤取王の存在であり、それゆえ長屋王ともども、その抹殺が志向されたのではないだろうか。

神亀六年（天平元年・七二九）二月十日、漆部君足《ぬりべのきみたり》、中臣宮処東人《なかとみのみやこのあづまひと》の二人が、「長屋王が密

皇室と藤原氏の関係系図

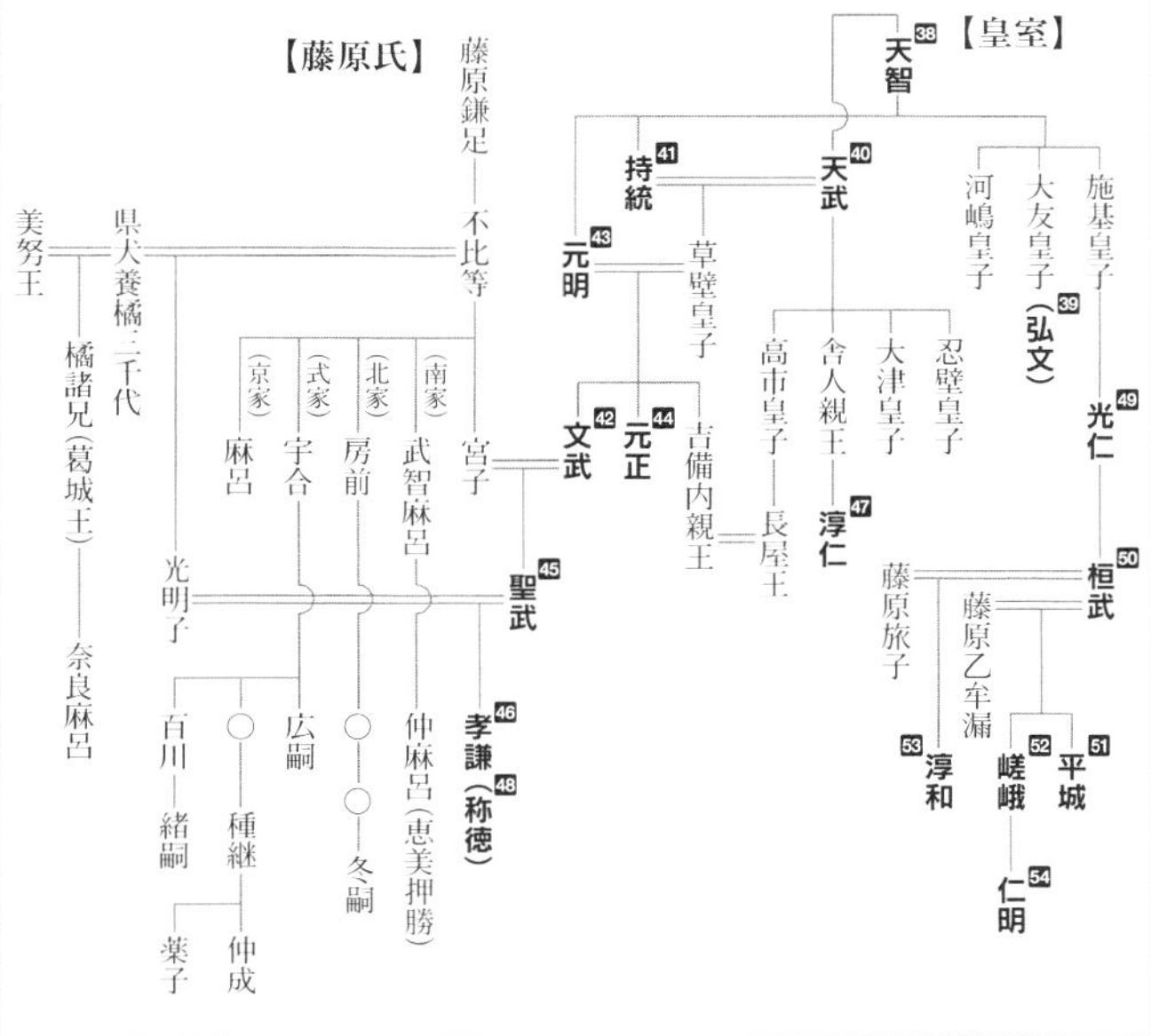

かに左道《さどう》を学び、国家を傾けようとしている」として訴え出た。左道とは、幻術により呪詛することである。この日のうちに鈴鹿・不破・愛発《あらち》の三関《さんげん》が固められ、藤原宇合《うまかい》が六衛府《りくえふ》の兵を率いて長屋王邸を包囲した。翌日には、舎人親王と新田部《にいたべ》親王、多治比池守《たじひのいけもり》（大納言）、藤原武智麻呂（中納言）らが長屋王邸に行き、罪を糾問している。

舎人親王と新田部親王が加わっているのが目を引くが、それは聖武天皇が、地位の低い多治比池守や武智麻呂では、無実無根の長屋王を屈服させられないと考えたからであろう。両親王は、天武天皇の皇子として皇親勢力の重鎮であるだけでなく、長屋王の叔父でもあった。

長屋王への疑惑はついに氷解せず、長屋王は早くも十二日に吉備内親王や膳夫王・桑田《くわた》王・葛木《かずらき》王・鉤取王らとともに自害させられ、翌日には河内との境、生駒《いこま》山に埋葬されている。

一方、藤原不比等の娘・長娥子《ながこ》とのあいだにもうけた黄文王《きぶみおう》や山背王《やましろおう》は助命され、十七日になって長屋王と「交わり通った」者のうち、上毛野宿奈麻呂《かみつけぬのすくなまろ》ら七人が流罪となったものの、あとの九十人は許された。

この長屋王事件の策謀は誰によって進められたのだろうか。まず、事件後の人事異動で、武智麻呂ひとりが大納言に昇任していることや、その後の政治動向を考慮すると、この事件を仕掛けた中心人物が武智麻呂であったことが想像される。しかし、武智麻呂は生来、病気がちで、六衛府の兵を率いて長屋王邸を包囲するといった軍事行動は、武官として経験豊かな宇合が行ったに違いない。

これに対して房前は、事件後、内臣《うちつおみ》（天皇を輔弼《ほひつ》する特別職）から中務卿《なかつかさきょう》（天皇に侍従して上表《じょうひょう》を受納する役職）に、さらに諸国の戸籍・賦役などを職掌とする民部卿《みんぶきょう》に降格され、武智麻呂・宇合・麻呂ら三兄弟が昇級していくのに、この後いっさい昇級や昇任にあずからなかった。従って長屋王の変は、先述の理由とともに、元明・元正両女帝らの信任を得て、長屋王ら皇親勢力との協調路線を推進しようとする房前と、長屋王を打倒して藤原氏主導の政治体制をめざす武智麻呂、この兄弟二人による後継者争いという側面も併せもっていたということができる。

天平九年（七三七）、新羅から伝染してきた天然痘が猛威をふるい、四月に房前が死亡したのをはじめとして、麻呂・武智麻呂・宇合と藤原四子が相次いで病死した。この権力の空白を埋めたのは、橘諸兄《たちばなのもろえ》を中心とする政権であったが、脆弱であることは否定できなかった。やがて宇合の長男・藤原広嗣《ひろつぐ》が九州でクーデターを起こすと、そうした不安が一挙に顕在化した。そして、このような社会世相を仏の力によって解決しようとしたのが、国分寺《こくぶんじ》・国分尼寺《こくぶんにじ》の建立と大仏の造立《ぞうりゅう》であった。

天平十三年二月、「国分寺建立の詔」が発布された。すなわち、国内の適地を選んで国分寺を建立すること、国ごとに七重塔をつくり、天皇から下賜された金光明最勝王経《こんこうみょうさいしょうおうきょう》を安置すること、また金光明最勝王経・法華経《ほけきょう》の写経《しゃきょう》を進めること、そして僧寺は「金光明四天王護国《ごこく》之寺」、尼寺は「法華滅罪《めつざい》之寺」と称すること、などが定められたのである。

また大仏の造立は、聖武天皇が河内国大県郡《おおあがたのこおり》の智識寺《ちしきじ》（大阪府柏原市）で本尊を礼拝して感動したとき、盧舎那仏《るしゃなぶつ》造立を発願《ほつがん》した。天平十五年（七四三）十月の「大仏造立の詔」には、国内の銅を集めて大仏を造ろうとする天皇の熱意がうかがえる。造立には、長登《ながと》銅山（山口県美祢《みね》市）などから産出した計四八〇トンもの銅が運ばれた。

大仏の造立は、広く民衆にも参加を募り、行基《ぎょうき》を中心とする僧侶集団も積極的に加わった。

しかし、紫香楽《しがらき》（滋賀県甲賀市信楽《しがらき》町）の甲賀寺での造営は、天平十七年五月の平城京への還都によって中止され、新たに平城京で造立されることとなった。

大和の東大寺（奈良市雑司町）の地で大仏の造立工事が始まったのは、八月からである。堅固な骨組を作り、粘土で造像し、その上にまた粘土を塗り、上から塗った粘土層を適当な大きさに切り分けて取り去り、もとの粘土像の表面を五～六センチメートルほど削り取る。そして、先に切り分けた粘土板を焼き固めたのちに削り取った像の周りに組み立て、粘土像とのあいだに削り取ってできた隙間に、八段に分けて銅を流し込む方法で製作されたとみられる。

製作に二年、補鋳に五年、塗金《ときん》に五年の都合十二年をかけて、ようやく大仏は完成した。天平勝宝四年（七五二）四月九日に行われた開眼会《かいげんえ》では、聖武太上天皇と光明皇太后および孝謙女帝が揃って礼服で臨み、僧侶一万人が読経《どきょう》するなか、波羅門《ばらもん》（インド）僧の菩提僊那《ぼだいせんな》によって大仏の目が点じられた。しかし、国分寺・国分尼寺の造営とともに、大仏の造立には多大な国民の労働力と莫大な経費が消費された。（木本）

第四六代　孝謙《こうけん》天皇　七一八～七七〇（在位：七四九～七五八）

●初の女性皇太子から即位した独身女帝

孝謙天皇（重祚《ちょうそ》して称徳天皇）は、聖武天皇と藤原安宿媛《ふじわらのあすかべひめ》、のちの光明皇后とのあいだに、養老二年（七一八）に生まれ、阿倍《あべ》内親王と名付けられた。聖武天皇にとっては、県犬養広刀自《あがたいぬかいのひろとじ》とのあいだに前年に生まれた井上《いのうえ》内親王につぐ第二子（次女）であった。よって早い皇子の誕生が待たれていたが、神亀四年（七二七）閏九月になって安宿媛が皇子（基王《もといおう》とされる）を生み、この皇子が早くも十一月には立太子したから、阿倍内親王の即位などは当時にあっては予想外のことであった。

しかし、この皇太子は神亀五年九月になって病死してしまった。皇太子の外戚として権力の掌握をもくろんでいた武智麻呂《むちまろ》をはじめ藤原氏にとっては大きな痛手であった。さらに県犬養広刀自が生んだ安積《あさか》親王を、橘氏や大伴氏が藤原氏と対立する立場から擁立しようとする動向もあって、これに対抗するために藤原氏が阿倍内親王擁立を策したことから、阿倍内親王は皇位継承の争いに巻き込まれてゆくことになった。

天平九年（七三七）、武智麻呂ら藤原四兄弟が一挙に病死して、支持勢力を失った光明皇后は、自らの政治的立場を維持するうえから、安積親王に先んじて娘の阿倍内親王の立太子を図った。これをうけて翌年正月、阿倍内親王は皇太子となったが、これは聖武天皇が強行したものであって、元正上皇や時の政権首班の橘諸兄《たちばなのもろえ》らの賛成を得たものではなかった。

しかし、時がうつって天平十五年五月、阿倍内親王が元正上皇をはじめ群臣のまえで五節《ごせちの》舞《まい》を舞ったことが契機となって、阿倍内親王の皇太子としての存在は確固なものとなっていった。阿倍内親王は、特に入唐《にっとう》経験のある東宮学士の吉備真備《きびのまきび》を信頼して、礼記《らいき》と漢書《かんじょ》を学んだというが、のちの藤原仲麻呂との戦いの軍略は真備が立てて勝利に導いたものである。

天平感宝元年（天平二十一・七四九）七月、阿倍皇太子は、聖武天皇の譲りをうけて孝謙天皇となり、元号も改元されて「天平勝宝」となった。しかし、この時に光明皇太后の皇太后宮職《こうたいごうぐうしき》を拡大・強化して紫微中台《しびちゅうだい》という新しい令外《りょうげ》の官司が創設され、長官の紫微令《しびれい》には仲麻呂が就いた。

光明皇太后の権威を背景に、紫微中台が権力を掌握したことから、孝謙天皇は皇権を自由にふるうことができず、光明皇太后と甥の仲麻呂による政治、「光明・仲麻呂体制」が成立することになった。

けれども、このように異形《いぎょう》な政治体制に加えて、独身女帝である孝謙天皇の皇嗣が未解決なこともあって、政治状況は不安定であった。このことに苦慮していた聖武上皇は、天平勝宝八年（七五六）五月、死に臨んで新田部《にいたべ》親王の王子である道祖王《ふなどおう》を皇太子に指名した。しかし、このことは孝謙天皇や光明皇太后と合意のうえでのものではなかったから、聖武上皇の没後に道祖王は廃太子されて、天平宝字元年（七五七）四月に改めて光明皇太后の主導で舎人《とねり》親王の王子・大炊王《おおいおう》が立太子した。

しかし、大炊王は仲麻呂の私邸に住んで義父子の関係にもあったことから、この立太子には道祖王をはじめ黄文王《きぶみおう》などの諸王や橘奈良麻呂《ならまろ》・大伴古麻呂《おおとものこまろ》を中心とする反仲麻呂派の反発があり、これは孝謙天皇にも向けられて廃位が企てられ、仲麻呂の殺害と大炊皇太子の追放、光明皇太后の拘束などを目的とする橘奈良麻呂の変へとつながってゆくことになる。

天平宝字元年七月、橘奈良麻呂の変が鎮圧されたものの、孝謙天皇にとってはこのことがかえってマイナスに作用して、反対派を一掃した仲麻呂がさらなる権力を掌中にするために翌年八月に大炊王への譲位を迫ってきたのである。大炊皇太子が即位して淳仁天皇となると、仲麻呂は恵美押勝《えみのおしかつ》と改名、同四年正月には人臣で最初の太政大臣である大師《だいし》に昇り、その権勢はますます強大化した。

しかし、仲麻呂の権勢は長くは続かなかった。天平宝字四年六月、仲麻呂政権を背後で支えていた光明太皇太后《たいこうたいごう》が没した。母后を失った孝謙上皇ではあったが、これが転機となった。光明太皇太后の政治的意図によって淳仁天皇への譲位を催促されていた孝謙上皇は、仲麻呂や淳仁天皇に対抗して重祚の意思を固め、同六年六月には淳仁天皇からの国家の大事と賞罰権の剥奪を宣言した。

これによって孝謙上皇と淳仁天皇・仲麻呂との対立は先鋭化して、かえって仲麻呂が中央・地方の要職に自派閥の官人を配置するなど律令行政機構の支配を強化したことから孝謙上皇が主導権を握ることはなかなか難しかった。

しかし、同八年九月になって孝謙上皇は、用意周到な計画のもとに淳仁天皇の所持する御璽《ぎょじ》（内印）を奪取することに成功し、仲麻呂を反逆者とする勅書を渙発して京師《けいし》から追放、孝謙

上皇軍は追撃して琵琶湖《びわこ》西の勝野鬼江《かちののおにえ》（滋賀県高島市勝野《かつの》）に破ったのである。（木本）

第四七代

淳仁《じゅんにん》天皇

七三三〜七六五（在位：七五八〜七六四）

●藤原仲麻呂の専横に振り回された淡路廃帝

淳仁天皇は天武天皇の孫で、舎人親王の第七子。母は当麻山背《たぎまのやましろ》。大炊王が孝謙天皇の皇太子に立てられたのは、聖武上皇が崩じた翌年の天平勝宝九年（七五七）四月のことであった。聖武上皇の遺詔で立太子した道祖王に、言動に欠けるところがあるとして廃太子とされた後、孝謙天皇が指名したのである。こうして天平宝字二年（七五八）八月一日、孝謙天皇の譲位をうけて即位し、淳仁天皇となった。

しかし、この譲位は孝謙天皇の本意でなかった。それまで大炊王は藤原仲麻呂の子・真従の未亡人・粟田諸姉をめとって、仲麻呂の田村第《たむらのてい》に寄寓していた。政権のさらなる拡大を目論む藤原仲麻呂の意向が反映していたことは容易に想像できる。即位した淳仁天皇は、「朕《われ》の父と思う」とまでたたえて厚遇する仲麻呂に恵美押勝の名を与え、さらに従一位・大師（太政大臣）に任じた。皇族以外でこの地位についたのは、仲麻呂が最初である。

しかし、やがて僧・道鏡《どうきょう》を寵愛する孝謙上皇と対立し、天平宝字六年、平城京に還御すると、国家の大事と賞罰の権限を上皇に奪われた。事態の急変に驚いた仲麻呂は反乱を企てたが、すぐに鎮圧されて殺害され、天皇は同八年十月九日、位を廃されて淡路《あわじ》に幽閉された。淡路廃帝、淡路公と称されるゆえんである。

翌年の天平神護元年（七六五）十月、配所を逃亡して捕らえられ、同月二十三日に没した。おそらく殺害されたのであろう。亡骸《なきがら》は淡路陵（兵庫県南あわじ市）に葬られたとされる。「淳仁」の諡号は明治三年（一八七〇）に追贈されたものである。（坂井）

第四八代　称徳《しょうとく》天皇（孝謙重祚）　七一八～七七〇（在位：七六四～七七〇）

●道鏡を重用しながら皇統を守る

藤原仲麻呂と孝謙上皇との対立は、仲麻呂の主導して造営した保良宮《ほらのみや》（滋賀県大津市か）で決定的になっていたころ、孝謙上皇の信頼を得たのが、道鏡という僧であった。道鏡が孝謙上皇に近侍したのは天平宝字五年（七六一）、看病禅師《かんびょうぜんじ》になってからだが、同七年には僧尼を統轄する僧綱《そうごう》の一員である少僧都《しょうそうづ》に登用され、しだいに仏教界に勢力を扶植《ふしょく》していった。

同八年十月、淳仁天皇を淡路に追放した孝謙上皇は、再び即位して称徳天皇となることを宣言していたが、新たに皇太子を立てなかった。おそらく皇嗣に適当な人材がいなかったのと、女性でもあったので、天皇としての政治権力が皇太子に分散されることを危惧したからであろう。

一介の僧を寵愛する称徳天皇に対して、反対派の貴族官人や淳仁天皇・仲麻呂派の残党のみならず、政界全体に不満が鬱積《うっせき》した。このような政情のなか、天平神護元年（七六五）八月に起こったのが、舎人親王の孫で淳仁天皇の甥にあたる和気王《わけおう》の事件だった。

和気王は、淳仁天皇の兄たちで、ともに流刑になっていた池田王《いけだおう》・船王《ふねおう》らの復帰を要求するとともに、称徳天皇と道鏡の殺害を計画したが、あえなく失敗に終わった。また十月には、復位をめざして諸官人と連携していた淳仁天皇が幽閉所からの逃亡を試みたものの、謀殺された。つづいて神護景雲三年（七六九）には、称徳天皇の異母妹である不破《ふわ》内親王が、藤原仲麻呂の乱で死亡した塩焼王とのあいだにできた氷上志計志麻呂《ひかみのしけしまろ》を皇位につけようと、称徳天皇の髪を髑髏《どくろ》に入れて呪った厭魅《えんみ》が暴露された。

このように、称徳天皇・道鏡体制への反発は大きかったが、これに対抗する意味からも、称徳天皇は天武天皇の皇統の有力な皇位資格者を除外していった。このことが結果的に、称徳天皇の崩御後に光仁天皇・桓武天皇父子という天智天皇系の擁立につながったのである。

称徳天皇の道鏡に対する寵愛ぶりはエスカレートしていった。藤原仲麻呂を誅殺した翌年の天平神護元年（七六五）閏十月には、道鏡を太政大臣禅師に任命した。道鏡のために新設した地位で、その権限や待遇は太政大臣に準ずるとされた。そして、道鏡の弟・弓削浄人《ゆげのきよひと》を参議に命じ、政治体制の強化につとめている。こうして道鏡は、政界でも政治的権力をふるうことになったが、これで称徳天皇と道鏡の野望が遂げられたわけではなかった。

称徳天皇はつづいて翌年十月、大和の隅寺《すみでら》（海龍王寺《かいりゅうおうじ》）の毘沙門天《びしゃもんてん》像から仏舎利《ぶっしゃり》（釈迦の遺骨）が出現したと称し、この慶事も道鏡による仏事行為に仏が感応したからだとして、道鏡を法王《ほうおう》という新たな地位につけ、法王宮職《ほうおうぐうしき》という役所まで新設した。法王は諸待遇において天皇と同等であり、道鏡の即位への地歩が固められたわけである。そして神護景雲三年五月、大《だ》宰帥《ざいのそち》であった弓削浄人の意向をうけた大宰主神《だざいのかんづかさ》・中臣習宜阿曾麻呂《なかとみのすげのあそまろ》によって、「道鏡を皇位につければ天下が太平になる」という宇佐《うさ》神宮（大分県宇佐市）の託宣がもたらされた。

これを聞いた称徳天皇は、宇佐八幡神の神託を確かめるため、女官の和気広虫《わけのひろむし》に代えてその弟・和気清麻呂《きよまろ》を宇佐に遣わした。清麻呂は道鏡の懐柔に屈することなく、「わが国は開闢《かいびゃく》以来、臣下が君主となった例はない。皇位には必ず皇族を立てよ。邪《よこしま》な道鏡を除外せよ」と復命した。これは清麻呂だけでなく、大方の貴族官人の思いであったが、立腹した道鏡をなだめるため、称徳天皇は、悪意に満ちた歪曲をしたとして、清麻呂を大隅国（鹿児島県東部）へ流刑にした。

これによって道鏡の即位は頓挫したが、称徳天皇の寵愛は変わることなく、道鏡の故郷である河内国、現在の大阪府八尾市に西京として由義宮《ゆげのみや》を築き、副都とした。しかし、道鏡の政治権力の基盤は称徳天皇の寵愛のみであったから、神護景雲四年八月に称徳天皇が崩御すると、その直後に造下野国薬師寺別当《ぞうしもつけのくにのやくしじべっとう》に左遷され、その二年後に入滅し、ここにその野望は潰《つい》えたのである。称徳女帝は高野陵《たかののみささぎ》（奈良市山陵町）に葬られた。（木本）

第四九代 光仁《こうにん》天皇 七〇九〜七八一（在位：七七〇〜七八一）

●天智・天武両系を繋いだ長老皇族

光仁天皇は天智天皇の皇子・施基《しき》親王の第六子で、諱を白壁《しらかべ》という。母は贈太政大臣・紀諸人《きのもろひと》の娘・橡姫《とちひめ》。神護景雲四年（七七〇）八月に崩御した称徳天皇は、皇嗣を定めていなかった。すでに六十二歳という高齢であったが、白壁王は左大臣・藤原永手《ながて》ら藤原一族の思惑によって皇太子に立てられ、同年十月の即位と同時に「宝亀」と改元した。

即位後、聖武天皇の皇女（称徳女帝の異母妹）である井上《いのうえ》内親王を皇后とし、宝亀二年、井上皇后の生んだ他戸《おさべ》親王を皇太子としたが、藤原永手の急逝で情勢は一変する。皇后が天皇を呪詛しているとの密告を真にうけて廃后とし、他戸親王も廃太子としたのである。天応元年（七八一）四月、病を得て皇太子・山部《やまべ》親王（のちの桓武天皇）に譲位し、十二月に崩じた。田《た》原東陵《わらのひがしのみささぎ》（奈良市日笠《ひがさ》町）に葬られた。（坂井）

第3章

平安時代の天皇
天皇親政から摂関・院政へ

嵯峨天皇（宮内庁蔵）

第五〇代 桓武《かんむ》天皇 七三七〜八〇六（在位：七八一〜八〇六）

●平安遷都を敢行して律令国家を再建

平安遷都一一〇〇年を記念して、明治二十八年（一八九五）に創祀された平安神宮（京都市左京区岡崎）の主祭神が桓武天皇であることはよく知られている。桓武天皇は、遷都とともに始まる平安時代の、また京都の歴史の第一頁を飾る天皇としてあまりにも名高い。その生誕は聖武天皇朝の天平九年（七三七）にさかのぼる。諱《いみな》は山部《やまべ》といい、父は天智天皇の孫の白壁王《しらかべ》（のちの光仁天皇）で、母はその夫人・高野新笠《たかののにいがさ》であった。彼女は百済《くだら》系渡来氏族出身の和乙継《やまとのおとつぐ》の子で、土師《はじ》氏出身の真妹《まいも》を母としていたから、桓武天皇には渡来系氏族の血が濃厚に流れており、即位後は彼らを大いに優遇した。

その山部王は、天平宝字八年（七六四）、従五位下に叙せられて以来、官人の途を歩み、神護景雲四年（宝亀元年・七七〇）八月、大学頭《だいがくのかみ》・侍従に任ぜられたのち、父・白壁王の即位にともなって親王となり、宝亀四年正月に皇太子となった。ときに三十七歳。それは前年五月に他戸《おさべ》親王が皇太子を廃されたことに関連するものであった。

そもそも父・白壁王が、神護景雲四年八月、皇子女のなかった称徳天皇崩御にあたり、六十二歳という高齢で立太子し、十月に即位したこと自体が、藤原不比等《ふじわらのふひと》の孫にあたる百川《ももかわ》・永《なが》手《て》・良継《よしつぐ》らの画策であった。そして即位後、妃の井上《いのうえ》内親王（聖武天皇の皇女）を皇后とし、子の他戸親王を皇太子としたのである。

しかしその一年半後、巫蠱《ふこ》ないし魘魅《えんみ》大逆《たいぎゃく》（どちらも、まじないで人を呪うこと）を理由に、井上内親王が皇后を、他戸親王が皇太子を廃されるに至り、半年後の宝亀四年正月に立太子したのが山部親王であった。

事件はこれにとどまらず、翌年には再び魘魅によって、彼ら母子は大和国宇智《うち》郡（奈良県五條市）に幽閉され、一年半後に死去している。これら一連の事件もまた、百川・良継ら藤原式家《しきけ》縁者の陰謀であった可能性が高い。

こうした事情によってか、桓武天皇は晩年、重用した百川の子・緒嗣《おつぐ》に向かって、「おまえの父がいなければ、どうして自分は天皇の位につけたであろうか」と語ったという（『日本後紀《にほんこうき》』緒嗣薨伝《こうでん》）。しかし一方で、この事件は、井上母子の怨霊《おんりょう》という形で謀略に関与した者たちに暗雲を投げかけ、四十八歳の百川の急死もその所為とされたほか、累《るい》は桓武天皇にも及んでいくのであった。

天応元年（七八一）、父・光仁天皇が病に斃《たお》れると、山部親王は四十五歳で即位し、同母弟の早良《さわら》親王を皇太子に立てた。しかし翌年早々に、天皇崩御直後の政治的空白に乗じた、天武天皇の曾孫にあたる因幡守・氷上川継《ひかみのかわつぐ》のクーデター未遂が発覚して、藤原氏北家《ほっけ》の魚名《うおな》も左遷されるなど、政情不安定の様相を示した。

そこで同年八月に年号を「延暦」と改め、陰陽道で変事があるとされる甲子《きのえね》にあたる延暦三年（七八四）の十一月、山背国《やましろ》（のち山城国）の長岡《ながおか》（京都府長岡京市）に遷都した。この長岡京への遷都は、従来の大和川《やまと》水系に換えて淀川《よど》水系に着目したもので、歴代造都の地、大和国を離れた点でも画期的な意味があった。

ところが、長岡造都が本格化しはじめた矢先の延暦四年、桓武天皇が平城旧宮に滞在して留守をしていたとき、天皇の信任の厚かった藤原氏式家の種継《たねつぐ》が夜間の工事現場巡検中に何者かに射殺されるという事件が発生した。天皇はただちに長岡に帰って事件の処理にあたったが、処罰は峻烈をきわめ、大伴継人《おおとものつぐひと》・佐伯高成《さえきのたかしげ》ら数十人が斬刑・流刑となり、すでに没していた万葉歌人、大伴家持《やかもち》も関係者として官位を剥奪された。

さらに早良親王も、長岡の乙訓寺《おとくにでら》に幽閉されて皇太子を廃され、淡路《あわじ》国配流が決定した。親王は、無実を訴えて食を断ち、移送中に絶命したが、遺骸はそのまま淡路島に送られ、翌年に葬られた。代わって皇太子となったのは、皇后・藤原乙牟漏《おとむろ》が生んだ安殿《あて》親王（のちの平城天皇）である。

早良親王の無実の叫びは、やがて天皇の心の痛みとして表れ、天皇はその後長らく、井上母子の怨霊に加えて、親王の怨霊にも悩まされることになった。延暦七年から同九年にかけて、夫人・藤原旅子《たびこ》（百川の娘）、生母・高野新笠、皇后・藤原乙牟漏、夫人・坂上又子《さかのうえのまたこ》が次々に逝去し、同九年、親王の墓に守冢《しゅちょう》（墓守）一戸を充《あ》てたのが早い例である。つづいて同十一年には、皇太子・安殿親王の病も怨霊の祟りとされ、天皇はただちに淡路島に使者を遣わして陳謝させ、早良親王の墓の周囲に隍《ほり》（水のない堀）をもうけて整備している。

その結果、ついに桓武天皇は、怨霊ゆかりの地、長岡を捨てることを決意し、延暦十二年の年頭から新たな都造りに着手し、翌年十月、なお造営がつづく新京へ移った。新京は平安京と名付けられ、山背も山城に改められた。新京の内に、東寺《とうじ》・西寺《さいじ》以外に寺院をもうけなかったことは、天皇の仏教に対する姿勢を象徴し、ここに平安時代の第一頁が開かれることとなった。

古代宮都の変遷

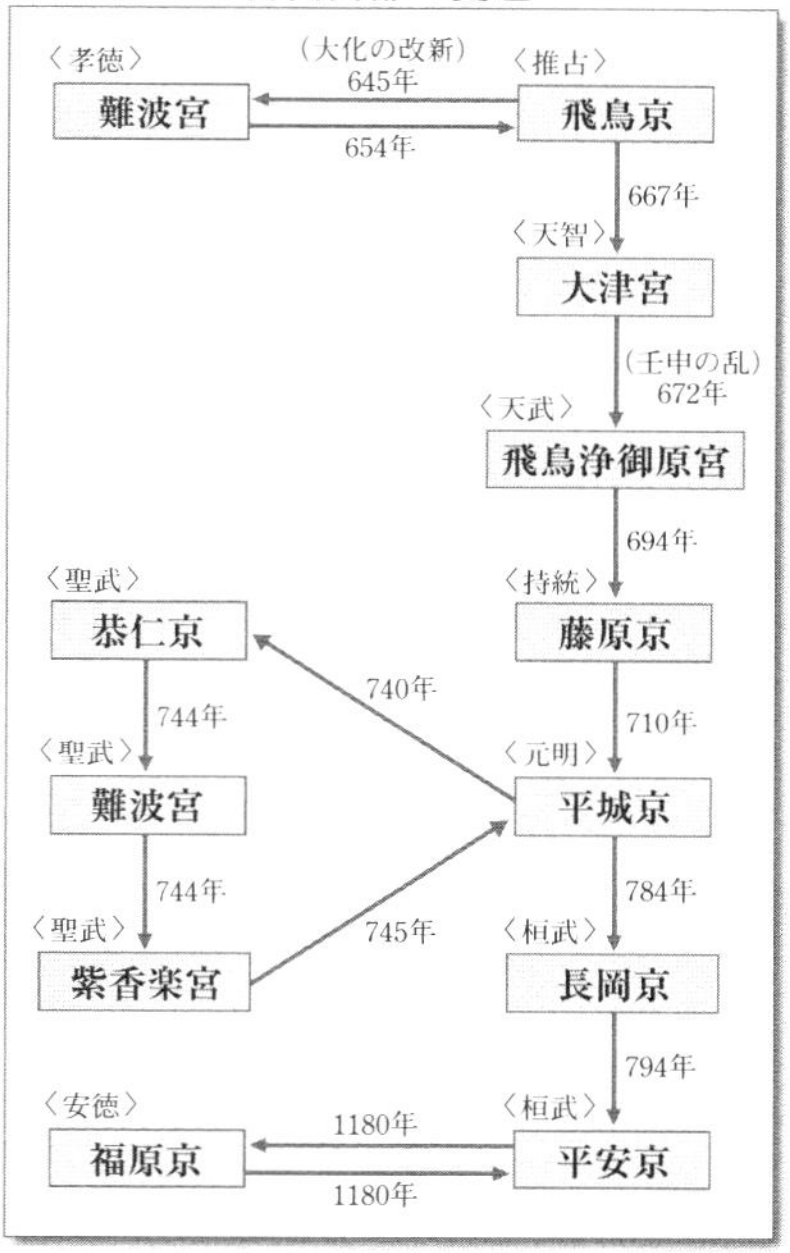

だが、その間にも皇太子護衛役の官人が謀殺されるなど、不穏な情勢がつづいただけでなく、怨霊への恐れは遷都にこそむしろ高揚していく感すらあった。そのことを示す史実を列記してみよう。

①僧二人を淡路国に派遣して、読経《どきょう》・悔過《けか》（罪を懺悔《ざんげ》する）させ、親王の霊に陳謝す

る（延暦十六年五月）、②淡路国に使者を派遣して、幣帛《へいはく》（神前の供物《くもつ》）を供えて親王の霊に陳謝する（同十八年二月）、③廃皇太子・早良親王を崇道《すどう》天皇と追称し、廃皇后・井上内親王を皇后に復すとともに、両者の墓を山陵と称させる。そして使者を崇道天皇山陵に派遣して、その霊に陳謝する（同十九年七月）、④崇道天皇のために寺を淡路国に建てる（同二十四年正月）、⑤井上母子慰霊のために建てた大和国の霊安寺《れいあんじ》に小倉をひとつ造って稲・綿を納め、「神霊之怨《しんれいのえん》魂《こん》」を慰める（同年二月）、⑥諸国に小倉を建てて正税を納め、国忌（天皇・皇祖・母后の忌日）および奉幣《ほうへい》の例に預からせて、崇道天皇の怨霊に陳謝する（同年四月）、⑦遣唐使がもたらした唐物を、天智・光仁ならびに崇道天皇の三陵に献じる（同年七月）、⑧崇道天皇のために一《いっ》切経《さいきょう》（大蔵経《だいぞうきょう》）を書写した者に叙位、得度《とくど》（公許の出家）させる（同年十月）。

なお、かなりの紆余曲折《うよきょくせつ》を経て、延暦十六年に最終的完成を見た官撰史書『続日本紀《しょくにほんぎ》』は、異例にも桓武天皇自らの治世の前半を対象としたために、怨霊対策の一環として、藤原種継暗殺事件に関する記事を、のちに自ら削除せざるを得なかった一幕もあった。

これらのうち、延暦二十四年の一連の措置は、天皇最晩年の自身の病気にともなうものであったが、翌年三月十七日の崩御当日にも、崇道天皇のために諸国の国分寺《こくぶんじ》の僧に春秋二回、金《こん》剛般若経《ごうはんにゃきょう》（金剛経）を読ませることを命じている。じつに桓武天皇は生涯の最期に至るまで、早良親王らの怨霊に悩まされていたのである。

崩御前年、延暦二十四年十二月のある日、桓武天皇の命により、参議の藤原緒嗣と菅野真道《すがののまみち》とのあいだで「天下徳政」相論があった。「目下、天下が苦しんでいるのは、軍事（坂上田村《さかのうえのたむら》麻呂《まろ》による蝦夷《えみし》征討事業）と造作（平安京の造営事業）である。この両事を停めれば、人々は安んじることができよう」と主張する緒嗣に対して、真道は強硬に異議を唱えたものの、結局、緒嗣の主張が採用された。あらかじめ筋書があったとおぼしいこのパフォーマンスによって、天皇は自らの治世に事実上の決着をつけたのである。

「心を政治に励まし、内には興作《こうさく》（作り直すこと）を事とし、外には夷狄《いてき》を攘《はら》う。当年の費《ついえ》と雖《いえど》も、後世の頼《たのみ》とす（当時は大きな財政負担だったが、後代はその恩恵にあずかった）」――これは第三番目の官撰史書『日本後紀』の天皇評だが、それとは裏腹に、最後まで怨霊に悩まされた生涯であった。御陵は改葬されて柏原陵《かしわばらのみささぎ》（京都市伏見区桃山町）になる。（竹居明男）

第五一代　平城《へいぜい》天皇　七七四〜八二四（在位：八〇六〜八〇九）

●藤原薬子に乗せられた病弱な天皇

平城天皇は桓武天皇の第一皇子で、母は皇后の藤原乙牟漏（良継の娘）であった。桓武天皇の寵臣・藤原種継の暗殺事件による早良親王の廃太子にともない、延暦四年（七八五）に十二歳で皇太子になった。

大同元年（八〇六）、桓武天皇崩御のあとをうけて三十三歳で即位し、あわせて同母弟・神野《かみの》（賀美野）親王（のちの嵯峨天皇）が皇太子（より正しくは皇太弟）となった。天皇は、父が新都の造営や蝦夷征討によって国家財政を逼迫《ひっぱく》させたことを鑑み、財政の緊縮と公民の負担軽減をめざし、冗官《じょうかん》（不要の官職）と目された参議の廃止や官司の整理統合、また官人の適切な配置と下級官人の優遇を図った。地方行政では、五畿七道《ごきしちどう》に観察使をおいて地方官の監督に力を注ぐなど、令制復帰を志向する政策が次々に打ち出された。

しかし、生来病弱であった平城天皇は、加えて藤原氏内部の紛争や他氏族との抗争に巻き込まれた生涯でもあった。即位の翌年、藤原氏南家《なんけ》出身の藤原吉子《きっし》を母とする皇弟・伊予《いよ》親王が謀叛の嫌疑によって捕らえられ、母とともに幽閉所で服毒自殺を遂げた。このとき大納言・藤原雄友《おとも》（伊予親王の伯父）、中納言・藤原乙叡《たかとし》らも連座して失脚した。

一方、平城天皇は、皇太子時代に藤原薬子《くすこ》（種継の娘）の娘を後宮に迎えていたが、やがて薬子と皇太子とのあいだに醜聞が生じた。そのために薬子は、いったんは父・桓武天皇の激怒を買って宮中から追放されるのだが、平城天皇の即位とともに呼び戻されて、後宮を束ねる尚侍《ないしのかみ》に昇進した。これに乗じて薬子には、天皇の威を借りた傍若無人《ぼうじゃくぶじん》の振る舞いが多くなり、兄の仲成までもがこれを利用して、式家の繁栄を図ったのであった。

病気療養の甲斐もなく、大同四年、在位実質三年間で平城天皇は譲位し、弟が即位した（嵯峨天皇）。すると平城上皇は、官人の半ばを率いて旧都・平城京に遷った。そして、ほどなく健康を回復して政治への意欲を示すようになると、仲成・薬子兄弟は上皇の重祚《ちょうそ》を企てるようになり、その年の暮れに旧都に宮殿を新造して政務をとろうとして、嵯峨天皇と対立した。ここに「二所朝廷」と呼ばれるような分裂状態が現出したのである。（竹居）

第五二代　嵯峨《さが》天皇　七八六～八四二（在位：八〇九～八二三）

●兄帝との抗争を克服して弘仁文化を開花

平城天皇の同母弟にあたる嵯峨天皇は、大同四年（八〇九）四月の即位直後から、平城上皇の朝政干渉を受ける「二所朝廷」の危機に見舞われた。しかし、巨勢野足《こせののたり》・藤原冬嗣《ふゆつぐ》を蔵人頭《くろうどのとう》（天皇の秘書官）に任じるなどして対抗し、弘仁元年（八一〇）九月、平城上皇の平城遷都の命が出たのを機として、藤原仲成の捕縛と藤原薬子の官位剥奪に踏み切った。

平城上皇は東国への脱出を試みたが、坂上田村麻呂以下の軍勢に制圧され、剃髪して出家した。また薬子は自害し、兄の仲成は射殺された。これがいわゆる薬子の変である。

嵯峨天皇は、皇太子・高岳《たかおか》親王（平城天皇の第三皇子）を廃して、異母弟・大伴《おおとも》親王（のちの淳和天皇。母は藤原百川の娘・旅子《たびこ》）を皇太弟とした。近臣を追放されて平城旧京に孤立した平城上皇は、天長元年（八二四）七月、失意のうちに崩御し、楊梅 陵《やまもものみささぎ》（奈良市佐紀町《さきちょう》）に葬られたとされる。
嵯峨天皇は、弘仁十四年に大伴親王に譲位して以後は、皇太后・橘《たちばなの》嘉智子《かちこ》（檀林《だんりん》皇后。橘清友《きよとも》の娘）とともに冷然院《れいぜいいん》（のち冷泉院と改称）に住んだ。さらに天長十年（八三三）、淳和天皇が嵯峨天皇の第一皇子・正良《まさら》親王（仁明天皇）に譲位すると、洛西の嵯峨院《さがいん》（のちの大覚寺《だいかくじ》）に隠棲して、悠々自適の境涯を送っている。

嵯峨天皇は文事を愛し、唐風《とうふう》文化を好み、その影響力は宮廷・貴族社会に広く浸透した。こうして、年号でいうと弘仁・天長から承和の半ばすぎに至る約三十年間は、嵯峨天皇（上皇）の領導のもとに泰平が持続し、すぐれた人材の輩出とあいまって、日本文化史上に一時期を画する、いわゆる弘仁文化が花開いた。律令政治推進のための『弘仁格《こうにんきゃく》』『弘仁式《しき》』や、年中行事の次第書『内裏式《だいりしき》』の編纂、漢詩の粋を集めた一連の勅撰集『凌雲集《りょううんしゅう》』『文華秀麗集《ぶんかしゅうれいしゅう》』『経《けい》国集《こくしゅう》』は、いずれも天皇の主導による精華というべきものである。

また、平城朝に停廃された諸行事が復活されただけでなく、内宴《ないえん》（天皇が公卿・文人を招いて主催した私宴）や朝覲行幸《ちょうきんぎょうこう》（天皇が父母の御所を訪ねる行事）といった行事が創始され、礼法・服色も一新された。南殿《なでん》を紫宸殿《ししんでん》に、寝殿《しんでん》を仁寿殿《じじゅうでん》にというように、宮殿・諸門の名を唐風に改めたのも天皇の好尚による。

これらの背景に、清原夏野《きよはらのなつの》、小野岑守《おののみねもり》・篁《たかむら》父子、良岑安世《よしみねのやすよ》、菅原清公《すがわらのきよきみ》（道真《みちざね》の祖父）など政見や文藻《ぶんそう》（詩歌・文章をつくる才能）に秀でた賢臣が輩出し、唐より帰朝した僧・空海《くうかい》に対する天皇の厚い信頼があったことも見逃せない。天皇自身も詩文にすぐれ、また空海・橘逸勢《たちばなのはやなり》とともに「三筆《さんぴつ》」に数えられる能書家で、『光定戒牒《こうじょうかいちょう》』などの筆跡が残っている。

後宮も繁栄し、天皇の皇子女は『本朝皇胤紹運録《ほんちょうこういんじょううんろく》』という皇族の系図集に載るだけでも五十名を数える。しかし、これらすべてを親王とするのは国家財政に支障をきたすとの理由から、弘仁五年には一部が「源」の姓を与えられて臣籍に降り、信《まこと》・常《ときわ》・融《とおる》らの嵯峨源氏は一時、廟堂《びょうどう》で大いに活躍した。

嵯峨上皇は承和九年（八四二）、嵯峨院において崩ずるに臨み、遺詔して心境を述べるとともに、薄葬を命じ、迷信を戒めるなど、最後まで開明的君主の風格を示した。『延喜式《えんぎしき》』諸陵寮に嵯峨山上陵《さがのやまのえのみささぎ》（京都市右京区北嵯峨朝原山町）の記載がないのは、その意向が遵奉《じゅんぽう》されたからであろう。だが、その崩御直後に皇位継承をめぐる承和の変が勃発したことは、その権威がいかに巨大であったかを物語っていると言えよう。（竹居）

第五三代　淳和《じゅんな》天皇　七八六～八四〇（在位：八二三～八三三）

●弟の分をわきまえ平和な「崇文の治」を現出

淳和天皇は桓武天皇の第三皇子。諱は大伴。母は藤原百川の娘・旅子で、嵯峨天皇の同年齢の異母弟にあたる。弘仁元年（八一〇）九月の薬子の変後、皇太弟とされ、同十四年四月十六日、嵯峨天皇の譲位をうけて即位した。

嵯峨上皇のもとに行われた政治は、先帝時代の政策を引き継いだものが多い。それでも清原夏野の抜擢にみられるように、官吏にすぐれた人材を登用し、勘解由使《かげゆし》の再設、検非違使《けびいし》の整備、勅旨田《ちょくしでん》による皇室財政の強化など、政治改革を次々に行った。また文化面でも、『日本後紀』編纂の継続、『令義解《りょうのぎげ》』撰述といった大きな貢献をしている。

即位後すぐに嵯峨上皇の第一皇子・正良親王（のちの仁明天皇）を皇太子とし、天長十年（八三三）二月二十八日、在位十一年で譲位したのは、かつて皇位につけてもらった嵯峨上皇への配慮であろう。だが、それよりも、僧・慈円《じえん》が「嵯峨と淳和とは、すこぶるその趣おはしけるとぞ申し伝えてはべれ」（『愚管抄《ぐかんしょう》』）と記しているように、両天皇は性格が合い、万事において関係がきわめて親密であった。

譲位後は淳和院《じゅんないん》にあって、悠悠自適の日々を送り、承和七年（八四〇）五月八日、崩御した。遺骨は遺詔に従い大原野西嶺上陵《おおはらののにしのみねのえのみささぎ》（京都市西京区大原野南春日町）に散骨されたとされる。嵯峨・淳和・仁明の三代にわたるおよそ三十年間は、世の中が穏やかで、内乱や氏族間の政権争いといった血なまぐさい事件がほとんどなく、世に「崇文《すうぶん》の治」といわれる平和な時代がつづいた。（坂井洋子）

第五四代 仁明《にんみょう》天皇 八一〇～八五〇（在位：八三三～八五〇）

●承和の変を越え、華麗な宮廷文化を実現

仁明天皇は嵯峨天皇の第一皇子で、母は橘清友の娘・嘉智子であった。弘仁十四年（八二三）、叔父にあたる淳和天皇の皇太子となり、天長十年（八三三）、その譲位をうけて即位した。ときに二十四歳である。

天皇の後宮には女御《にょうご》の藤原順子《じゅんし》（左大臣・冬嗣の娘）、藤原沢子《たくし》（紀伊守・総継《ふさつぐ》の娘）らがおり、順子とのあいだに道康《みちやす》親王（のちの文徳天皇）、沢子とのあいだに時康《ときやす》親王（のちの光孝天皇）が生まれた。即位にともない、皇太子には仁明天皇の第二皇子・恒貞《つねさだ》親王が立てられたが、承和七年（八四〇）に淳和上皇が崩御し、ついで同九年に嵯峨上皇が崩御すると、いわゆる承和の変が起こり、皇太子は廃せられ、代わって道康親王が立太子した。

承和九年七月、時あたかも嵯峨上皇葬儀の翌日、近衛府《このえふ》の兵によって春宮坊帯刀《とうぐうぼうたちはき》（皇太子の家政機関に属する武官）の伴健岑《とものこわみね》、但馬権守《たじまのごんのかみ》の橘逸勢らが捕らえられた。上皇崩御の直前に、阿保《あぼ》親王（平城天皇の皇子）が太皇太后《たいこうたいごう》・橘嘉智子に密告したことによるもので、彼らが上皇崩御の混乱に乗じて、皇太子・恒貞親王を奉じて東国に赴き、乱を起こそうと計画している、というものであった。

その内容は、ただちに中納言・藤原良房《よしふさ》にも伝えられて、彼らの逮捕に至った。両名は容易に罪状を認めなかったが、ほどなくして恒貞親王は皇太子を廃され、健岑は隠岐国、逸勢は伊豆国へ遠流《おんる》となり（途中、遠江国で死去）、そのほか春宮坊を中心に流罪や左遷の処分を受けた公卿・官人が数十名にも及んだ。

しかし、承和の変といわれるこの事件は、その経過や、直後の道康親王（良房には甥にあたる）の立太子と、良房自身の昇進などからすれば、外戚関係を通じて権力の確立を図った良房の陰謀との見方が有力である。またその背景に、政界上層部における嵯峨上皇派と淳和上皇派との二大派閥の主導権争いがあったとの見方もある。

承和の変を中心に、仁明天皇の治世十七年間は政治史的にも大きな転換期だったが、音楽や和歌、あるいは年中行事など、宮廷文化においてもさまざまな変革がみられた。天皇自身、「叡哲《えいてつ》聡明にして衆芸《しゅげい》を苞綜《ほうそう》す（すべてに堪能である）。……凡《およ》そ厥《そ》れ百家《ひゃっけ》に通覧せざる莫《な》く、兼ねて文藻を愛し、書法を善《よ》くす」（『続日本後紀』）と称されている。のちの光孝天皇は治世当初、「事皆な承和に法則せり」（『菅家文草《かんけぶんそう》』）といわれ、宇多・醍醐両朝においても「承和」が一種の故実《こじつ》として規範化された。だが、その仁明帝には「尤《もっと》も奢靡《しゃび》（華美）を好みたまふ」（三善清行《みよしきよゆき》「意見封事《いけんふうじ》十二箇条」）と、その遊戯化・奢侈《しゃし》化を指摘した、相反する評価もあった。

仁明天皇は、盛大な四十歳の祝賀行事が催された年の翌年三月、宮中清涼殿《せいりょうでん》で崩御して、深草陵《ふかくさのみささぎ》（京都市伏見区深草東伊達町）に葬られた。（竹居）

第五五代

文徳《もんとく》天皇

八二七〜八五八（在位：八五〇〜八五八）

●群臣の上奏で即位するも藤原氏の圧力に屈す

文徳天皇は仁明天皇の第一皇子で、藤原冬嗣の娘・順子を母とする。諱を道康という。承和九年（八四二）七月の承和の変で廃太子とされた淳和天皇の皇子・恒貞親王に代わって立太子された。嘉祥三年（八五〇）三月二十一日、父帝の崩御をうけて践祚、四月十七日に即位したが、その日、立太子は立てられなかった。右大臣・藤原良房の娘・明子《あきらけいこ》とのあいだに、惟仁《これひと》親王（のちの清和天皇）が生まれたばかりだったからである。

文徳天皇にはすでに三人の皇子がいたが、内心では、紀名虎《きのなとら》の娘・静子《しずこ》とのあいだにもうけた七歳の第一皇子・惟喬《これたか》親王の立太子を望んでいた。しかし、同年五月に祖母の橘嘉智子が没し、二十四歳の若い天皇の後ろ楯がいなくなると、ますます良房には逆らえなくなった。

嘉祥三年十一月、三人の義兄を押しのけて、惟仁《これひと》親王が皇太子となると、世間はこの不自然さを童謡《わざうた》で「大枝を超えて、走り超えて、躍り上がり超えて、我らまもる」とうたい、良房の強引さを諷刺した。左大臣・源常《みなもとのときわ》が没したのちの天安元年（八五七）二月、藤原良房は人臣初の太政大臣に昇進した。天皇の外戚として、藤原氏一門の頂点へと登りつめたのである。

その一年後の天安二年八月二十三日、文徳天皇は急病により二十七日に崩御した。御陵の田《た》

邑陵《むらのみささぎ》（京都市右京区太秦三尾町《うずまささんびちょう》）のある地から、田邑天皇の名もある。（坂井）

第五六代　清和《せいわ》天皇　八五〇～八八〇（在位：八五八～八七六）

●人君の雅量に恵まれ、若くして仏道に精進

清和天皇は文徳天皇の第四皇子（惟仁親王）で、母は右大臣・藤原良房の娘・明子。嘉祥三年（八五〇）三月二十五日、良房の一条第で誕生した。同年十一月二十五日、義兄の惟喬親王を越えて皇太子となり、天安二年（八五八）八月二十七日、文徳天皇の崩御にともない、わずか九歳で践祚した。

とはいえ、外祖父で太政大臣の藤原良房の権力は絶大で、貞観八年（八六六）三月、大内裏《だいだいり》の応天門が炎上したことから応天門の変が起こって政局が混乱すると、天皇は良房に「天下の政《まつりごと》を摂行《せっこう》せしむる」との勅命を出す。ここに人臣初の摂政として天皇の大権を代行することになった良房は、その一か月後、強引に伴善男《とものよしお》、紀豊城《きのとよき》らを犯人として配流にし、謎の多かった事件に幕を引いた。その間、良房は、跡継ぎとして養子に迎えた基経《もとつね》を中納言に抜擢するとともに、姪の高子《たかいこ》を後宮に入れ、貞明《さだあきら》親王（のちの陽成天皇）を皇太子にすえるなど、さらに実力を伸ばしていった。

このように清和朝の治世は、良房と基経の補佐のもとにあったといえるが、天皇も積極的に政治に参画した。しかし京では火事がたびたび発生し、ついに大極殿までもが焼け落ちると、貞観十八年十一月二十九日、天皇は貞明親王に譲位し、約四か月後には落飾《らくしょく》して素真《そしん》と号した。翌年十二月四日、粟田院《あわたいん》で崩じ、水尾山陵《みずのおやまのみささぎ》（京都市右京区嵯峨水尾清和《みずおせいわ》）に葬られた。

清和天皇はよく学問を好んだ。勅命により撰進されたものとして、良房らによって編纂された『続日本後紀』（仁明天皇の御世十八年間を扱う）のほか、『貞観交替式《じょうがんこうたいしき》』『貞観格《きゃく》』『貞観式』などがある。（坂井）

第五七代 陽成《ようぜい》天皇

八六八〜九四九（在位：八七六〜八八四）

●宮中での乱行を咎められ、十七歳で退位

陽成天皇は清和天皇の第一皇子。母は藤原長良《ながら》の娘である女御・高子で、『伊勢物語』の主人公とされる在原業平《ありわらのなりひら》と浮き名を流したといわれている。貞観十一年（八六九）二月一日、立太子。同十八年十一月二十九日、父帝の譲位にともない、父と同じく九歳で践祚した。

元慶六年（八八二）の元服後も、母の兄である摂政・藤原基経が政治を補佐していたが、翌年八月、突然に辞任を申し出て、それが受理されないとみるや、出仕しなくなった。そこに

は、天皇に対するなんらかの反発があったとされている。

この年の十一月十日、内裏で殺人事件が起こった。従五位下・源蔭《かげ》の子・益《まさる》が、殿上において「格殺《かくさつ》」、つまり殴り殺され、手を下したのは天皇ではないかとの風聞が飛び交ったという（『玉葉《ぎょくよう》』）。ただし、『尊卑分脈《そんぴぶんみゃく》』の源蔭の項には「陽成院が之を殺す」とある。これだと殺されたのは益ではなく、蔭であったことになるが、たんなる誤記なのであろうか。

陽成天皇には乱行・暴虐の振る舞いが多く、それにあきれ果てた藤原基経により、出仕をボイコットされ、廃位に追い込まれたというのが、『愚管抄』などの記すところである。元慶八年二月四日、譲位の旨を基経に伝えた。ただちに太上《だいじょう》天皇の尊号が奉られ、翌日、仁明天皇の第三皇子・時康親王が践祚して光孝天皇となった。出家して九日目となる天暦三年（九四九）九月二十九日に崩御し、神楽岡 東 陵《かぐらがおかのひがしのみささぎ》（京都市左京区浄土寺真如町《じょうどじしんにょちょう》）に葬られた。（坂井）

第五八代　光孝《こうこう》天皇　八三〇～八八七（在位：八八四～八八七）

●擁立した摂政・藤原基経に政務をゆだねる

光孝天皇は、天長七年（八三〇）、東五条院の小松殿において、淳和天皇の東宮（皇太子）となっていた正良親王（のちの仁明天皇）を父として生まれた。時康親王と呼ばれるようになったとき、すでに第三皇子で、皇位ははるか遠いところにあった。母は従五位上・紀伊守（のち贈正一位・太政大臣）・藤原総継の娘・沢子。

元慶八年（八八四）二月、陽成天皇は皇子に恵まれないうちに、摂政の藤原基経の手で帝位を廃された。そして、基経の奔走で擁立されたのが、すでに五十五歳となっていた時康親王である。

仁明天皇以降、皇位は文徳、清和、陽成と父子相承されており、まさか時康親王に皇位がまわってくるとは、大方の予想を越えていた。親王自身、そうした諦めに似た気持がなかったとはいえず、この気楽な身分が素直で温和な性格を育んだに違いない。この点について『日本三代実録』は、「少《わか》くして聡明。好みて経史を読む。容止《ようし》（姿）閑雅《かんが》、謙恭《けんきょう》和潤《わじゅん》（順）、慈仁寛《じじんかん》曠《こう》、九族を親愛す。性、風流多く、尤《もっと》も人事に長ず」と記しており、とかく政治に容喙《ようかい》する藤原氏一門からも、光孝天皇は好意的に迎えられたようである。

仁和三年（八八七）八月、天皇が病を得たのを機に、藤原基経は同月二十五日、臣籍に降っていた天皇の第七皇子・源定省《さだみ》（のちの宇多天皇）を親王に復させ、翌日には皇太子とした。同日、光孝天皇は崩御し、後田邑陵《のちのたむらのみささぎ》（小松山陵とも。京都市右京区宇多野馬場《うたのばば》町）に葬られた。「君がため春の野に出でて若菜つむ　わが衣でに雪は降りつつ」は、『古今和歌集』にも「百人一首」にもとられた御製である。（坂井）

第五九代 宇多《うだ》天皇 八六七～九三一（在位：八八七～八九七）

●「阿衡の紛議」の試練に耐え、「寛平の治」を実現

光孝天皇の第七皇子である宇多天皇は、桓武天皇の皇子・仲野《なかの》親王の娘の女御・班子《はんし》女王を母とし、諱は定省という。元慶年間（八七七～八八五年）に侍従《じじゅう》となって王侍従《おう》と称され、同八年（八八四）には他の皇子女とともに臣籍に降って、源朝臣《みなもとのあそん》姓を賜った。

他方、定省は早くから尚侍・藤原淑子《よしこ》（長良の娘で、基経の異母妹）の猶子《ゆうし》となり、室には橘広相《ひろみ》の娘・義子《よしこ》と藤原高藤《たかふじ》の娘・胤子《いんし》を迎え、のち揃って更衣《こうい》、ついで女御となった。そして、義子とのあいだに嫡子の斉中《ときなか》・斉世《ときよ》らを、胤子とのあいだに維城《これき》（まもなく敦仁《あつぎみ》に改名。のちの醍醐天皇）をもうけている。

仁和三年（八八七）八月、皇太子を立てていなかった光孝天皇の病が重くなると、その意中を汲んだ藤原淑子は、兄の基経を説得して、同母兄が二人もいる定省を強引に皇位継承者にした。こうして定省は、親王に復するとともに天皇崩御当日、立太子してただちに践祚。同年十一月に即位した。ときに二十一歳。いったん臣籍降下した人物の登位《とうい》はこれが初例である。

宇多天皇は、即位に尽力してくれた基経の功に報いるかのように、万機巨細《ばんきこさい》みな太政大臣・基経に「関白《あずかりもう》」させる詔を下すとともに、養母の淑子を従一位に叙するなど破格の待遇を示

平安前期の皇室と藤原氏の外戚関係系図

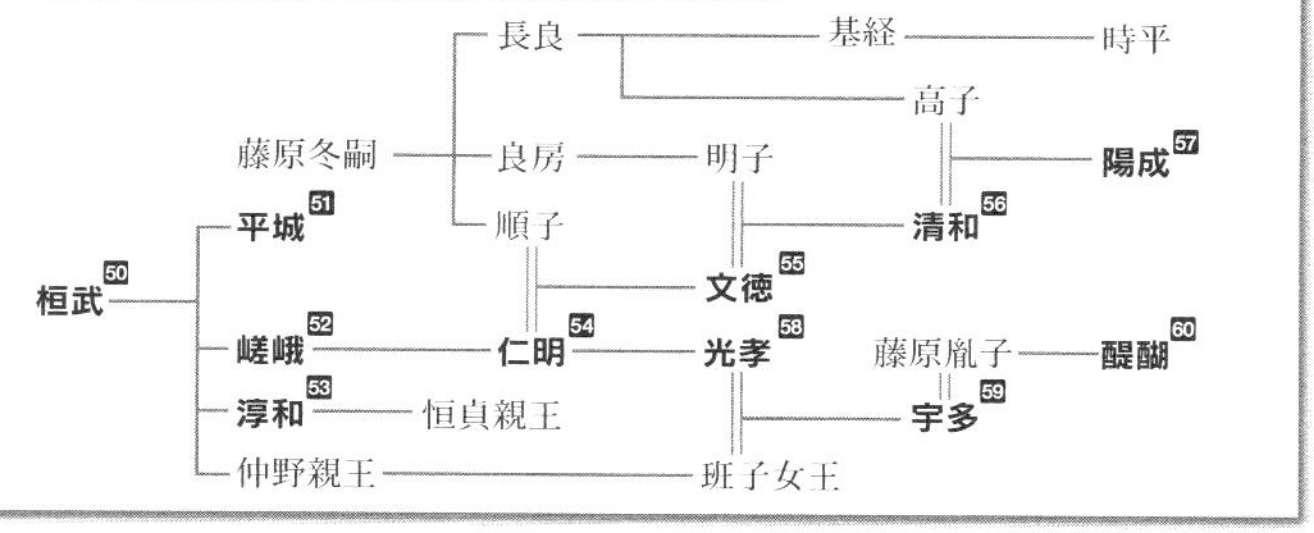
太字は天皇。白ヌキ数字は天皇代数。

した。しかし、前天皇によってすでに実質上の関白の地位を得ていた基経は、この青年天皇を強引に抑え込もうとした。いわゆる「阿衡《あこう》の紛議《ふんぎ》」である。

当時、重職の任命には「三顧《さんこ》の礼」をもって就任を求め、求められた側は「三譲《さんじょう》の礼」を尽くすのが慣例であった。基経が、それに従って辞退を表すると、ただちに橘広相が起草した勅答が出された。ただ、その中に「宜しく阿衡の任を以て卿の任と為すべし」という一文があることを見た基経は、「阿衡」には地位のみあって職掌はないとの儒者・藤原佐世《すけよ》の解釈を援用して、執務を放棄するに及んだのである。

やがて多くの学者たちの論争を呼ぶことになり、事態は紛糾した。だが仁和四年六月、宇多天皇は左大臣・源融の助言で勅答を訂正して、改めて基経を関白に任じ、さらに十月、基経の娘・温子《おんし》を入内させたため、事件はようやく収拾に向かった。なお、この事件の渦中に、あえて意見書を呈し、儒臣の立場から正々堂々と広相弁護論を開陳して基経を諷諫《ふうかん》したのが、当時、讃岐守だった菅原道真である。

この事件は、宇多天皇の信任厚い橘広相の断罪と天皇親政の抑止とを図った基経の示威行為であった。そのために天皇は不快の念を強め、寛平三年（八九一）正月に基経が薨去《こうきょ》して以降は、それまでの居所であった東宮雅院《とうぐうがいん》より内裏に移り、嗣子・時平《ときひら》がまだ若年でもあったから、能吏の藤原保則《やすのり》や鴻儒《こうじゅ》の菅原道真らを登用して、親政を推進した。

すなわち、先例にとらわれることなく次々に諸改革を遂行していき、綱紀の粛正、地方支配の再編や、文運興隆に努め、年中行事の整備や、内裏運営にあたる蔵人所《くろうどどころ》の充実にも力を入れた。皇位のシンボルである神器を宮中清涼殿より温明殿《うんめいでん》に移す一方、清涼殿を天皇の常御殿《つねごてん》に定めたほか、賀茂《かも》の臨時祭を創始したのもこの天皇であった。

また朝鮮半島の新羅《しらぎ》の入寇《にゅうこう》を警戒して国防を強化し、さらに、半世紀ぶりに遣唐使派遣を計画して大使・副使を任命したことも、結果的に菅原道真の建議によって断念したが、天皇の強い意志のあらわれと言えよう。後世、それら一連の諸政策は「寛平の治《かんぴょうのち》」と称せられて高い評価を得た。

この間、宇多天皇の道真に対する信任はとりわけ厚く、即位直後の蔵人頭への抜擢を皮切りに、式部少輔《しきぶしょうふ》兼左中弁《さちゅうべん》、参議兼式部大輔《たいふ》、中納言兼民部卿《みんぶきょう》、権《ごん》大納言兼右近衛大将《うこのえのたいしょう》と急速に昇進し、位も従三位に至った。道真が、六国史《りっこくし》の最後『日本三代実録』の撰修にあずかり、六国史の記事を部類別に編集しなおした『類聚国史《るいじゅうこくし》』を完成させたのもこのころである。

宇多天皇は、敦仁親王の立太子も自分の退位も、ただひとり道真のみに内意を示して相談した。道真の二人の娘（衍子《ひろこ》・寧子《やすこ》）が天皇の後宮に入り、さらにもう一人の娘も斉世親王（宇多天皇の第三皇子。醍醐天皇の異母弟）の室になった。これは、藤原時平らの警戒心を強く刺激したに違いない。

これより先の寛平九年（八九七）、第一皇子・敦仁親王が立太子してから四年後、十三歳となったときに天皇は譲位した。三十一歳という壮年での譲位の真意には未詳の点もあるが、故・藤原基経の娘の中宮《ちゅうぐう》・温子がいまだ皇子を生んでいない時期を意図的に狙った処置とみられる。加えて天皇は、譲位に際して皇太子・敦仁に訓戒、いわゆる『寛平御遺誡《かんぴょうのごゆいかい》』を与えて、藤原時平・菅原道真の両名を重用するよう諭した。これにより、醍醐天皇の施政に対して退位後も監視を怠らず、隠然たる支配力を保持したのである。

宇多上皇は昌泰二年（八九九）、仁和寺《にんなじ》において出家し、太上天皇の尊号を辞して、初めて法皇《ほうおう》を称した。寺内の法皇の居所、「御室《おむろ》」のはじまりで、承平元年（九三一）に崩御するまで三十年余をここで過ごした。ただ、延喜元年（九〇一）の思いがけない道真失脚を阻止できなかったことを機に、しだいに文化的活動に傾いていく。畿内の名所仏閣への旅行のほか、大規模な歌合《うたあわせ》の開催などによって和歌の振興をはかり、深く密教の教養にも通じて真言宗広沢《しんごんしゅうひろさわ》流の祖となったことなど、国風文化の展開の出発点に位置することは重要である。

承平元年（九三一）七月、仁和寺の御室で崩御し、大内山陵《おおうちやまのみささぎ》（京都市右京区鳴滝宇多野谷《なるたきうたのたに》）

に葬られた。（竹居）

第六〇代　醍醐《だいご》天皇　八八五〜九三〇（在位：八九七〜九三〇）

●父帝の遺誡を守り、「延喜の治」を現出

醍醐天皇は宇多天皇の第一皇子で、母は内大臣・藤原高藤の娘の胤子である。名は維城と称し、のちに敦仁と改めた。元服前の寛平五年（八九三）に立太子し、その四年後に、三十一歳の父帝の譲位で即位したときはまだ十三歳であった。

しかし、その譲位に際しては、父から訓戒が与えられ、敦仁の立太子と父の譲位については、ひとり菅原道真のみに相談したという秘事とともに、藤原時平と菅原道真の両名をともに重用するよう説かれていた。これに従って醍醐天皇は、即位の翌々年に時平を左大臣に、道真を右大臣に任じ、親政の両翼として政務をになわせたが、権門《けんもん》出身の時平らは、寒門《かんもん》（低い家柄）にもかかわらず宇多上皇の強力な推挙で昇進してきた道真を苦々しく思っていた。

菅原氏はもと土師氏で、曾祖父・古人《ふるひと》の改姓以来、代々学者の家として名をなし、祖父・清公《きよきみ》、父・是善《これよし》はともに学者としての顕職ともいうべき式部大輔・文章博士《もんじょうはかせ》に任ぜられている。道真も同じような道を進み、父の没後に継承した私塾「菅家廊下《かんけろうか》」の出身者が、しだいに

律令官人として大きな力をもつようになった。

その後、思いがけず讃岐守へと転出した道真は、四年間の地方官生活を余儀なくされた。だが、その間に起こった「阿衡の紛議」で見せた活躍によって、宇多天皇の信任が厚くなり、天皇のもとで急速に昇進して政界の中枢をになうまでになったのである。

昌泰四年（九〇一）正月、従二位・右大臣の道真は突然、大宰権帥《だざいのごんのそち》として左遷させられることになった。その理由は、表向きには、醍醐天皇の廃立と斉世親王（天皇の異母弟で道真の女婿）の擁立を企てたというものだが、実際は藤原時平一派の陰謀によるとの見方が有力である。

宇多上皇は、この人事を知らされていなかったので、あわてて内裏に馳せ参じたが、警固の者に阻止されて空しく引き返したという。こうして道真の四人の子息は四散させられ、配所の大宰府（福岡県太宰府市）に赴いた道真も、失意のうちに延喜三年（九〇三）二月に没した。

道真追放後の政界は、醍醐天皇を補佐する形で時平が主導し、さまざまな改革に着手した。天皇があらかじめ時平と示し合わせて華美の風を戒めた逸話（『大鏡《おおかがみ》』）なども、それを象徴する。なかでも班田《はんでん》の励行、新規の勅旨田《ちょくしでん》開発の禁止、院宮王臣家《いんぐうおうしんけ》による土地占有の停止など、律令制維持を図った一連の政策を実行したが、十分な成果を上げるには至らなかった。

時平は延喜九年に三十九歳の壮年で薨去するが、父・基経の遺志によって後宮に入っていた妹の穏子《おんし》が女御となり、その所生の保明《やすあきら》親王が延喜四年に立太子したのち、延長元年（九二三）には中宮となった。他方、時平の弟・忠平《ただひら》も、兄の没後に権中納言・氏長者《うじのちょうじゃ》となり、右大臣をへて延長二年には左大臣となり、穏子と協力して兄・時平の立場を継承した。

この時期の政策としては、延喜十四年、官人たちに国政上の意見を提出させたことが特筆され、なかでも式部大輔・三善清行の「意見封事十二箇条」は有名である。清行は道真のライバルでもあった学者・政治家で、その意見には、備中介《びっちゅうのすけ》などの地方官の経験もふまえて、当時直面していた政治的・社会的矛盾とその打開策とが的確に述べられているが、実際の施策への反映は一部にとどまったようである。

なお、平安時代に三十四年という長い在位期間を誇る醍醐朝の国家的事業には、第六番目の官撰史書『日本三代実録』の完成・奏上のみならず、時平・清行・紀長谷雄《きのはせお》らによる『延喜《えんぎ》格《きゃく》』『延喜式』の編纂・奏進、『風土記《ふどき》』の再提出などがあり、紀貫之《つらゆき》・紀友則《とものり》らに命じて撰進させた『古今和歌集』は最初の勅撰和歌集として名高い。

こうした醍醐天皇と、一代おいた村上天皇の治世は、摂関《せっかん》をおかずに天皇親政が行われたことなど共通点が多く、後世に「延喜・天暦《てんりゃく》の治」として「聖代」視する向きもあった。だが現実には、律令制が急速に解体し、中央政府の社会的統制力が低下したことは否めず、そうした評価には、十一世紀以降の文人・学者層によって、律令国家最後の光輝を放った時代として理想化された側面もあったことは否定できない。

事実、醍醐朝には、悲劇的な生涯を終えた菅原道真の怨霊の祟《たた》りが噂された。最初は、藤原穏子を母とする皇太子・保明親王が延喜二十三年三月に二十一歳の若さで急逝し、これが「菅《かん》帥《そち》霊魂の宿忿《しゅくふん》の為す所なり」と称された。そこで、ただちに道真左遷の宣命《せんみょう》の焼却、本官《ほんがん》・右大臣の回復、贈正二位が行われ、さらに「延長」と改元された。ところが、これに代わって三歳で皇太子（皇太孫）となった慶頼《よしより》王（保明の子）も二年後には早逝してしまい、寛明《ゆたあきら》親王（保明の同母弟）が立太子したのである。

つづいて延長八年（九三〇）六月、あたかも宮中において公卿たちが旱魃《かんばつ》対策を相談中に、突如雷鳴するや清涼殿に落雷し、大納言・藤原清貫《きよつら》以下三名の廷臣が死亡し、天皇も病床に臥した。そして三か月後の九月、天皇は皇太子・寛明親王に譲位すると、そのわずか一週間後には落飾・崩御した。後世、この事件も道真の祟りといわれ、道真の霊が火雷神とみなされる契機ともなった。

崩御後、天皇の御願寺《ごがんじ》である醍醐寺《だいごじ》において手厚い追悼仏事が行われ、後山科陵《のちのやましなのみささぎ》（京都市伏見区醍醐古道町《ふるみち》）に葬られた。『道賢上人冥途記《どうけんしょうにんめいどき》』あるいは『日蔵夢記《にちぞうむき》』なる怪文書では、道真を配流にした罪などで、天皇が三人の臣下とともに地獄で苦しむ姿で描かれているのは、まことに皮肉と言えよう。（竹居）

第六一代　朱雀《すざく》天皇　九二三～九五二（在位：九三〇～九四六）

●承平・天慶の乱に悩まされた治世

朱雀天皇は醍醐天皇の第十一皇子で、延長三年（九二五）、三歳にして皇太子となり、同八年には父帝の譲位にともない、わずか八歳で即位した。その背景には、延長元年に皇太子・保明親王（母は藤原基経の娘・穏子で、朱雀天皇の同母兄）が、同三年には皇太孫・慶頼王（保明の子）が相次いで薨去するという事件があった。彼らの早世は、菅原道真の怨霊によるものとされたから、天皇も、その祟りを恐れて、三歳までは戸外に一歩も出ることなく養育されたと伝えられる（『大鏡』）。

じつは八歳での即位も、延長八年六月の宮中清涼殿落雷を契機とする父帝の病臥《びょうが》と、三か月後の落飾《らくしょく》・崩御によるものである。その落雷事件もまた道真の祟りと観念されたから、朱雀天皇の治世は、出発の時点から暗雲漂うものがあった。

即位の際、父・醍醐天皇の遺詔によって藤原忠平（基経の子。穏子の兄）が摂政に就任した。忠平は、天慶四年（九四一）以降も関白として政務をとり、朱雀天皇の治世に、いわゆる摂関政治の基礎を築いた。「この帝《みかど》生まれおはしまさずは、藤氏《とうし》の栄え」も、これほどにたいそうなものにはならなかったであろう、とは『大鏡』の記すところである。

十七年間の治世は、多くの天変地異に見舞われた。また東国では平将門《たいらのまさかど》の乱が、そしてこれと呼応するかのように、西国では藤原純友《ふじわらのすみとも》の乱が発生して、京都の朝廷以下、世情騒然となった。いわゆる承平《じょうへい》・天慶《てんぎょう》の乱である。

桓武天皇の曾孫で「平」姓を下賜された高望王《たかもちおう》の孫にして、良将《よしまさ》（良持《よしもち》とも）の子にあたる将門は、下総国北部を本拠としながら、一時上洛して藤原忠平に仕えたこともあった。承平元年（九三一）、「女事」による伯父・良兼《よしかね》との争いを発端とし、五年には常陸大掾《ひたちのたいじょう》・源護《まもる》の子息や叔父・国香《くにか》を合戦で殺害。翌年、朝廷の召喚を受けて帰国を許されたが、天慶元年（九三八）以降、武蔵国や常陸国の国司をめぐる紛争に介入して、常陸国衙《こくが》ついで下野・上野国衙を次々に占領するに至り、朝廷も反乱と断定した。

やがて将門は「新皇《しんのう》」を称し、兄弟らを坂東《ばんどう》諸国の国司に任命して坂東の独立を図ったが、天慶三年二月、下野国押領使《おうりょうし》・藤原秀郷《ひでさと》や平貞盛《さだもり》の奇襲により討たれた。その顚末は、軍記物の祖『将門記《しょうもんき》』に詳しい。

一方、藤原氏北家の流れを汲む前《さきの》伊予掾《いよのじょう》・藤原純友は、当初は瀬戸内海の海賊追捕《ついぶ》の命を受けていたが、逆に彼らを率いて天慶二年に備前介・播磨介を襲撃した。将門の乱に浮き足立つ朝廷は、叙位などの懐柔策を講じたが失敗した。やがて純友は、瀬戸内海沿岸諸国から九州大宰府にまで勢力を伸ばしたが、同四年六月、伊予警固使・橘遠保《とおやす》に討たれて、乱は終息に向かった。ちなみに、この承平・天慶の乱もまた、後世の平安時代末期に成立した「北野《きたの》天神縁《てんじんえん》起《ぎ》」によれば、菅原道真の怨念の仕業であったとされている。

朱雀天皇は天慶九年四月に譲位し、天暦六年（九五二）三月に出家した。それからまもなくの八月、崩御して醍醐陵《だいごのみささぎ》（京都市伏見区醍醐御陵東裏町）に葬られた。（竹居）

第六二代 村上《むらかみ》天皇 九二六〜九六七（在位：九四六〜九六七）

●父帝と並び称される「天暦の治」を推進

村上天皇は醍醐天皇の第十四皇子で、藤原基経の娘・穏子を母とする。同母兄・朱雀天皇の女御・熙子《きし》女王に皇子の出生を見なかったため、天慶七年（九四四）に皇太弟となり、ついで同九年に朱雀天皇の譲位をうけて即位した。即位当初は、前代に引きつづき藤原忠平が関白を務めたが、天暦三年（九四九）の忠平薨去の後は関白をおかず、忠平の子息の左大臣・実頼《さねより》、右大臣・師輔《もろすけ》の兄弟や、菅原道真の孫にあたる文章博士・菅原文時《ふみとき》らの補佐を得て親政に努めた。文時は、天皇の求めに応じて、天徳元年（九五七）に「意見封事三箇条」を提出し、官人たちの奢侈《しゃし》と売官《ばいかん》の弊害などを指摘している。

こうした政治・社会的状況を踏まえて、村上天皇は、国司の功過（功績と過失）や官人の勤務成績を厳格に評価し、承平・天慶の乱などの影響で破綻しつつあった国家財政の健全化をめざして、税収の確保や歳出の削減、さらには諸事倹約などに意を用いた。そこで後世、天皇の治世は醍醐天皇のそれとともに、「延喜・天暦の治」と「聖代」視された。

しかしながら、その努力は実を結んだとは言い難い。鎌倉時代の説話集『古今著聞集《ここんちょもんじゅう》』には、天皇がある老吏に政治の評判を尋ねたところ、その老吏は「めでたく候」と答えつつも、「主殿寮《とのものつかさ》には松明《たいまつ》が運びこまれていて、率分堂《りつぶんどう》（非常用に徴収した税の一部を別納した所）には草が生えております」と付け加えたため、天皇は大いに恥じた、という話が載っている。

この「松明」云々は、当時の政務が長引いて夜間に及ぶことが多くなったことを示し、また「率分堂」云々は中央財政の窮乏を象徴するものだった。そして「平安京遷都以来一六七年にして、この災あり」といわれた天徳四年（九六〇）の内裏火災も、不幸な出来事であったろう。

なお、この間に、当初は兄・実頼の後塵《こうじん》を拝するかのごとくであった師輔が、娘・安子《あんし》の生んだ憲平《のりひら》親王が立太子すると（のち即位して冷泉天皇）、兄をしのぐ発言力を有するようになり、その子孫による摂関政治の推進に大きく寄与するところとなった。

村上天皇は和歌や漢詩にすぐれ、琴・笙《しょう》・琵琶《びわ》などを学んで音楽にも堪能といわれ、歌集『村上天皇御集《ぎょしゅう》（天暦御集）』のほか、日記『村上天皇宸記《しんき》』や天皇の撰とされる儀式書『清涼記《せいりょうき》』逸文《いつぶん》などが残っている。また天暦五年には、『万葉集』の訓釈とともに、『古今和歌集』につづく勅撰和歌集『後撰《ごせん》和歌集』の撰進が開始され、天徳四年の内裏歌合《だいりうたあわせ》をはじめとする歌合も盛んに催された。さらに、『日本三代実録』につづいて、前代より始まった宇多・醍醐・朱雀三代の官撰史書『新国史《しんこくし》』（『続《しょく》三代実録』とも）の編纂は、天皇の代にも継続されたが、結局は、次の冷泉天皇の代に及んで未完のままに終わっている。康保四年（九六七）五月に崩じ、村上陵《むらかみのみささぎ》（京都市右京区鳴滝《なるたき》宇多野谷《うだのたに》）に葬られた。（竹居）

第六三代　冷泉《れいぜい》天皇　九五〇～一〇一一（在位：九六七～九六九）

●物の怪に悩まされて二年で退位

冷泉天皇は、天暦四年（九五〇）五月二十四日、村上天皇の第二皇子として、藤原師輔の娘・安子とのあいだに生まれた。同年七月、立太子。康保四年（九六七）五月二十五日、父帝の崩御にともない、第一皇子・広平《ひろひら》親王をさしおいて践祚。二月に発病した病が癒えないため、十月十一日、大極殿で行うべき即位の儀を紫宸殿で行った。

践祚後すぐに師輔の兄・藤原実頼を関白とした。村上天皇の代に途切れていた摂関政治が再開されたのである。古来、「物狂いの帝」といわれるように、冷泉天皇には、幼少のころより奇矯《ききょう》な振る舞いが多かった。広平親王が皇位をさらわれたことで、外祖父・藤原元方《もとかた》は信望を失い、憤死していたが、天皇の異常な行動は元方の怨霊の祟りといわれた。

安和二年（九六九）八月十三日、村上天皇の第五皇子・守平《もりひら》親王（円融天皇）に譲位し、藤

原伊尹《これまさ》の娘・懐子《かいし》とのあいだに生まれた第一皇子・師貞《もろさだ》親王（花山天皇）を東宮とした。その後、藤原兼家《かねいえ》の娘・超子《ちょうし》とのあいだに第二皇子・居貞《おきさだ》親王（三条天皇）をもうけている。

退位後の天皇は冷泉院にあって、藤原政権の隆盛をよそに四十年余の余生を過ごした。勅撰集に四首の歌が残されているが、その一首「うつろふは心のほかの秋なれば　今はよそにぞ菊の上の露」（『新古今和歌集』）は、かつて清涼殿に植えた菊を詠《よ》んだものという。寛弘八年（一〇一一）十月二十四日に崩御し、桜本陵《さくらもとのみささぎ》（京都市左京区鹿ヶ谷法然院町《ししがだにほうねんいんちょう》）に葬られた。（坂井）

第六四代　円融《えんゆう》天皇

九五九〜九九一（在位：九六九〜九八四）

●摂関兄弟の確執に動揺せず、風流文雅を貫く

円融天皇は村上天皇の第五皇子（所生の皇子を数えると第七皇子）で、母は藤原師輔の娘・安子。天徳三年（九五九）三月二日に生まれた。康保四年（九六七）九月一日、同母兄・冷泉天皇の皇太弟となり、安和二年（九六九）八月十三日に受禅、九月二十三日、大極殿で即位した。皇太子には二歳の師貞親王（冷泉天皇の第一皇子）を定めた。

円融天皇が即位したころは、この年の三月に起こった安和《あんな》の変を契機として、藤原氏の権勢が確立しつつあった。この時点では、十一歳の円融天皇に政治の主導権はなく、その治世中、

関白・藤原兼通《かねみち》やその弟・兼家《かねいえ》が出世を競い合うようにして政治を牛耳った。

永観二年（九八四）八月二十七日、師貞親王（花山天皇）に譲位し、藤原兼家の娘である女御・詮子《せんし》とのあいだにもうけた懐仁親王《やすひと》（のちの一条天皇）を皇太子としたのは、藤原氏に対する敗北を示唆して余りあると言えるだろう。しかし翌年、出家して法名を金剛法《こんごうほう》と称し、円融寺《えんゆうじ》に住むようになると、態度は一変する。しばしば院庁《いんのちょう》に別当《べっとう》を補任《ぶにん》して花山・一条両朝の政治に口をはさむなど、上皇としての政治的権威を保持した。

その権威は藤原兼家らをもたじろがせるほどのものであったが、正暦二年（九九一）二月十二日、三十三歳の壮年をもって崩御し、後村上陵《のちのむらかみのみささぎ》（京都市右京区宇多野《うたの》福王子町）に葬られると、以後、藤原道隆《みちたか》・道長《みちなが》による藤原摂関時代の全盛期を迎えた。歌人として『拾遺和歌集《しゅういわかしゅう》』以下の勅撰集に二十四首を残し、また家集『円融院御集』が知られている。（坂井）

第六五代　花山天皇《かざん》　九六八〜一〇〇八（在位：九八四〜九八六）

●策謀にはめられた突然の譲位

花山天皇は冷泉天皇の第一皇子で、太政大臣・藤原伊尹の娘の女御・懐子《かいし》を母とする。永観二年（九八四）に叔父・円融天皇の譲りをうけて、十七歳で即位した。

父の冷泉天皇と同様、乱心の振る舞いがあったと伝えられ、大極殿で行われた即位式において、あろうことか馬内侍《うまのないし》を高御座《たかみくら》の内に引き入れて交接に及んだという話（『江談抄』や『古事談《こじだん》』）の真偽のほどは定かでないが、同じ即位式で、花山天皇が玉冠の重みに耐えかねて脱ぎたいと述べた、というのは公卿・藤原実資《さねすけ》の日記『小右記《しょうゆうき》』に見える確かな話である。天皇にはまた、「馬をいみじう興ぜさせたまひけ」るあまり、宮中清涼殿の壺庭に馬を引き入れて乗り回そうとした話（『大鏡』）もある。

しかし、そうした振る舞いは、乱心・狂気というよりも、多感で純粋な青年天皇の素直な姿と見ることもできる。花山天皇は、伊尹の子の権中納言・藤原義懐《よしちか》や左中弁・藤原惟成《これしげ》など新進気鋭の貴族官僚を取り立てて、政治に意欲を示した。即位後まもなくして、格《きゃく》（延喜の荘園整理令）後の荘園を停止し、破損した銭を溶かして銅の元値で取引することを禁止する破銭《はせん》の法を定めたのは、そのあらわれである。

ところが、寵愛する美貌の女御・藤原忯子《しし》（大納言・藤原為光《ためみつ》の娘）が子を宿したまま他界すると、天皇の悲嘆は大きく、その不安定な心理につけこんで右大臣・藤原兼家が天皇に出家を勧めた。こうして寛和二年（九八六）六月二十三日の早暁、蔵人・藤原道兼《みちかね》（兼家の子）に導かれた天皇は内裏を後にして、東山の花山寺《かざんじ》（元慶寺《がんぎょうじ》）に入って出家を遂げたのである。

言うまでもなく、外孫の皇太子・懐仁親王（のちの一条天皇）を一刻も早く即位させようとする兼家の陰謀で、ともに出家するはずだった道兼の裏切りを知った天皇は、切歯扼腕《せっしやくわん》するばかりであったという。こうして花山天皇の在位は一年十か月の短期間に終わったのである。

退位してまもなく、花山法皇は播磨（兵庫県）の書写山《しょしゃざん》に赴いて、法華経《ほけきょう》信仰で名高い性空上人《しょうくうしょうにん》に結縁《けちえん》を求め、ついで比叡山《ひえいざん》に登って受戒した。さらに紀伊国熊野《くまの》に入るなど、仏道修行に励んで、後世、西国三十三所巡礼の創始者とされる伝説を生んだ。

正暦三年（九九二）ごろに帰京して以後は、主として「九の御方」（藤原伊尹の娘）とともに東院《とういん》（花山院）に住んだが、奔放な女性関係は止まず、藤原為光の別の娘のもとに通ったことから、藤原伊周に誤解されて矢を射かけられる事件も招いた。

花山法皇はまた「風流者《ふりゅうざ》にさへおはしましけるこそ」（『大鏡』）といわれたように、和歌をはじめ建築・造園・絵画・工芸など多方面に非凡の才能を示した。藤原公任《きんとう》撰の『拾遺抄《しゅういしょう》』を増補して『拾遺和歌集』を編纂させたのも、法皇の業績と目されている。まさに「内劣りの外めでた（私生活はまるで駄目だが、政治面は賞賛に値する）」（同上）の生涯であったと言えよう。

御陵は紙屋上陵《かみやのほとりのみささぎ》（京都市北区衣笠高橋町）である。（竹居）

第六六代　一条《いちじょう》天皇　九八〇〜一〇一一（在位：九八六〜一〇一一）

●摂関藤原氏と協調して宮廷サロンを開花

一条天皇は円融天皇の第一皇子で、藤原兼家の娘・詮子を母とする。寛和二年（九八六）六月、従兄にあたる花山天皇の突然の出家にともない、まだ元服前の七歳で即位し、このときに外祖父の右大臣・兼家が摂政となった。

これより先、兼家は、長兄の伊尹の後継を次兄・兼通と争って敗れ、しばらく忍従の日がつづいていたが、摂政就任を機に政治的立場を挽回し、娘・超子《ちょうし》の生んだ居貞《おきさだ》親王（冷泉天皇の第二皇子）を立太子するとともに、今一人の娘・綏子《すいし》を東宮のもとに入れたのである。

正暦元年（九九〇）に兼家が薨去して後は、兼家の子の異母兄弟、道隆・道兼が摂政・関白を務めたが、長徳元年（九九五）には彼らの弟の道長が内覧宣旨《ないらんせんじ》を受け（内覧は、奏聞《そうもん》・宣下に先立って政務関係文書に目を通して天皇を補佐する職務）、まもなく右大臣に、さらには左大臣に昇進して、藤原氏摂関政治は全盛期に入った。

ちなみに、道長に内覧宣旨が下されたのは、天皇の生母であり、道長の姉でもあった詮子が、天皇の夜御殿《よるのおとど》（清涼殿内の寝所）に赴いて要請した結果であった。道長も、その「姉の力」に感謝して、詮子には丁重な奉仕を怠らなかった。なお、詮子は落飾後、居所にちなんで東三条院の院号を授けられたが、じつにこれが女院号《にょいんごう》の最初である。

一条天皇は、はじめ道隆の長女・定子《ていし》を中宮とした。定子は、花山法皇襲撃事件による兄・伊周の失脚とともに落飾したが、天皇の寵愛は衰えず、再度入内して長保元年（九九九）に敦《あつ》康《やす》親王を生んだ。けれども、その誕生と同日に、道長の長女・彰子《しょうし》が女御となり、翌年に中宮として入内するに及んで、これを機に定子は皇后となった。一帝二后の新例である。

やがて彰子は、寛弘五年（一〇〇八）に敦成《あつひら》親王（のちの後一条天皇）、その翌年には敦良《あつなが》親王（のちの後朱雀天皇）を生み、他の女御、藤原義子《よしこ》・元子《もとこ》・尊子《たかこ》らには皇子の誕生を見なかったため、道長一家の権勢が確立した。なお、天皇は、寛弘八年の譲位に際して、道真の外孫でないことを理由に、第一皇子・敦康親王の立太子を断念させられる一齣もあった。

このように、一条朝二十六年間は、全体として藤原道長一家の権勢が際立っていき、必ずしも意に添うことばかりではなかったようだが、天皇は道長ととくに衝突することもなく、協調して政務をとった。もともと天皇は公正温雅《こうせいおんが》で、才学に富み、笛にも巧みで、廷臣たちの信望も篤いものがあった。

こうして一条朝の宮廷では、清少納言《せいしょうなごん》・紫式部《むらさきしきぶ》・和泉《いずみ》式部・赤染衛門《あかぞめえもん》などの才女が集い、政治面では、道長のほかに四納言と称された藤原行成《ゆきなり》・公任《きんとう》・斉信《ただのぶ》、源俊賢《としかた》らが天皇を補佐した。『枕草子《まくらのそうし》』の作者、清少納言は定子に仕えた女房であり、天皇と定子との濃《こま》やかな愛情をところどころに描写している。また『紫式部日記』や『源氏物語』の作者、紫式部は彰子のもとに出仕しており、『紫式部日記』には敦成親王誕生の様子や、天皇を中心とした中宮・彰子サロンが描写されている。

一条天皇は、「我、人をえたること延喜・天暦（醍醐・村上両天皇の治世）に越えたり」（『十訓抄《じっきんしょう》』）と自賛したと伝えられる。十二世紀初頭ごろに文人政治家、大江匡房《おおえのまさふさ》の撰した『続本《ぞくほん》朝往生伝《ちょうおうじょうでん》』(極楽に往生した者の伝記集)でも、その冒頭に天皇が配され、あわせて一条朝に活躍した多方面の人材が列挙されている。すなわち、親王(具平《ともひら》親王)・上宰《じょうさい》(道長と伊周)・公卿(藤原実資《さねすけ》ら八人)以下、雲客《うんかく》(殿上人《てんじょうびと》)・管絃《かんげん》・文士・和歌・画工・舞人《まいうど》・異能(相撲人)・近衛(随臣・随身)・陰陽《おんみょう》(陰陽師)・有験《うげん》の僧・真言・能説《のうせつ》の師・学徳・医方・明法《みょうぼう》・明経《みょうぎょう》・武士に分けて計八十六人をあげ、「皆これ天下の一物《いちぶつ》なり」と称しており、まことに壮観と言えよう。やがて天皇自身についても、ある冬の夜に「四海《しかい》の民」を思いやって衣服を脱いだという話が、平安時代末期以降、繰り返し語られているように、聖天子としての像が確立していったのである。

なお、宗教史の面では、菅原道真の怨霊に端を発する天神《てんじん》信仰が、村上朝の天暦元年(九四七)の北野社《きたのしゃ》(北野天満宮)草創ののち、この一条朝にひとつの画期を迎えたことも特筆に値する。すなわち、創始された北野祭が勅祭として年中行事となり、朝廷の崇敬対象としてとくに重んじられた主要十九社(のち二十社、二十一社と増加していき、十一世紀半ば以降は二十二社に固定)に加えられたことなどである。

そして、初めての北野社行幸は、みな一条朝のことであり、これらと相前後して、兼家や道長も、それぞれの立場から崇敬を示した。その結果、天神道真の神格は怨霊から善神へとしだいに変貌し、やがて藤原氏摂関家の守護神にさえ位置づけられていくのである。

三十二歳で崩じ、円融寺北陵《えんゆうじのきたのみささぎ》(京都市右京区龍安寺朱山《りょうあんじしゅうやま》)に葬られた。(竹居)

第六七代　三条《さんじょう》天皇　九七六〜一〇一七（在位：一〇一一〜一〇一六）

●栄華をきわめる藤原道長の譲位要請に屈す

三条天皇は冷泉天皇の第二皇子で、兼家の娘・超子を母とする。十一歳で行った元服の儀と同じ日に立太子していたが、一条天皇の譲位にともなって即位したのは寛弘八年（一〇一一）六月十三日、三十六歳のときであった。

壮年天皇として期待されたが、天皇には栄華をきわめていた道長との確執が重くのしかかった。道長は、外孫・敦成親王の早期擁立を企図して、政務を補佐しないどころか、生来の眼病を理由に再三にわたり譲位を迫るありさまで、その圧力はしだいに強くなっていった。

また三条天皇は、すでに東宮時代に大納言・藤原済時《なりとき》の娘・娍子《せいし》を入内させて敦明《あつあきら》親王・敦儀《あつよし》親王以下、多くの皇子女をもうけていたが、寛弘七年には道長の意向で次女の妍子《けんし》が入内した。天皇は即位後に妍子を中宮に、娍子を皇后としたが、娍子立后《りっこう》の日に、道長が公卿らに参内しないように画策した経緯は、藤原実資の日記『小右記』に詳しい。

道長の仕打ちに憤慨する天皇が頼りにしたのは、ひそかに道長を批判する右大将の実資だったが、それを公然とできるはずもなく、天皇は眼病の進行につれて譲位の意向を固めざるを得なくなった。そして長和五年（一〇一六）正月二十九日、第一皇子・敦明親王を立太子することを条件に、敦成親王（後一条天皇）に譲位したのである。翌年の出家後に崩じ、北山陵《きたやまのみささぎ》（京都市北区衣笠西尊上院町）に葬られた。（竹居）

第六八代 後一条天皇《ごいちじょう》 一〇〇八〜一〇三六（在位：一〇一六〜一〇三六）

●藤原氏の専横で敦明親王への譲位を断念

三条天皇の譲位をうけ、まだ元服前の九歳で即位した後一条天皇は、当時二十三歳になっていた敦明親王を皇太子とした。天皇が幼少のため、外祖父の左大臣・藤原道長が摂政として政務に臨んだが、寛仁元年（一〇一七）には摂政の地位を長男の頼通《よりみち》に譲った。道長はさらに従一位・太政大臣となり、頼通も寛仁三年には関白となった。

その間、しだいに窮地に追い込まれていったのが、皇太子の敦明親王である。道長は、三条上皇の要望にもかかわらず、皇太子相伝とされた「壺切《つぼきり》の剣」を敦明親王に献上しなかったほか、何かにつけて非協力的であった。このような道長の意向に配慮したのであろうか、東宮のもとに出入りする者の数は少なくなった。

こうした圧力に耐えかねて、寛仁元年に父・三条上皇が崩御すると、敦明親王は自ら辞意を伝え、代わって道長の外孫・敦良親王（のちの後朱雀天皇）が立太子した。敦明親王は、小一《こいち》

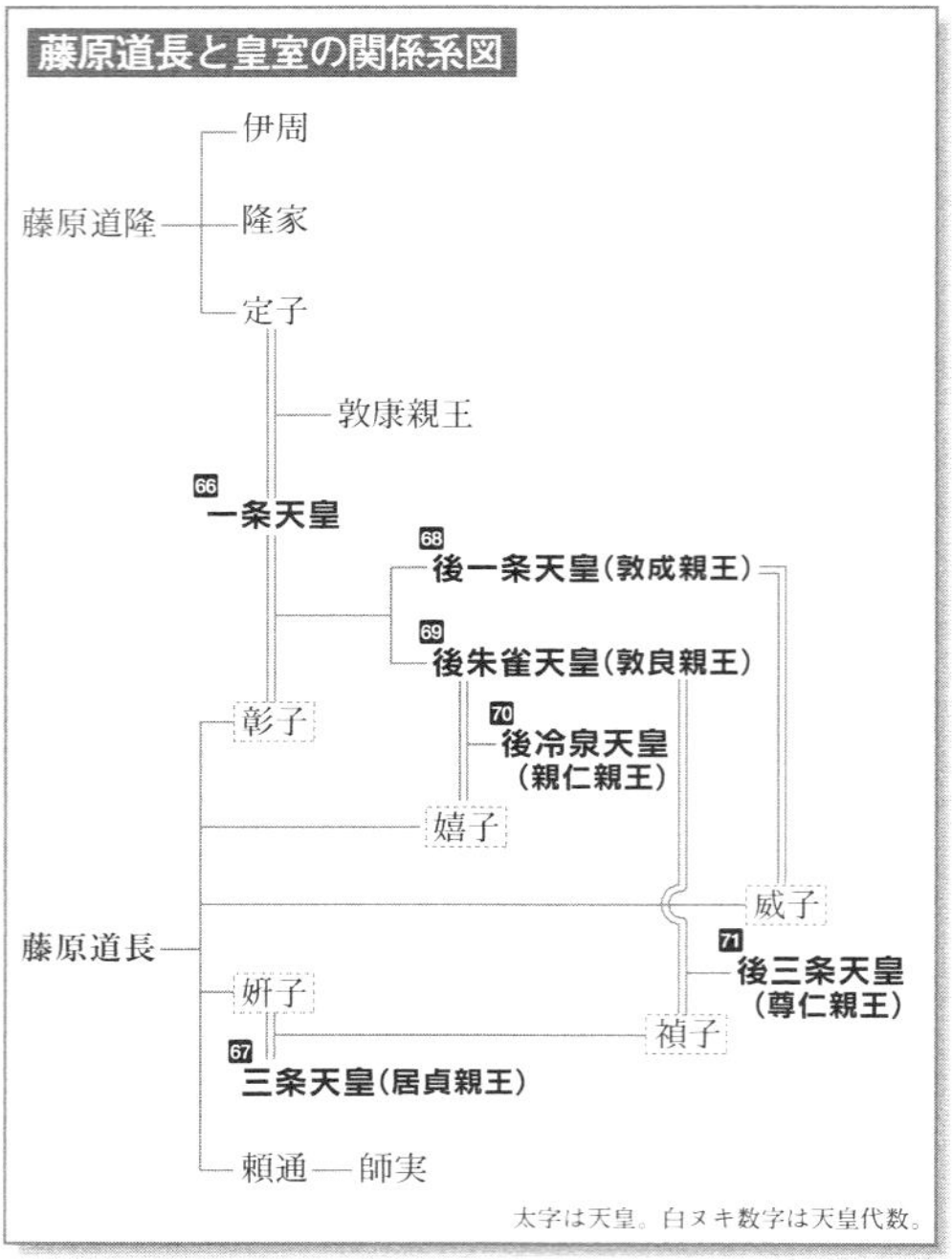

藤原道長と皇室の関係系図
太字は天皇。白ヌキ数字は天皇代数。

条院《じょういん》という院号を授けられ、太上天皇に準じる待遇を受けたが、のちに出家して永承六年（一〇五一）まで生きた。

寛仁二年十月十六日、その年の春に入内していた道長の三女・威子《いし》が立后して中宮となる宣命が下された。これで道長は、三人の娘がすべて后位につくことになった。内裏紫宸殿で立后の儀が行われた後、公卿たちが道長の土御門第《つちみかどてい》に赴くと、そこにはすでに祝宴の用意がなされていた。

摂政・頼通と中宮大夫《ちゅうぐうだいぶ》・藤原斉信《ただのぶ》の奉仕による一献《いっこん》を皮切りに、次々に酒杯が重ねられた。

宴たけなわのざわめきのなかで、道長があらかじめ実資に返歌することを求めたうえで、即席に詠じたのが有名な「望月《もちづき》の歌」である。「此の世をば我が世とぞ思ふ望月の　虧《か》けたる事も無しと思へば」――。実資は「あまりに優美な歌なので、返歌はできません。皆でこの歌を誦《しょう》することにさせてください」と言って逃げたが、道長はあえて責めなかったという（『小右記』）。

ここに一家の栄華はきわまり、得意の絶頂にあった道長ではあるが、自らの日記『御堂関白記《みどうかんぱくき》』には、この歌そのものは書き留めていない。じつはこの年の夏ごろから、道長は「胸病」に悩んでおり、翌年三月には出家して、やがて土御門第の東に九体阿弥陀堂《あみだどう》を中心とする法成寺《ほうじょうじ》の伽藍《がらん》を営むに至る。そして後一条天皇は、威子とのあいだに章子《しょうし》・馨子《かおるこ》両内親王の出生を見たが、ついに男子は生まれなかった。長元九年（一〇三六）四月に崩じ、菩提樹院《ぼだいじゅいん》の陵《みささぎ》（京都市左京区吉田神楽岡町《かぐらおかちょう》）に葬られた。（竹居）

第六九代　後朱雀《ごすざく》天皇　一〇〇九～一〇四五（在位：一〇三六～一〇四五）

●実らなかった関白・藤原頼通らの外戚政策

後朱雀天皇は一条天皇の第三皇子で、第二皇子・敦成親王（のちの後一条天皇）の弟である。母は藤原道長の娘・彰子。寛弘六年（一〇〇九）十一月二十五日、兄と同じく道長の土御門第で生まれた。ひとつ違いの兄弟は仲睦まじく育ち、それは『栄花物語《えいがものがたり》』に「若宮、今宮うちつづき走り歩かせ給《たま》ふも」とあることからもうかがえる。

翌年正月、親王宣下をうけ、寛仁元年（一〇一七）八月九日、三条天皇の皇子・敦明親王の皇太子辞意により、前年二月に即位したばかりの後一条天皇の皇太子となる。寛仁四年二月、道長の三女・嬉子《きし》が東宮に入った。

十九歳のとき、外祖父・道長が没し、その子・頼通が引きつづき関白となった。長元九年（一〇三六）四月十七日、兄・後一条天皇が清涼殿で崩御すると、その遺詔により、喪を秘して、その日のうちに受禅し、七月十日、即位の儀をとり行ったとされる。

後朱雀天皇は子宝に恵まれた。嬉子とのあいだに親仁《ちかひと》親王（のちの後冷泉天皇）、三条天皇の皇女・禎子《ていし》内親王とのあいだに尊仁《たかひと》親王（のちの後三条天皇）・良子《りょうし》内親王・娟子《けんし》内親王、敦康《あつやす》親王の娘・嫄子《げんし》女王とのあいだに祐子《ゆうし》内親王・禖子《ばいし》内親王、藤原頼宗《よりむね》の娘・延子《えんし》とのあいだに正子《せいし》内親王を、それぞれもうけている。

和歌を好み、『後拾遺《ごしゅうい》和歌集』『新古今和歌集』『続古今和歌集』『新千載《しんせんざい》和歌集』に歌が残されている。また、日記『後朱雀天皇宸記』を著した。寛徳二年（一〇四五）正月十六日、後冷泉天皇に譲位し、その二日後、落飾、法名を精進行《しょうじんぎょう》と称したその日に、東三条第《ひがしさんじょうてい》で崩御した。遺骨は円乗寺陵《えんじょうじのみささぎ》（京都市右京区龍安寺朱山）に葬られた。（坂井）

第七〇代　後冷泉《ごれいぜい》天皇　一〇二五～一〇六八（在位：一〇四五～一〇六八）

●摂関藤原氏の退潮と末法思想の流行

後冷泉天皇は、万寿二年（一〇二五）八月三日、東宮・敦良親王（のちの後朱雀天皇）の第一皇子として、外祖父・藤原道長の土御門第で生まれた。母は道長の娘・嬉子。長元九年（一〇三六）十二月二十二日、親王宣下。元服してすぐの長暦元年（一〇三七）八月十七日、後朱雀天皇の皇太子となる。寛徳二年（一〇四五）正月十六日、二十一歳で受禅し、四月八日に即位した。このとき皇太子には、後朱雀天皇の遺詔にしたがい、異母弟の尊仁親王（のちの後三条天皇）が定められた。

当時、藤原氏の権勢は揺るぎなく、後冷泉天皇も関白・藤原頼通を頼りとした。中宮に後一条天皇の皇女・章子《しょうし》内親王、皇后に藤原頼通の娘・寛子《かんし》、藤原教通《のりみち》の娘・歓子《かんし》がなったが、いずれも後継者を生まなかった。

治世中、陸奥《みちのく》で安倍《あべ》氏が乱を起こし、九年間におよぶ戦乱、いわゆる「前九年《ぜんくねん》の役」が起こった。さらに翌年の永承七年（一〇五二）は仏法で説く末法《まっぽう》の世の第一年目にあたっていたこともあって、社会不安はますます広がった。天喜元年（一〇五三）、関白・頼通《よりみち》が宇治に阿弥《あみ》陀堂《だどう》（平等院鳳凰堂《びょうどういんほうおうどう》）を建立すると、天皇はそこに何度も行幸している。

治暦四年（一〇六八）四月十九日、高陽院《かやのいん》で崩じ、円教寺陵《えんきょうじのみささぎ》（京都市右京区龍安寺朱山）に葬られた。『後拾遺和歌集』『金葉《きんよう》和歌集』『詞花《しか》和歌集』『新古今和歌集』『玉葉《ぎょくよう》和歌集』などに七首を残した。日記『後冷泉院御記《ぎょき》』があったというが、現存していない。（坂井）

第七一代 後三条《ごさんじょう》天皇 一〇三四〜一〇七三（在位：一〇六八〜一〇七二）

●藤原氏を抑え、天皇親政の回復をめざす

後三条天皇は、敦良親王（のちの後朱雀天皇）の第二皇子として、長元七年（一〇三四）に生まれた。母は三条天皇の娘で皇后の禎子内親王。諱は尊仁で、第一皇子は異母兄の親仁親王（のちの後冷泉天皇）である。禎子内親王は、その母・妍子が藤原道長の娘だったことから、さぞかし権勢を誇る藤原氏の庇護をうけたかと思いがちだが、藤原氏との縁が薄く、長元九年（一〇三六）、父・敦良親王が践祚してまもなく親王宣下をうけた尊仁親王も、やはり権勢の外におかれた。

しかし、尊仁親王は幼時からすぐれた資質を認められていた。長久元年（一〇四〇）十二月十七日、七歳の尊仁親王が父・後朱雀天皇に参観したとき、当時、蔵人頭であった藤原資房《すけふさ》は、その日記『春記《しゅんき》』に「親王初めて七歳、而《しか》るに進退度《はかり》あり、礼儀失《しつ》なし。上下感歎せざる

なし」と書き留めている。後朱雀天皇も臨終の場で「二宮《にのみや》思い隔《へだ》てず」と胸中を吐露するなど、皇太子・親仁親王以上にその身を案じていた。

荘園・国衙領の構造

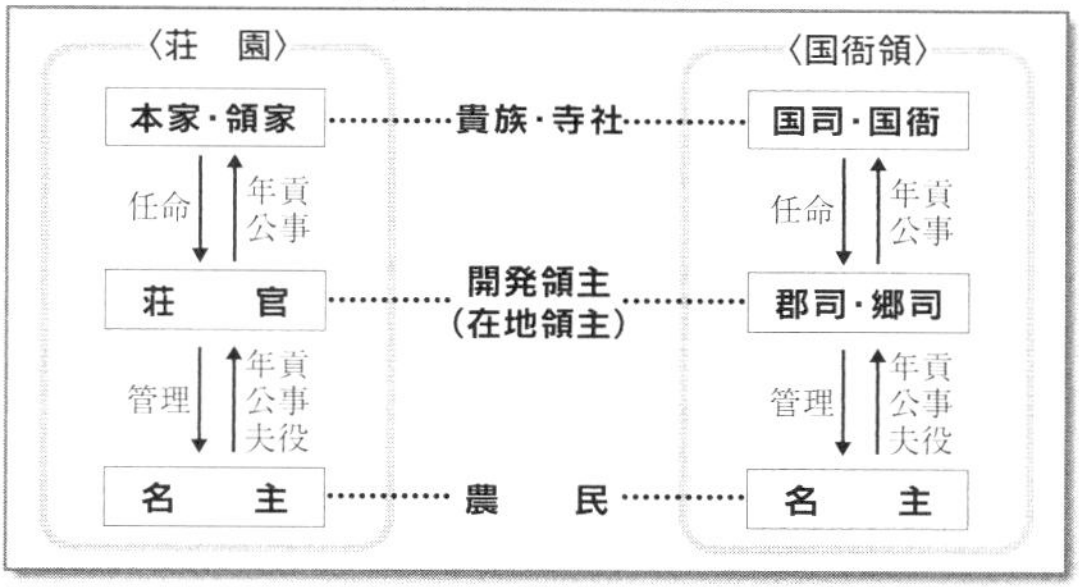

寛徳二年（一〇四五）正月、兄・後冷泉天皇の践祚にともなって皇太弟となり、翌年の永承元年（一〇四六）十二月に元服すると、まもなく大納言・藤原能信《よしのぶ》の養女・茂子《もし》を妃とした。能信は、三条天皇の中宮となった妍子に長く仕え、その孫にあたる尊仁親王には格別の思いがあった。皇太弟に尊仁親王を強く推挙したであろうことは、容易に想像できる。

治暦四年（一〇六八）四月、後冷泉天皇の崩御後すぐに践祚した後三条天皇は、藤原摂関家を外戚としていなかったので、積極的に親政を推進することができた。在位はわずか五年（実質四年半）であったが、「世を治め給ふこと昔かしこき御世にも恥じず」といわれるほど多くの治績をあげ、英主の名を残した。

なかでも特筆すべきは荘園整理事業で、延久元年（一〇六九）二月に「延久の荘園整理令」を出している。寛徳二年以降の荘園を認めないというもので、たとえそれ以前のものでも国務を妨げる荘園を整理した。同年閏十月に太政官に設置した記録荘園券契所《きろくしょうえんけんけいしょ》（記録所）は、それを厳しく実施するための専門の役所であり、藤原氏の荘園とて例外ではなかった。荘園の経済力は摂関政治権力の根源である。かつて関白・藤原頼道《よりみち》が「少しは君をあなどりまいらせて世をわが世に」とうそぶき、兄・後冷泉天皇を軽んじたことを、後三条天皇は二十四年に及ぶ東宮時代に見ており、摂関政治の悪弊と禍根《かこん》を知っていたのである。頼道は、やがて関白職を弟の教道《のりみち》に譲って引退してしまった。

延久四年十二月、病を得た後三条天皇は、皇后・茂子が生んだ皇太子・貞仁《さだひと》親王（白河天皇）に皇位を譲り、女御・源基子《きし》が生んだ実仁《さねひと》親王を皇太弟に立てた。翌五年五月に崩じ、円《えん》宗寺陵《しゅうじのみささぎ》（京都市右京区龍安寺朱山）に葬られたが、帝の崩御を聞いたとき、それまで相容れなかった頼通でさえもが、「末代の賢主を失ったのは、まことに本朝の不運だ」と嘆息したという。（坂井）

第七二代　白河《しらかわ》天皇　一〇五三～一一二九（在位：一〇七二～一〇八六）

●半世紀にわたり院政を独占した「治天の君」

白河天皇が即位したのは延久四年（一〇七二）十二月八日、二十歳のときであった。藤原摂関家の独裁を許さず、天皇親政の強化につとめた後三条天皇が、在位わずか五年で第一皇子・貞仁親王（白河天皇）に譲位した真意は、藤原氏に再び外戚の地位を回復させることなく、女御・源基子とのあいだにもうけた二宮・実仁親王を東宮に立て、次の皇位を継がせることにあった。さらに譲位直後、基子が三宮・輔仁《すけひと》親王を生むと、ゆくゆくは輔仁親王をも皇嗣にしようと願った。自らは上皇としての立場から、政治をコントロールしようと考えたのである。

新帝・白河天皇の母は権中納言・藤原公成《きんなり》の娘・茂子である。関白・藤原頼通の異母弟・藤原能信の養女となり、後三条天皇の妃となった。また天皇は、源顕房の娘で藤原師実の養女として入内した中宮・賢子《けんし》にひとかたならぬ思いを寄せている。このように藤原氏と深い関係をもつ白河天皇は、当初から異母弟に皇位を譲るべく運命づけられて即位したのであった。

ところが半年後の延久五年五月、後三条天皇があっけなく崩御した。翌年には摂関家の長老の藤原頼通が死去し、つづいて後宮の老太后・彰子、さらにその翌年には関白・藤原教通というふうに、藤原氏全盛時代の生き残りが相次いで世を去った。こうした藤原氏の著しい衰退により、白河天皇は、政権を摂関家から取り戻すという点において、父・後三条天皇の遺志を継ぐことができた。荘園整理による藤原氏の経済的基盤の切り崩しは、その最たるものである。

しかし白河天皇は、皇位の継承については、後三条天皇と違って強硬な態度でのぞんだ。践祚のときこそ、父の意向を汲んで基子を母とする異母弟・実仁親王を皇太子に立てたが、応徳二年（一〇八五）に皇太子が病没すると、三宮・輔仁親王を東宮にとの父の遺命にそむき、前年に急逝した中宮・賢子とのあいだにもうけた善仁《たるひと》親王を東宮に立てた。そして翌年十一月二十六日、天皇はにわかに譲位して、その日のうちに、わずか八歳の善仁親王を皇太子とした。この新帝が堀河天皇であった。こうして白河上皇となったこの日から、幼い堀河天皇の後見として朝権を支配する、いわゆる院政が開始されてゆくことになる。

白河天皇がかくも善仁親王への皇位継承にこだわったのには、それなりの理由があった。今は亡き賢子への深い寵愛である。賢子が二十八歳で急死したときには、天皇はその屍《しかばね》をいつまでも抱きつづけ、悲嘆のあまり、退位すら考えたほどであったという。全国各地に寺を建て、仏像を造って、ひたすらその菩提《ぼだい》を弔《とむら》った。

すでに在位中の承保三年（一〇七六）、白河の地に法勝寺《ほっしょうじ》（京都市左京区岡崎法勝寺町付近）を建立するなど、白河天皇の仏教への帰依《きえ》はよく知られていたが、賢子の死をきっかけに、さらに道心《どうしん》を深めたのであろう。

永長元年（一〇九六）、最愛の皇女・媞子《ていし》内親王（郁芳門院《いくほうもんいん》）が亡くなると、落飾・出家して法皇となった。このとき受戒せず、法名も定めなかったとされるが、ひそかに受戒し、融観《ゆうかん》と号したとする記録も残っている。

しかし、天皇の上に上皇（法皇）がいて、詔勅よりも院宣《いんぜん》が権威をもつ院政がある以上、天皇はしょせん、飾りものにすぎなかった。やがて関白・藤原師通《もろみち》が没し、嘉承二年（一一〇七）七月十九日、堀河天皇が急死すると、白河院政は一気に強化されていく。すなわち、「天下の心、三宮（輔仁）に帰す」と、かつて東宮を予定されていた輔仁親王ではなく、わずか五歳の東宮・宗仁《むねひと》親王の即位（鳥羽天皇）を実現させたのである。

鳥羽天皇の即位六年目には、輔仁親王を支持していた村上源氏を除き、輔仁親王を謹慎させて、皇位の望みを完全に断ち切った。両者が共謀して天皇を殺害しようとしているとの密告があったためだが、この策謀の陰に白河法皇がいたことは言うまでもない。元永二年（一一一九）五月、鳥羽天皇の第一皇子・顕仁《あきひと》親王が生まれた。法皇の曾孫であり、これで皇嗣の不安はなくなった。保安四年（一一二三）にはこの皇子が即位し、崇徳天皇となる。

こうして天皇の祖父・白河法皇の独裁政治はいよいよ本格化していった。上皇のとき、院御所の北側においた護衛の「北面《ほくめん》の武士」を支えに、皇位の継承はもとより、官使の除目《じもく》・叙《じょ》位《い》、後宮の序列もすべて意のままに行った。

白河法皇の専制君主ぶりを示す逸話は数多くあり、たとえば『古事談』は次のように記している。あるとき法勝寺で金泥一切経《こんでいいっさいきょう》を供養しようとしたところ、大雨にたたられて三度も延期した。四度目となったその日も雨が降りだし、ついに怒った法皇は、雨を器に受けさせ、これを獄《ごく》に入れたという。また『平家物語《へいけものがたり》』や『源平盛衰記《げんぺいじょうすいき》』によれば、法皇は「賀茂《かも》川の水、双六《すごろく》の賽《さい》、山法師《やまほうし》」の三つを「朕《ちん》が心に従わざるもの」、すなわち「天下三不如意《ふにょい》」としてあげ、大いに嘆いたという。

賀茂川の水とは、雨期になるとたびたび氾濫する賀茂川を指すが、自然現象が人間の自由にならないのは、今も昔も変わりはない。双六の賽とは、そのころ賭博が横行し、社会の治安が乱れていたことを憂慮したものである。そして山法師。法皇が心底から嘆いたのは、この僧兵のことで、延暦寺《えんりゃくじ》や興福寺《こうふくじ》などの大寺は、僧位僧官や利害が対立する国司の追放などを要求するため、僧兵を入京させて朝廷・摂関家に直訴した。僧兵の強訴《ごうそ》は、白河親政および院政期にもっとも頻繁に起こり、朝廷・院を震撼させた。

これは裏を返せば、この三つ以外のことであれば、すべて己の意のままにしてみせるという、法皇の並々ならぬ自信の表明ともいえるだろう。しかし、白河法皇の独裁政治は、やがて朝廷に大きなツケとなって返ってくる。崇徳天皇の在位六年目にあたる大治四年（一一二九）七月六日、法皇はにわかに病を得て、翌七日、西方浄土《さいほうじょうど》を念じながら薨《こう》じた。御陵は成菩提院陵《じょうぼだいいんのみささぎ》（京都市伏見区竹田浄菩提院町）。親政十四年、院政四十四年もの長きにわたり、その間に譲ったのは皇位だけという、政治に倦《う》むことのない生涯であった。

法皇の崩御に際して、側近の藤原宗忠《むねただ》はその事績を冷静に述懐している。すなわち、「意にまかせ、法にかかわらず除目・叙位を行う。その威権は四海《しかい》に満ち、天下これに帰服した」、「理非は果断、賞罰は分明」とたたえつつも、「愛悪が掲焉《けちえん》（はっきりし）、貧富の差別も顕著で、男女の殊寵《しゅちょう》（特別の寵愛）が多かったので、天下の品秩《ほんちつ》（身分秩序）が破れ、上下衆人も心力《しんりょく》に堪えなかった」と、なかなか辛辣に述べているのである。

事実、法皇を嘆かせた「天下三不如意」のひとつ、山法師のように、十世紀以降、僧兵に代表される寺院の武力化は顕著となり、彼らはしばしば入京して強訴し、多くの場合、朝廷はこれに屈服せざるを得なかった。有力寺院同士の抗争事件も続出する混乱した政治情勢にあって、法皇はこれといった打開策を打ち出すことができなかった。

こうした武装集団に対抗するため、上皇時代に設置した「北面の武士」は、元永元年（一一一八）ごろには、その数「千余人に及ぶ」といわれるまでに強大化した。皮肉にもこれが武士の中央政権進出の足場となり、かえって朝廷の立場を危うくすることになるのである。（坂井）

第七三代 堀河《ほりかわ》天皇 一〇七九～一一〇七（在位：一〇八六～一一〇七）

●父の白河上皇にも威服しない「末代の賢王」

堀河天皇は白河天皇の第二皇子で、母は関白・藤原師実《もろざね》の養女・賢子《けんし》。父帝とは対照的に、もの静かで心やさしく、政治よりも和歌・管絃《かんげん》などに心を寄せ、笙・笛は堪能であったという。

十三歳のとき、白河上皇のはからいで、叔母にあたる後三条院の篤子《とくし》内親王を女御に迎えた。内親王は三十二歳。十九歳も年長の叔母を入内させた白河上皇の真意はいかなるものであったか。おそらく外戚としての藤原摂関家の権勢を抑制するためだったのであろう。藤原氏は、篤子内親王が藤原氏の出身でないことが不満であるうえ、年齢的にも不釣合いなこの結婚に無関心をよそおい、入内の夜、車の用意すらしなかった。

その後、御子の生まれないまま、堀河天皇は、これまた上皇のすすめる藤原実季《さねすえ》の娘・苡子《いし》を女御とし、ようやく第一皇子・宗仁親王をもうけた。のちの鳥羽天皇である。このとき、白河上皇は「長年、皇子の生まれることだけを願っていた」と、涙を流してよろこんだという。

ところで、堀河天皇には政治への関心がなかったかというと、そうとも言い切れない。あるとき、乳母・藤原兼子《けんし》の女房と護衛の武士が院側から検挙されるという事件が起こった。天皇は怒って御殿に籠ったまま、数日間、出てこなかったという。

白河院政は、子の堀河天皇、孫の鳥羽天皇、叔父子といわれた曾孫の崇徳天皇の三代にわたった。その前半期、すなわち堀河天皇在位中の二十二年間は、「治天の君」とはいえ、上皇はまだ専制的な独裁政治を行うまでには至っていなかった。その盛時ほどの権勢はないにしても、藤原摂関家はまだまだ健在で、とくに外祖父の関白・藤原師通は、上皇の政治にしきりに口出しした。堀河天皇も成長するにつれ、「末代の賢王」(『続古事談』)とたたえられた天性のすぐれた才智で、道理にかなった政治を行ったため、しばしば上皇と衝突するようになった。

白河、堀河、鳥羽の三代に仕えた官人・藤原宗忠《むねただ》は、そのころの政治を「政令二途《にと》に出て、末代の乱世はこの天下二分からなる」(『中右記《ちゅうゆうき》』)と、堀河天皇・師通を中心とする朝廷政治と白河上皇の院政との対立がきわめて深刻であったことを伝えている。御陵は後円教寺陵《のちのえんきょうじのみささぎ》(京都市右京区龍安寺朱山)である。(坂井)

第七四代 鳥羽《とば》天皇 一一〇三～一一五六（在位：一一〇七～一一二三）

白河院政を継承しながら平氏を登用

鳥羽天皇は堀河天皇の第一皇子（宗仁親王）。生後まもなく母を亡くし、祖父・白河法皇のもとで育てられた。祖父の気質を受け継いだのか、幼時から気性が激しく、「北面の武士」の顔に矢を射かけたこともあったという。嘉承二年（一一〇七）七月十九日、父帝崩御のあとをうけて五歳で皇位についたが、幼帝を立てた白河法皇は、政治の実権を掌握し、鳥羽天皇が成長するに至っても、その専制は内房のことにまで及んだ。

鳥羽天皇が十五歳になったとき、法皇は猶子である十八歳の璋子《しょうし》（権大納言・藤原公実《きんざね》の娘）を天皇の女御として入内させた。璋子は稀にみる美貌の持ち主で、法皇はじつの娘以上の愛情を注ぎ、すでに肉体関係まであったという。そればかりか、のちに璋子が女院に列し、待賢門《たいけんもん》院《いん》と呼ばれるようになっても、その関係はつづくのである。

入内の翌々年、皇后となっていた璋子は第一皇子・顕仁親王を生んだが、これが法皇の子であることを疑う者はだれ一人としていなかった。鳥羽天皇自身も、この皇子を「叔父子《おじこ》」と呼んで、最後まで愛情を示さなかったという。しかし、だからといって天皇が璋子を拒絶したわけではなく、奇妙な三角関係をつづけながら、のちに三皇子、二皇女をもうけている。

保安四年（一一二三）正月二十八日、鳥羽天皇は二十一歳の若さで顕仁親王に譲位して、上皇となった。顕仁親王の速やかな即位を望む白河法皇に、退位を強請されたことは言うまでもない。新帝・崇徳天皇を擁し、本院・白河法皇の院政はさらにつづいた。その間、新院・鳥羽上皇は傍役に甘んじたが、六年後の大治四年（一一二九）七月七日、法皇の崩御によって、ようやく「治天《ちてん》の君」として、院中に実権をふるうことができるようになった。

鳥羽院政の到来は、白河法皇に愛されて皇位を継いだ崇徳天皇および待賢門院の将来に不安な影を落とすものであった。鳥羽上皇は、十年間も宇治《うじ》に籠居《ろうきょ》していた前《さきの》関白・藤原忠実《ただざね》を復帰させて内覧《ないらん》の宣旨を与え、さらに権中納言・藤原長実《ながざね》の娘・得子《とくし》（美福門院《びふくもんいん》）を院の女御として入内させた。待賢門院の心中は穏やかであろうはずがない。

鳥羽上皇は、若くて魅力的な得子との愛に溺れ、毎夜のように通いつめて、ついに皇子・体《なり》仁《ひと》親王をもうける。正真正銘のわが子である。上皇は体仁親王を押しつけるように崇徳天皇の養子にさせ、東宮とした。その二年後の永治元年（一一四一）三月、鳥羽上皇はにわかに出家して法皇となり、十二月には崇徳天皇に迫って譲位させ、わずか三歳の体仁親王を皇位につかせた。近衛天皇である。ところが、このときの宣命が大きな禍根を残した。

なぜなら崇徳天皇は、体仁親王を皇太子にと考えていたが、譲位の宣命には「天皇、位を皇太弟に譲る」と記されていたからである。これでは譲位後の崇徳上皇に院政を行う機会は永久に訪れない。上皇と法皇とのあいだに抜きがたいしこりが残った。

久寿二年（一一五五）七月、近衛天皇が皇子のないまま十七歳で崩御したとき、皇嗣問題が持ち上がった。崇徳上皇に政権復帰のチャンスがめぐってきたかに思われたが、美福門院らに動かされた鳥羽法皇の宣下は、上皇に厳しいものであった。なんと法皇は、崇徳上皇の同母弟にあたる第四皇子・雅仁《まさひと》親王（後白河天皇）を皇位につけたのである。

こうした強引な皇位継承が保元の乱を招く一因となるのだが、その勃発直前の保元元年（一一五六）七月二日に崩じ、安楽寿院陵《あんらくじゅいんのみささぎ》（京都市伏見区竹田内畑町）に葬られた。（坂井）

第七五代　崇徳《すとく》天皇　一一一九〜一一六四（在位：一一二三〜一一四一）

●保元の乱を起こして敗れ、配流の讃岐で憤死

元永二年（一一一九）六月二十八日、鳥羽天皇の第一皇子として顕仁親王が生まれた。そのときの白河法皇のよろこびようは、異常とも思えるほどだった。崇徳天皇の母・璋子（待賢門院）とは、彼女が鳥羽天皇の中宮として入内する前から特別な関係にあったからである。

保安四年（一一二三）正月二十八日、鳥羽天皇の譲位をうけて即位した崇徳天皇にとって、父から「叔父子」と呼ばれることが不幸のはじまりであった。白河法皇の存命中は、その庇護にあずかることができたが、大治四年（一一二九）七月に法皇が崩御すると、その日を境に、

天皇と生母・待賢門院の権勢は衰退の一途をたどる。

皇子のなかった崇徳天皇は、保延五年（一一三九）に鳥羽上皇の寵妃・得子（美福門院）の生んだ体仁親王を養子にして東宮に立てたが、皮肉なことに翌年、待望の皇子・重仁《しげひと》親王が生まれた。すると鳥羽上皇は、重仁親王を引き取って女院の猶子にしたばかりか、翌年には出家して法皇となり、崇徳天皇にも譲位させ、体仁親王を即位させた。近衛天皇である。

ところが、生来病弱であった近衛天皇は、久寿二年（一一五五）七月、一人の皇子女ももうけないうちに十七歳の若さで崩じた。崇徳上皇は自らが重祚するか、嫡子・重仁親王を即位させるかのいずれかを望んだが、あろうことか鳥羽法皇は、上皇の同母弟にあたる第四皇子・雅仁親王（後白河天皇）を皇位につけ、新帝の中宮に迎えた大納言・大炊御門《おおいみかど》（藤原）経実《つねざね》の娘・懿子《いし》が生んだ守仁親王を東宮としたのである。

わが子を皇位に、という崇徳上皇の望みはここに完全に断たれた。保元元年（一一五六）七月二日、法皇が崩御すると、十一日未明、上皇は左大臣・藤原頼長《よりなが》らと組み、兵を挙げた。保元の乱の勃発である。しかし、兵数で劣る上皇方は数時間であっけなく敗れ、上皇は逃げ込んだ仁和寺で出家したが、まもなく捕らえられ、讃岐国（香川県）へ流された。

わびしい配所暮らしのなか、三年がかりで五部の大蔵経《だいぞうきょう》を書写し、高野山にでも納めてほしいと都に送った。しかし、後白河天皇は「罪人の手跡を京に入れてはならぬ」とこれを許さず、送り返されてきた写経を目にした崇徳上皇は天皇を呪って、経の末尾に「われ日本国の大魔王なり、皇を取って民となし、民を皇となさん」と血書《けっしょ》し、海底深くに沈めたという。

それ以来、髪も爪も切らず、やせ衰えて、崇徳上皇は悲憤のうちにその生涯を閉じ、白峯陵《しらみねのみささぎ》（香川県坂出市青海町《おおみちょう》）に葬られた。上皇の遺体を火葬にしたとき、その煙は都のほうへたなびいたという。ほどなく京は延暦寺僧兵の強訴や大火に見舞われ、貴人の死去が相次いだ。人々はこれを上皇の怨霊の祟りとして恐れおののいたという。（坂井）

第七六代 近衛《このえ》天皇 一一三九～一一五五（在位：一一四一～一一五五）

●三歳で即位したが、ほぼ失明状態で崩御

近衛天皇は、保延五年（一一三九）五月十八日、鳥羽天皇の第八皇子として生まれた。母は権中納言・藤原長実《ながざね》の娘・得子（のちの美福門院）。誕生後まもなく親王宣下をうけた。

永治元年（一一四一）十二月七日、異母兄・崇徳天皇の譲位にともない、わずか三歳で践祚。鳥羽上皇が強引に行ったものであった。このとき、崇徳天皇は体仁親王を皇太子と考えていたが、譲位の宣命には「皇太弟」と書かれていた。皇太弟では、退位後の崇徳天皇は院政をしくことができない。父・鳥羽上皇に謀られた怨みが、やがて保元の乱を招来する。

久安六年（一一五〇）の元服を待っていたかのように、藤原忠通・頼長兄弟の養女が相次い

で入内・立后し、これが兄弟抗争の要因となった。娘に一日も早く皇子を生ませ、外戚の地位を得ようとしたのである。しかし頼みの近衛天皇は、病と称して内裏から出ることなく、女御たちと馬乗りごっこをして遊ぶ、あどけない少年で、皇子女をもうけることができなかった。

儀礼を学び、学問も修めたが、久寿二年（一一五五）七月二十三日、近衛殿において崩御し、安楽寿院《あんらくじゅいん》南陵《みなみのみささぎ》（京都市伏見区竹田内畑町）に葬られた。わずか十七歳という夭折に関して、反上皇派による呪詛によるものとの噂が流れ、上皇の逆鱗《げきりん》にふれた藤原忠実・頼長父子は政界から追放された。そこに関白・忠通の策謀があったことは疑いの余地がない。（坂井）

第七七代 後白河《ごしらかわ》天皇 一一二七〜一一九二（在位：一一五五〜一一五八）

●平氏を手玉にとって朝廷の威信を保持

鳥羽院政末期の久寿二年（一一五五）七月二十三日、十七歳の若さで崩御した近衛天皇のあとをうけて皇位についたのは、近衛天皇の異母兄で崇徳上皇の同母弟にあたる二十九歳の四《しの》宮《みや》・雅仁親王（後白河天皇）であった。「天皇は東宮のごとし」といわれ、幼少での即位がふつうであった院政下にあって、このあまりに熟《う》れすぎた新帝の登極《とうきょく》はたしかに異例ではあったが、後白河天皇がこれ以後、およそ半世紀にわたって「治天の君」として公家政治の中枢に居座りつづけようとは、このとき誰が予測できたであろうか。

崇徳上皇からは「文にもあらず、武にもあらず」と、また鳥羽法皇からも「いたく沙汰《さた》だしく（ひどく評判になるほど）御遊びなどありとて、即位の御器量にはあらず」（『愚管抄』）と酷評されていたように、若いころから遊興に明け暮れる「今様《いまよう》狂い」の雅仁親王は、本人すら、ほとんど期待もしなかった皇位につくことになった。これには、意外ないきさつがあった。

近衛天皇の崩御で皇位継承問題が生じたとき、鳥羽法皇と美福門院（法皇の寵妃・得子）は、本心では、美福門院の猶子となっている雅仁親王の皇子・守仁親王を立てたかったが、さすがに雅仁親王をさしおいてというわけにはいかない。そこで、ひとまず雅仁親王を立て、次に守仁親王への譲位をという腹づもりであった。三十歳近くまで東宮の声さえかかることなく、今様にうつつを抜かす暗愚《あんぐ》な四宮である。意のままになると考えたのも無理はなかった。

たしかに後白河天皇は、それから三年後の保元三年（一一五八）には十六歳の第一皇子・守仁親王に帝位を譲って二条天皇を誕生させ、自らは上皇になった。だが、後白河天皇がその本領であるしたたかさを発揮するのは、じつにこのときからである。

即位後すぐに起こった保元の乱で、崇徳上皇との政権争いに勝利し、兄・上皇を讃岐国に島流しにするという非情な帝王ぶりをみせた後白河天皇は、上皇として院政をしいた翌年の平治元年（一一五九）、新たな試練に見舞われることになる。平治の乱である。保元の乱の後、後白河上皇は藤原一門の中で最大の勢力を誇る藤原信西《しんぜい》（通憲《みちのり》）を重用して政治を行ったが、信西は上皇に代わって政治を切り回し、世に「黒衣《こくえ》の宰相」といわれるほどであった。

ところが、ここに強力なライバルが出現した。同じく上皇の寵愛を得た権中納言・藤原信頼《のぶより》や源義朝《よしとも》らである。やがて両者の反目は信頼と義朝を首謀者とするクーデターに発展し、信西を自害させたものの、結局は上皇側についた平清盛《きよもり》の兵力の前に鎮圧されてしまった。

後白河帝が天皇即位から上皇としての治世に幕を下ろすまでの三十年余、すなわち十二世紀半ばから後半にかけては、保元・平治の両乱を契機に、それまで「地下《じげ》よ、犬よ」と賤《いや》しめられてきた武士が、主君である朝廷・公家に反旗をひるがえし、互いに妥協と抗争をつづけながら、ついには自らの優位を築くに至った、まことにめまぐるしい時代であった。

保元の乱は、源義朝、平清盛という武士の二大実力者を誕生させ、そして平治の乱で源氏を蹴落とした清盛は、さながら急坂を一気に駆けのぼるように、宿願であった武家の棟梁《とうりょう》の座を占め、それとともに王朝公卿をも平伏《へいふく》させて、わが世の春を謳歌《おうか》することになる。その後、治承・文治の内乱、すなわち源平の争乱を経て、武士階級の著しい威権の拡大があり、ついに源頼朝によって武家政権が鎌倉の地にうち立てられるのである。

こうした激動期にあって、つねに京の公家政治、院政の中心に君臨し、その主導者として強力な専制政治を貫いて、公家政権の存続に邁進しつづけた人物こそが、後白河上皇その人であった。そして平治の乱の後、後白河上皇が最も頼りにしたのは平清盛であり、その力を利用することによって権勢の強化を図ろうとした。平氏一門が公卿、殿上人《てんじょうびと》に列し、総帥・清盛も内大臣を経て太政大臣にまで出世するというすさまじいばかりの昇進を遂げたのも、すべて上皇の後押しがあってのことである。

この間、朝廷では皇位の継承がみられ、永万元年（一一六五）七月、病弱の二条天皇に代わって皇子の順仁《のぶひと》親王（六条天皇）が即位したが、わずか二歳であったため、国務は祖父の後白河上皇がみた。このころはまだ、二条・六条の両天皇のそばでは近臣が目を光らせており、上皇にもいくらかの遠慮があったようである。

院政中心の皇室系図

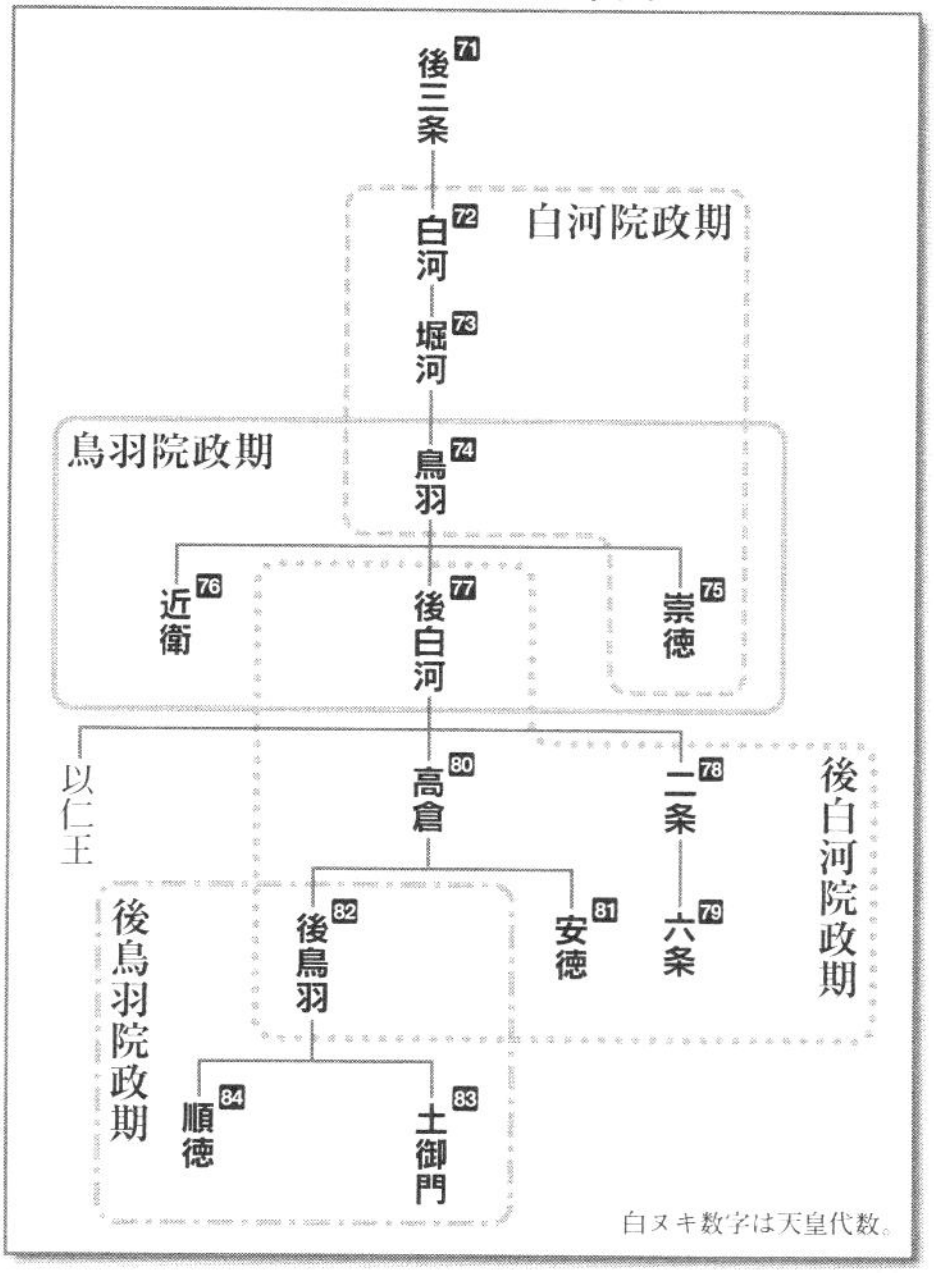

それでも仁安三年（一一六八）二月、六条天皇を退位させ、滋子《しげこ》（建春門院《けんしゅんもんいん》。平時信《ときのぶ》の娘で清盛の義妹にあたる）とのあいだに生まれたわずか八歳の第四皇子・憲仁《のりひと》親王（高倉天皇）を即位させたときには、上皇は政治の実権を完全

に掌握していた。出家して法皇となり、法名を行真《ぎょうしん》と称するのはその翌年のことである。

一方、清盛は、承安二年（一一七二）二月十日、次女の徳子《とくこ》（建礼門院《けんれいもんいん》）が高倉天皇の中宮として入内し、天皇の外戚になるという年来の望みがかなったことで、その栄華はいよいよ頂点に達したかのようであった。だが、増長する清盛を、法皇はしだいにうとましく思うようになり、寵妃の建春門院がこの世を去ると、法皇と清盛との蜜月関係はついに破局を迎える。

治承元年（一一七七）七月、法皇の近臣が鹿ヶ谷《ししがたに》（京都市左京区）で打倒平氏の密議をこらして発覚し、側近はことごとく処断されたが、法皇はその後も執拗に平氏を挑発しつづけ、同三年十一月、ついに清盛の怒りにふれて鳥羽殿に幽閉の身となり、その院政も停止されてしまった。清盛は、翌年四月には娘・徳子が生んだ三歳の言仁《ときひと》親王を即位させて安徳天皇とし（践祚は二月）、高倉天皇には名目だけの院政を行わせて、実権を掌握した。

だが、後白河法皇の幽閉から一年も経たない治承四年（一一八〇）五月、かつて弟・高倉天皇との皇位争いに敗れて不満を抱いていた法皇の第三皇子・以仁王《もちひとおう》が、源頼政《よりまさ》の勧めに応じて平氏打倒の令旨《りょうじ》を発した。以仁王は敗死したものの、諸国の源氏が挙兵の動きを見せた。そこで翌月、平清盛は安徳天皇を擁して摂津の福原《ふくはら》（兵庫県神戸市中央区）に行幸し、そこを都としたが、源頼朝が伊豆に、ついで木曾義仲が信濃に兵を挙げると、十二月には京に還った。

治承五年（一一八一）正月、高倉上皇が二十一歳で崩御すると、清盛は再び法皇の院政を請うたが、敗報相次ぐ閏二月、清盛がもだえ苦しみながら熱病で死去したとき、院御所の法住《ほうじゅう》寺殿《じどの》にあった法皇は、平氏没落はもはや時間の問題だと悟った。

延暦寺に逃れた法皇は、清盛の三男・平宗盛《むねもり》らが安徳天皇と神器を奉じて西国へ落ち延びるのに同行せず、木曾義仲率いる大軍の入京を待って京に舞い戻ると、ただちに平氏追討の院宣を発した。治承七年（寿永二年）七月のことである。十一月には、離反した義仲によって法住寺殿を焼かれ、幽閉の身となったものの、源頼朝《よりとも》が弟の範頼《のりより》・義経《よしつね》を上洛させて義仲を討ち果たすと、その後は六条殿に移って院政をつづけ、平氏の滅亡を見届けることになる。

文治元年（一一八五）三月二十四日、壇ノ浦《だんのうら》（山口県下関市）で平氏が滅び、安徳天皇が入水した後、兄・頼朝との対立を深める義経に頼朝追討の宣旨を与えたことで、法皇と頼朝とのあいだに緊張が走った。だが同五年、頼朝の命で奥州の藤原泰衡《やすひら》が義経を討ち、ついで頼朝がその藤原氏を滅ぼすと、公武の対立は一気に解消された。建久元年（一一九〇）十月、頼朝は上洛して後白河法皇と対面し、翌月、右近衛大将に任ぜられた。法皇の下で頼朝が御家人《ごけにん》を率い、日本国総追捕使《そうついぶし》として国家の軍事警察を司る体制が確立したのである。

武力らしい武力を持たない後白河法皇は、院を脅かす武家勢力を削ぎ落とすには、夷《い》をもって夷を制するしかないと考えた。権謀術数のかぎりを尽くして武士をあやつり、武士同士の対立と均衡の上に、自らの保身を遂げようとしたのである。

これまでも、平氏を討つために義仲や頼朝を利用した。平氏が都を捨てたとき、義仲を迎えたが、やがてその義仲を討つため、頼朝に上洛をうながす。そして、平氏を滅亡させて京に凱旋してきた義経を、頼朝に対抗させようと図ったのも法皇だった。かつて藤原信西が評した「和漢《わかん》の間、比類なき暗主《あんしゅ》」（『玉葉《ぎょくよう》』）との見方は、大きな誤りであったことがわかる。

後白河法皇は、鎌倉入りを拒まれて帰洛した義経に分がないと見るや、「院宣は強要されてやむなく下したもの。まことに義経は人を惑わす天狗のような輩《やから》である」との書状を送って頼朝に釈明した。これを読んだ頼朝は、「義経の謀叛を天魔の所為とするのは根拠のないことである。朝敵を降伏させ、政治を法皇に任せる忠節を示したにもかかわらず、その自分になぜ追討の院宣が下されたのか」と使者を強く詰問し、さらにつづけて「日本国第一の大天狗は更《さら》に他の者にあらざるか」と、法皇を厳しく指弾《しだん》したのであった。

頼朝をしてこう言わしめた後白河法皇は、建久三年三月十三日、六条殿で六十六歳の波瀾に満ちた生涯を閉じ、法住寺陵《ほうじゅうじのみささぎ》（京都市東山区三十三間堂廻り町）に葬られた。頼朝が征夷大将軍に補せられるのは、その四か月後のことである。（坂井）

第七八代　二条《にじょう》天皇　一一四三〜一一六五（在位：一一五八〜一一六五）

●平治の乱を経験して父・後白河上皇に抵抗

二条天皇は、康治二年（一一四三）六月十七日、雅仁親王（のちの後白河天皇）の第一皇子として生まれた。諱は守仁。母である大炊御門経実の娘・懿子が、守仁親王を生んでまもなく没したこともあり、祖父・鳥羽天皇の皇后である美福門院得子に育てられた。

しかし、父の雅仁親王は当時、即位の可能性がないとみられていたため、九歳のとき、叔父の覚性法親王《かくしょうほっしんのう》の弟子となって仁和寺に入った。ところが久寿二年（一一五五）七月、近衛天皇が崩御し、翌二十四日、雅仁親王が践祚して後白河天皇となると、守仁親王はその翌月、寺を出て親王宣下をうけ、ついで皇太子となった。

この皇位継承と立太子をめぐって保元の乱が起こり、その勝利により後白河天皇が上皇となって院政を再開することになった保元三年（一一五八）八月十一日、皇位を譲られて即位した。翌年の平治元年（一一五九）には、中宮に姝子《しゅし》内親王、徳大寺実能《とくだいじさねやす》の娘・育子《いくし》を迎えた。

つづく平治の乱に際しては、藤原信頼・源義朝らによって一時、上皇ともども大内裏に幽閉されたが、平清盛に救出され、清盛の六波羅第《ろくはらてい》（京都市東山区）に身をゆだねた。

二条天皇は、院政の全盛期にあって、平清盛や関白・藤原基実《もとざね》らの協力のもと、かたくなに天皇親政を主張した。父・後白河上皇とはしばしば険悪な様相を呈し、『源平盛衰記』に「政治にはかなうが、孝道にはそむく」と記されている。

天皇は和歌を好み、また琵琶も巧みであった。病を得て、永万元年（一一六五）六月二十五日、皇太子・順仁《のぶひと》親王（六条天皇）に皇位を譲ると、まもなく崩御し、香隆寺陵《こうりゅうじのみささぎ》（京都市北区平野八丁柳町）に葬られた。（坂井）

第七九代 六条《ろくじょう》天皇 一一六四〜一一七六（在位：一一六五〜一一六八）

●二歳で即位して無為に過ごす

六条天皇は二条天皇の皇子で、伊岐致遠《いきのむねとお》の娘を母として、長寛二年（一一六四）十一月十四日に生まれた。「御母は誰とも定かに聞こえず」――『愚管抄』はこう記すが、『神皇正統記《じんのうしょうとうき》』には「その品卑しくて、贈位までなかりしにや」の注をつけて、「大蔵少輔・伊岐兼盛《かねもり》が娘」とある。いずれにせよ、身分の低い女人であったようだが、皇子は二条天皇の正嫡として皇后・育子に養育された。

永万元年（一一六五）六月二十五日、病を得た父帝が譲位することになり、親王宣下をうけて順仁と命名され、即日、践祚した。『今鏡《いまかがみ》』が「御年二つにて位につかせ給ふ事、これやはじめておはしますらむ」と書いているように、わずか二歳という前例のない幼帝であった。

そのため、国務は祖父・後白河上皇がとりしきった。上皇は仁安元年（一一六六）十月、第四皇子の憲仁《のりひと》親王を皇太子に立て、同三年二月十九日、六条天皇を退位させて太上天皇とし、三月二十日に高倉天皇の即位を強行してしまった。

ここに、わずか五歳の上皇が出現したことになるが、元服前に太上天皇を称したのも初めてのことである。また新帝の高倉天皇も、上皇より三歳年長にすぎず、後白河上皇は院政にあって、ますます勢威を増していった。

いまだ童形《どうぎょう》の六条上皇はといえば、上皇の御所に同居して、なすところなく日を送り、安元二年（一一七六）七月十七日、病にかかって崩じ、清閑寺陵《せいかんじのみささぎ》（京都市東山区清閑寺歌ノ中山町）に葬られた。元服もままならない十三年の短い生涯であった。（坂井）

第八〇代　高倉天皇《たかくら》　一一六一〜一一八一（在位：一一六八〜一一八〇）

●白河天皇の思惑で即位した心やさしき幼帝

仁安三年（一一六八）二月、後白河上皇は、六条天皇を退位させ、八歳の第四皇子・憲仁親王を即位させた。高倉天皇の母・建春門院滋子（平時信の娘）は、平氏の棟梁にして、前年に太政大臣に就任した平清盛の妻・時子《ときこ》の妹で、はじめ小弁局《しょうべんのつぼね》の名で上皇の妹・上西門院《じょうさいもんいん》に仕えていたが、いつのころからか上皇の寵愛をうけるようになった。

憲仁親王が生まれたのは、平治の乱が終結した直後である。そのころ宮廷内は院政派と天皇親政派、つまり後白河上皇とその第一皇子・二条天皇を取り巻く近臣とが対立していた。そして、その間にあって、めざましい栄進を遂げたのが清盛であった。清盛は二条天皇崩御後、滋子を通じて上皇との信頼関係をより深めて、権勢を強めていった。

その清盛が重い病に陥ったとき、すでに出家して法皇となっていた後白河院は、にわかに高倉天皇の即位を実現させた。二条天皇の遺児・六条天皇を擁する天皇親政派が、清盛の死とともに策動を開始することを危惧したのである。

だが幸いにも、清盛の病は持ち直した。高倉天皇の即位によって、専制君主への道を歩みはじめた後白河法皇と、独裁的権力を掌中にしようとする平清盛。権勢欲にかられた両者は、必然的に対立する運命にあった。

清盛の理想は、かつて藤原氏がその全盛時代を築いたように、天皇の外戚となることだった。承安元年(一一七一)暮れ、十一歳で元服したばかりの高倉天皇に、清盛の次女・徳子(建礼門院)が中宮として入内した。徳子は十七歳だった。平氏はこのころ、「この一門にあらぬ者は人にあらず」(『平家物語』)と豪語するほどの権勢を誇っていたが、天皇の后妃を出すべき家柄ではなかった。その平氏の娘が後宮に輿入《こしい》れできたのは、徳子が後白河法皇の養女となっていたからである。

入内から七年目、徳子はようやく皇子を生んだ。のちに安徳天皇となる言仁親王である。このころから、法皇と清盛の不和は決定的となり、院の近臣による平氏打倒を企てた鹿ヶ谷の密議が発覚についで、清盛近親者の遺領を没収するなど、法皇は反平氏の態度をあらわにした。怒り心頭に発した清盛は、ついに法皇を鳥羽殿に幽閉して、院政を停止させてしまった。

治承四年(一一八〇)二月二十一日、平氏の専恣《せんし》のなかで高倉天皇は皇位を下り、四月二十二日、平氏の待望久しかった安徳天皇の即位となった。だが、すでに時勢は源氏に向かって流れはじめていた。法皇の第三皇子・以仁王が諸国に平氏打倒の令旨を発し、これに応じた源頼朝、木曾義仲らが兵を挙げ、平氏は滅亡への急坂をころげ落ちていくのである。

この間、高倉上皇は新帝の父として院政を行うべき立場にあったが、生来病弱で、もともと政治に関心が薄かった。譲位後、半年余で太上天皇の尊号を辞し、一切の政務から退いて、好きな学問・詩歌・管絃に没頭した。実際の指揮は、後白河法皇がとっていたのである。その翌年の治承五年正月十四日、平頼盛《よりもり》の邸で二十一歳の生涯を終え、後《のちの》清閑寺陵（京都市東山区清閑寺歌ノ中山町）に葬られた。（坂井）

第八一代　安徳《あんとく》天皇　一一七八～一一八五（在位：一一八〇～一一八五）

●源平争乱の渦に巻き込まれた悲劇の幼帝

源平最後の決戦の舞台となった壇ノ浦で、安徳天皇が平氏一門ともども海の藻屑《もくず》と消えるのは、父・高倉上皇の崩御から四年後のことである。「あの波の下にこそ、極楽浄土《ごくらくじょうど》とてめでたき都の候《そうろう》、それへ具《ぐ》し参らせ候ぞ」――陽の落ちかけた壇ノ浦の沖合で、舟端《ふねばた》に現れた二位尼《にいのあま》（平清盛の妻・時子）はこうつぶやくと、その直後、神璽《しんじ》（三種の神器）を納めた箱を脇に挟み、腰に宝剣をさし、孫にあたる幼帝・安徳帝を抱いて、海中深く没していった。

このとき、わずか八歳の安徳帝は二位尼にうながされ、小さな手を合わせて、東に向かって伊勢大神宮にお別れを告げ、西に向かって念仏を唱えていたという。すべてが終わった後には、主なき船と平氏の赤旗が波間に漂うばかりであった。文治元年（一一八五）三月二十四日、栄華をきわめた平氏滅亡の瞬間である。

腹をいためた安徳帝の入水を目にし、自らも運命をともにしようと海に身を投じた母の徳子は、源氏の船に引き揚げられて一命をとりとめ、京へ護送された。剃髪して建礼門院と号し、それから三十年もの間、洛北・大原《おおはら》の寂光院《じゃっこういん》に幽居して、ひたすらわが子と平氏一門の菩提を弔いながら、ひっそりとその生涯を閉じた。

安徳天皇は、生後一か月余で親王宣下（言仁親王）、皇太子となり、治承四年（一一八〇）四月、父帝の譲位をうけてわずか三歳で即位した。平家一門の栄華の証《あかし》であり、またその永続を保証するシンボルであったこの幼帝を、清盛はことのほか溺愛した。あるとき、帝がいたずらで障子《しょうじ》に穴をあけると、清盛はよろこんで、その障子を家宝にさせたという。

同年五月の「以仁王の令旨」をうけて挙兵した諸国の源氏を鎮圧した平清盛は、六月二日、安徳天皇、高倉上皇、後白河法皇を奉じて摂津の福原への遷都を断行、安芸の厳島《いつくしま》神社を精神的支柱とする海洋的な西国国家の樹立に向けて突き進むかに見えた。しかしその後、公家たちの反対が多く、また、あろうことか富士川の戦いで源氏に大敗を喫するなど、関東をはじめ全国各地に広がる平氏打倒の反乱が相次ぎ、これに応じるため、清盛は半年も経たないうちに再び都を京に戻さざるを得なくなった。

いまや平氏のただひとつの頼みは、天皇家が平氏とともにあることだった。天皇を擁し、法皇、上皇を奉じて、それによって蜂起する者を朝敵とすることで対抗する。だが、激動する情勢のなか、迅速かつ的確な判断を求められたにもかかわらず、強力な指導力を発揮できる人物がいない。安徳天皇はいまだ幼少であり、高倉上皇は病弱で、なおかつ政治ぎらいであった。

清盛も、ひとまず癒《い》えたとはいえ、重い病に冒されていた。治承四年十二月、清盛は後白河法皇の幽閉をといて、再び政務をとることを要請。政権を法皇に返した平氏は、南都（奈良）討伐を決行、東大寺《とうだいじ》大仏殿などを焼き払った。同五年（養和元年）正月に高倉上皇が崩じ、法皇の院政がいよいよ再開された閏二月、清盛は相次ぐ敗北の報せに無念の思いを残しながら、熱病により六十四歳の波瀾に満ちた生涯に幕を下ろした。

平氏は、安徳天皇と後白河法皇を奉じて西国で再起をはかろうとしたが、法皇はいち早く延暦寺に脱出。法皇に見捨てられた平氏は、やむなく安徳帝を擁し、皇位の象徴である「三種の神器」をたずさえて、平氏政権の中心地、六波羅（京都市東山区）に火を放って西走した。治承七年（寿永二年）七月二十五日のことである。

その後、安徳天皇はいったん筑紫の大宰府に入ったのち、讃岐の屋島《やしま》に行宮《あんぐう》（仮の御所）を営んだが、文治元年（一一八五）二月十九日、源義経の襲来によって海上に逃れ、壇ノ浦の戦いで平氏一門とともに西海に没する悲運の君となった。その遺骸が漁民の網にかかったとする伝説もあるが、もとより定かではない。

現在、安徳天皇の御陵は赤間《あかま》神宮に隣接する阿弥陀寺陵《あみだじのみささぎ》（山口県下関市阿弥陀寺町）であるが、帝の陵墓と伝えられるものは全国各地に点在する。また祖谷渓《いやだに》（徳島県）や硫黄島《いおうじま》（伝承の鬼界ヶ島《きかいがしま》か。鹿児島県）には、帝がその地まで生き延びて子孫を残したという伝承もある。平氏と運命をともにした、そのあまりに幼い死を悲しむ人々の思いであろうか。（坂井）

第4章

鎌倉・南北朝時代の天皇

武家との対立と皇統の分裂

後醍醐天皇（「天子摂関御影」より）

第八二代
後鳥羽天皇《ごとば》
一一八〇〜一二三九（在位：一一八三〜一一九八）

●承久の乱に敗れて隠岐へ配流

後鳥羽天皇は高倉天皇の第四皇子として、治承四年（一一八〇）七月十四日に生まれた。同七年（寿永二年）に平氏が安徳天皇をともなって都落ちしたため、わずか四歳であったが、八月、後白河法皇の詔《みことのり》によって急遽、践祚した。

天皇が二人ということになり、加えて「三種の神器」は平氏に持ち去られていたため、神器なしの異例の践祚となった。しかし元暦二年（一一八五）、平氏が壇ノ浦《だんのうら》（山口県下関市）で源氏に敗れて滅亡した際、安徳天皇は入水《じゅすい》して、代器とはいえ神器のひとつ、宝剣もついに見つからなかった。

それ以降、京都の公家政治は後白河法皇を中心として行われた。しかし、その法皇が建久三年（一一九二）に崩御すると、後鳥羽天皇は十九歳を迎えた同九年、第一皇子の為仁《ためひと》親王（土御門天皇）に譲位し、院政を開始した。

後鳥羽上皇には、日本をあるべき姿に戻そうとの志があった。そうした決意をいつごろから抱いていたかを知るには、『新古今和歌集』に載る次の御製が手がかりとなる。「奥山のおどろが下もふみわけて　道ある世ぞと人にしらせん」。承元二年（一二〇八）の住吉歌合《すみよしうたあわせ》で披露された歌で、「草木が乱れ生い茂る山奥であっても、行われなければならない正しい道があることを、万民に知らせたいものだ」という意味である。朝廷中心の政治に立ち返るべく、王政復古の意志を表明していたことがうかがえる。

これより先の元久元年（一二〇四）、鎌倉幕府三代将軍・源実朝《みなもとのさねとも》は後鳥羽上皇の近臣・坊《ぼう》門信清《もんのぶきよ》の娘を妻に迎えていた。信清の姉・七条院殖子《しちじょういんしょくし》は上皇の母、そして実朝夫人（信清の娘）の姉・坊門局《ぼうもんのつぼね》は土御門天皇の女房であったから、上皇と実朝とは坊門家を介して結ばれたことになる。

この二人の関係をさらに親密にしたのは、和歌であった。後鳥羽上皇によって撰定が開始され、この年、一応の完成をみた『新古今和歌集』に父・頼朝の歌も入選したと聞いた実朝は、ただちに披見《ひけん》を希望し、その望みをかなえられた。上皇もまた、院御所の五辻殿《いつつじどの》で催された歌合の歌を、坊門忠信を通じて実朝のもとに届けた。

実朝には朝廷を尊崇する念が深く、それは次の二首からも明らかである。「山はさけ　うみはあせなむ　世なりとも　君にふた心　わがあらめやも」（山が裂け崩れ、海が干上がるような激動の世がやってこようとも、私が天皇に二心《ふたごころ》を抱くようなことはございません）、「おほきみの勅《ちょく》をかしこみ　ちちわくに　心はわくとも　人にいはめやも」（天皇のお言葉はまことに畏れ多くて、あれこれと思い乱れるのだが、この気持を人に言うことはございません）。

そこで後鳥羽上皇は、度重なる要求を幕府に出し、和泉・紀伊の守護廃止を求めたり、西国の関東御領に臨時公事《くじ》を課したりした。だが、実朝がいかに上皇に誠意をもって接したいと思っていても、立場上、その要求を拒否しなければならないこともあった。建永元年（一二〇六）、上皇が備後国太田《おおた》荘の地頭《じとう》を罷免《ひめん》するよう求めた際には、さしたる咎《とが》のない者を改易することはできないと返書している（「高野山文書」）。当時、幕府政治の実権は北条氏が握っており、執権《しっけん》の北条義時《ほうじょうよしとき》が鎌倉御家人《ごけにん》を保護する政策を強く打ち出していた。そのようななかで実朝は、朝廷と幕府とのあいだに立って苦慮していたのである。

後鳥羽上皇と実朝との個人的な信頼関係によってつづいた公武関係は、承久元年（一二一九）に実朝が暗殺されたことによって一変した。武力による倒幕の決心を固めた上皇は、実朝を弔《とむら》う使者を鎌倉に下向《げこう》させるが、同時に寵愛する白拍子《しらびょうし》・亀菊《かめぎく》の所領である摂津国長江《ながえ》・倉橋《くらはし》両荘の地頭罷免を幕府に求め、その出方を探っている。

これを承久《じょうきゅう》の乱の直接の原因とする見方がある。しかし先述したように、上皇は王政復古の志を早くから抱いており、実朝亡き後、それを実行に移したものと思われる。御家人の地頭職《じとうしき》（兵粮米の徴収や免田経営の権利）を取り上げることは、幕府存立の根幹にかかわるだけに、幕府も譲歩できない。その回答のため、北条義時の弟・時房《ときふさ》に一〇〇〇騎をあずけて上洛させ、あわせて将軍後継者の下向を再度求めている。

交渉の結果、摂関家《せっかん》より鎌倉殿（将軍）を出してもよいことに落ち着き、頼朝の遠縁にあたる九条道家《くじょうみちいえ》の三男・三寅《みとら》（のちの頼経《よりつね》）が東下することになった。ただ、それを周旋したのは、上皇の嫌っている親幕府派の公卿・西園寺公経《さいおんじきんつね》であったことに注意しなければならない。

三寅が鎌倉に到着する以前、京都では、源頼茂《よりもち》が上皇の命により討たれる事件が勃発している。頼茂は、かつて以仁王《もちひとおう》を奉じて平氏打倒に立ち上がった源頼政《よりまさ》の孫にあたり、皇居を警固する大内守護の任についていた。このことからも、力で幕府を倒そうとの意図が上皇にあったことは明らかであろう。これまた王政復古への道筋の一環としてとらえるべきものであるが、しかし、このときはそれでいったん終息した。

後鳥羽上皇による倒幕の企ては、承久三年（一二二一）五月十五日、北条義時追討、諸国守護地頭を院庁《いんのちょう》の支配下におくことを命じた宣旨《せんじ》・院宣《いんぜん》の形で発動された。承久の乱の勃発である。後鳥羽上皇側の勢力をみると、上皇の近臣としては、坊門家や高倉家がおり、一条家は信《のぶ》能《よし》（公卿）・尊長《そんちょう》（僧侶）の兄弟はもとより、一族をあげて参加した。

しかし、実際に合戦で中心的役割をになったのは、藤原秀康《ふじわらのひでやす》・秀能《ひでよし》・秀澄《ひでずみ》の三兄弟など、「北面《ほくめん》の武士」あるいは「西面の武士」として院に仕える武士である。これに「洛中警固武士也」「不退在京奉公者」などと史書にあるように、常時京都にあって、御所を警備する京都大《おお》番役《ばんやく》を免除された在京人《ざいきょうにん》（在京御家人）が従った。彼らは、その多くが上皇から畿内近国の守護や検非違使《けびいし》に任ぜられていた。

この承久の乱では、幕府軍との戦いに相次いで敗北したことから、朝廷軍がきわめて弱体で、ひいては倒幕計画そのものがまったくの机上の空論であったと考えられがちである。だが、それよりも朝廷側の軍勢が寄せ集めだった点に根本的な問題があったように思われる。

おそらく朝廷側は、義時追討の宣旨を全国に発することによって、多くの武士が朝廷に与力し、幕府軍が動揺することを期待したのであろう。事実、義時追討が現実のものとなった際には、幕府側では京に軍勢を差し向けるか、あるいは朝廷軍の東下を待って迎え撃つかで議論が分かれた。そして、九州を除く尾張・美濃・越前以西の守護の大半が上皇方に加担している。彼らは、地元の御家人を率いて京都大番役として在京中で、検非違使や北面・西面の武士に任ぜられていたからである。

戦闘は、六月に美濃と尾張の国境、尾張川《おわり》（現在の木曾川）で始まり、つづいて宇治《うじ》・瀬田《せた》で激戦を繰り広げたのがまとまった戦いで、結果的には幕府方の圧勝に終わった。勝利した幕府の処分は苛酷をきわめた。後鳥羽、順徳、土御門の三上皇をそれぞれ隠岐、佐渡、土佐（のち讃岐）に流し、仲恭天皇を廃して後堀河天皇を立て、関連した公卿や武士の多くを死罪に処した。さらに上皇方の所領三〇〇〇余か所を没収し、戦功のあった武士を地頭に任じると、さすがに各地で幕府を非難する声が上がった。ただ、上皇方に加わらずに中立を決め込んだ公卿や社寺も多く、それはつまり、上皇の真意をはかりかねていたためと憶測できよう。

後鳥羽上皇は、隠岐遷幸の直前に剃髪《ていはつ》・出家し、その際に似絵《にせえ》の名手・藤原信実《のぶざね》を召して肖像を描かせている。隠岐の配所での寂しい生活は想像するに余りあるが、和歌の道に精進することは以前と変わらなかった。隠岐にあること十九年、延応元年（一二三九）二月二十二日の崩御の二週間前には、水無瀬《みなせ》信成《のぶなり》・親成《ちかなり》父子の長年の労をねぎらうとともに、崩御後のことを命じた置文《おきぶみ》をしたためており、それは水無瀬《みなせ》神宮（大阪府三島郡島本町）に現存する。隠岐で火葬され、遺骨は大原陵《おおはらのみささぎ》（京都市左京区大原勝林院《しょうりんいん》町）に安置された。

後鳥羽天皇は、多岐に及ぶ非凡な才を有した。和歌、琵琶《びわ》、蹴鞠《けまり》、有職故実《ゆうそくこじつ》はもとより、弓馬、刀剣にも造詣が深く、刀剣を鑑賞し、さらには刀鍛冶《かたなかじ》を手許に呼んで自らも製作に関わったと伝えられる。このとき、御所でつくられた「菊作《きくづく》りの太刀《たち》」こそが、皇室が菊の紋章を用いることの由来とする説もある。（平泉隆房）

第八三代　土御門《つちみかど》天皇　一一九五〜一二三一（在位：一一九八〜一二一〇）

●源通親の策謀による即位と土佐への隠退

土御門天皇は、建久六年（一一九五）十一月一日（十二月二日とも）、後鳥羽天皇の第一皇子として生まれた。諱《いみな》は為仁。母は内大臣・源通親《みちちか》の娘・在子《ざいし》（承明門院《しょうめいもんいん》）であるが、在子は養女で、その実父は白河《しらかわ》の法勝寺《ほっしょうじ》で執行をつとめる法印能円《ほういんのうえん》である。

為仁親王の外祖父となった通親は、後白河法皇の寵姫だった丹後局《たんごのつぼね》と結び、建久七年に最大の政敵であった関白・九条兼実《かねざね》をクーデターで失脚させた。同九年正月十一日、わずか四歳の為仁親王を践祚、即位させ、後鳥羽院政を開始させた通親は、院の最高顧問として権勢をふるった。その通親が没した後の承元四年（一二一〇）十一月二十五日、ようやく実権を握った後鳥羽上皇の命により、土御門天皇は二歳違いの皇太弟・守成《もりなり》親王（順徳天皇）に譲位した。

後鳥羽上皇が倒幕を計画したとき、土御門上皇はこれに関与せず、むしろ父・上皇を諫めたと伝えられる。そのため、承久の乱後、後鳥羽・順徳両上皇が配流された際も罪に問われなかったが、ひとり京都に留まるのをよしとせず、自ら幕府に申し出て、承久三年（一二二一）閏《うるう》十月、土佐国に下り、ついで阿波国へと遷った。父や弟に殉じたのである。

弟と違って地味な性格の土御門院は、歌会などを催すことはしなかったが、新三十六人撰に名を連ねるほどの才能をもっていた。『土御門院御百首』『土御門院御集《ぎょしゅう》』を残し、その作品は『和漢兼作集《わかんけんさくしゅう》』『続後撰《しょくごせん》和歌集』などに散見できる。配所にあること十年半、寛喜三年（一二三一）十月六日に出家し、同月十一日、崩御した。阿波で火葬され、遺骨は金原陵《かねがはらのみささぎ》（京都府長岡京市金ヶ原）に移葬された。（坂井洋子）

第八四代 順徳《じゅんとく》天皇 一一九七～一二四二（在位：一二一〇～一二二一）

●佐渡に流されたが、歌道史上に不朽の名を刻む

順徳天皇は後鳥羽天皇の第二皇子（または第三皇子）。母は式部少輔《しきぶのしょう》・藤原範季《のりすえ》の娘・重子《じゅうし》（修明門院《しゅめいもんいん》）で、藤原憲子を乳母とする。諱は守成《もりひら》。幼いころから才智に富み、かつ活発であったため、父帝に溺愛された。正治二年（一二〇〇）四月、わずか四歳で早くも皇太弟に立てられた。承元四年（一二一〇）十一月二十五日、父・鳥羽上皇の命により、兄・土御門天皇の譲位をうけて践祚し、三日後、即位の儀が行われた。

その後、九条良経《よしつね》の娘・立子《りっし》（東一条院《ひがしいちじょういん》）を中宮に立て、懐成《かねなり》親王（のちの仲恭天皇）をもうけた。また内大臣・藤原信清《のぶきよ》の娘・位子《いし》、従三位・藤原清季《きよすえ》の娘、藤原憲子の妹・督典侍《こうのすけ》とのあいだにも、それぞれ皇子女をもうけた。

十年余に及ぶ在位中は後鳥羽上皇の院政下にあり、これといって見るべき治績はない。しかし、有職故実の研究や歌論・詩歌・管絃《かんげん》に力を注ぎ、その奥義をきわめた。とくに『禁秘抄《きんぴしょう》』は、宮中の行事・儀式・政務など故実作法の解説書として、後世の規範となった。

後鳥羽上皇の倒幕計画には積極的に参加した。承久三年（一二二一）四月二十日、皇子・懐成親王に譲位し、より自由な上皇の立場となることを選んだのも、それを成就せんとするためだった。しかし事前に計画が漏れ、企てはあえなく失敗した。承久の乱が終息して父帝が隠岐へ流された後、自らも佐渡に配流の身となり、仁治三年（一二四二）九月十二日に崩御するまでの二十一年余を同地で過ごした。佐渡の真野御陵《まののみささぎ》（新潟県佐渡郡真野町）が火葬塚で、遺骨は京都の大原陵に納められた。（坂井）

第八五代

仲恭《ちゅうきょう》天皇

一二一八～一二三四（在位：一二二一〈4か月〉）

●承久の乱に翻弄された在位四か月の廃帝

仲恭天皇は順徳天皇の皇子で、母は九条良経の娘・立子（東一条院）。建保六年（一二一八）十月十日に生まれ、翌月二十一日に親王宣下をうけて懐成親王となり、二十六日には皇太子とされた。その翌年の建保七年（承久元年）、鎌倉で三代将軍・源実朝が公暁《くぎょう》（二代将軍・源頼家《よりいえ》の次男）に暗殺された。以後、次期将軍の就任問題をめぐって、後鳥羽上皇側と鎌倉幕府側との関係は悪化の一途をたどった。

承久三年（一二二一）四月二十日、父帝の譲位にともない、懐成親王はわずか四歳で践祚し、伯父の左大臣・九条道家《みちいえ》を摂政とした。しかし、翌月に生起した承久の乱の後、鎌倉幕府の沙汰により、祖父・後鳥羽上皇、父・順徳上皇はともに配流され、出家していた高倉天皇の第二皇子・守貞《もりさだ》親王（後高倉院）が院政を行うこととなり、仲恭天皇は七月九日、守貞親王の皇子・茂仁《ゆたひと》親王（後堀河天皇）に譲位した。即位礼はおろか、大嘗祭《だいじょうさい》もとり行われないまま、在位わずか八十日で退位するというありさまで、半帝《はんてい》、九条廃帝《はいてい》、後廃帝《のちのはいてい》とも呼ばれた。

退位後は、太上天皇の尊号を贈られることもなく、元服の儀もないまま、閑院内裏《かんいんのだいり》から九条殿、東一条院御所へと移され、さらに母・立子に伴われて西七条御所に移された。この間、悶々とした日々を送り、文暦元年（一二三四）五月二十日、十七歳で崩御し、九条陵《くじょうのみささぎ》（京都市伏見区深草本寺山町）に葬られた。仲恭天皇の諡号《しごう》が贈られたのは明治三年（一八七〇）のことで、弘文天皇、淳仁天皇とともに、七月二十四日の「太政官日誌」で布告されたのである。

（坂井）

第八六代　後堀河《ごほりかわ》天皇　一二一二〜一二三四（在位：一二二一〜一二三二）

●異例の院政下で即位し、父亡き後に親政

後堀河天皇は、守貞親王の第三皇子として、建暦二年（一二一二）二月十八日（三月十八日とも）に生まれた。父・守貞親王は高倉天皇の第二皇子で、安徳天皇の弟、後鳥羽天皇の兄にあたる。母は前《さきの》権中納言・藤原基家《もといえ》の娘・陳子《ちんし》（北白河院）。

承久三年（一二二一）七月九日、仲恭天皇が廃されると、同日、閑院内裏で践祚し、十二月一日に即位した。この即位は、太上法皇の尊号が奉られ、後高倉院と称されることになった父・守貞親王が院政を開始したことによって実現したものであった。

守貞親王は、治承三年（一一七九）に誕生したときから皇室では等閑視され、建暦二年三月に出家して、行助《ぎょうじょ》なる法名をもっていた。ところが承久の乱の後、後鳥羽上皇の院政を停止し

た鎌倉幕府は、新しい院政の執行者を物色し、乱とはいっさい関係のなかった守貞親王に白羽の矢を立てた。こうして皇位についたことのない皇族の院政が開始され、親王宣下も立太子もなく、当時十歳であった後堀河天皇が即位したのである。

貞応二年（一二二三）、後高倉院が没して院政は中断され、後堀河天皇はようやく親政をとれることになった。だが、それは長くは続かず、貞永元年（一二三二）十月四日、二歳の第一皇子・秀仁《みつひと》親王（四条天皇）に譲位し、上皇として院政をしいたが、文暦元年（一二三四）八月六日、重い病を得て仙洞《せんとう》御所の持明院殿《じみょういんどの》で崩御し、泉涌寺《せんにゅうじ》内の観音寺陵《かんのんじのみささぎ》（京都市東山区今《いま》熊野泉山町《ぐまのせんざんちょう》）に葬られた。二十三歳であった。『和漢兼作集』『新勅撰和歌集』に詩歌が選ばれているほか、『御集兼作』の私家集もあったとされる。（坂井）

第八七代 四条《しじょう》天皇 一二三一〜一二四二（在位：一二三二〜一二四二）

●二歳で即位して外祖父に庇護される

四条天皇は後堀河天皇の第一皇子で、母は前摂政・九条道家の娘・竴子《じゅんし》（藻壁門院《そうへきもんいん》）。寛喜三年（一二三一）二月十二日、道家の一条殿で生まれた。この年の十月に皇太子となり、翌年の貞永元年（一二三二）十月四日、父帝の譲位にともない、践祚すると、十二月五日、わずか二歳で即位して四条天皇となった。これは、承久の乱の後、着々と体制を整備していた鎌倉幕府にとっては、願ってもない結果となった。

そのころ幕府は過渡期にあった。源頼朝の室・北条政子《まさこ》が没し、執権の北条義時も元仁元年（一二二四）に世を去っていた。その後継者となった北条泰時《やすとき》と時房《ときふさ》は、幕府体制を強化しようと、五十一か条からなる武家法「御成敗式目《ごせいばいしきもく》」を制定した。その年が、四条天皇の即位の年だった。

天皇の摂政には、それまで関白であった九条教実《のりざね》が任ぜられ、内大臣・西園寺実氏《さいおんじさねうじ》は後堀河上皇の執事別当《べっとう》となった。だが、まもなく上皇が崩じ、教実も病気で急逝すると、政界から退いていた教実の父・道家が摂政に就任した。院政はまたもや中断させられたのである。

道家は、幼い四条天皇の外祖父として実権をふるった。その庇護のもとにあった天皇は、仁治二年（一二四一）十二月十七日、道家の孫にあたる彦子《げんし》（教実の娘。宣仁門院《せんにんもんいん》）を女御に迎えたが、皇子女のないまま、殿舎で転倒したのが原因で、翌三年正月九日、在位九年余にして閑院内裏で崩じたとされる。御陵は泉涌寺光背の山裾を開いた月輪陵《つきのわのみささぎ》（京都市東山区今熊野泉山町）。二歳で即位、十二歳で崩御。曼殊院《まんしゅいん》（同市左京区）にうら若い画像を残しただけの寂しい生涯であった。（坂井）

第八八代 後嵯峨《ごさが》天皇 一二二〇〜一二七二(在位:一二四二〜一二四六)

●幕府の指名で皇位につき、政治介入を許す

後嵯峨天皇は土御門天皇の皇子で、母は参議・源通宗《みなもとのみちむね》の娘・通子《みちこ》。その即位にあたっては、ひと騒動があった。というのも、後堀河天皇の第一皇子でわずか十二歳の四条天皇が、仁治三年(一二四二)正月六日に内裏の渡殿《わたりどの》で転倒し、三日後に崩御したからである。

皇嗣問題がにわかに持ち上がり、四条天皇の外祖父であった関白・九条道家は、佐渡に配流されている順徳天皇の皇子・忠成《ただなり》親王を推挙した。ところが、鎌倉幕府の執権・北条泰時は、承久の乱に際して、鎌倉への挙兵に賛成しなかった順徳天皇の兄である土御門上皇の皇子・邦仁《くにひと》親王を皇位に、と申し入れてきた。忠成親王の即位が実現すれば、承久の乱を起こした才気あふれる順徳帝の帰京という事態を招くおそれがあったからである。

このような理由で、鶴岡《つるがおか》八幡宮のご神慮による決定と称して、もし忠成親王の即位あれば廃位も辞さずと、幕府側は一歩も譲らず、十数日におよぶ天皇空位をへて、仁治三年正月二十日、幕府の推す二十三歳の後嵯峨天皇の即位となったのである。二十一年余も配所の佐渡にあって、ついに京に帰る望みを断たれた順徳帝は、後嵯峨天皇が即位した年の九月十二日、失意のうちに食を断ち、まもなく崩御した。

こうして鎌倉幕府の意向で皇位についた後嵯峨天皇は、幕府との協調を基本にした政務を展開した。在位わずか四年にして、皇后・姞子《きっし》（西園寺実氏の娘）の生んだ四歳の第二皇子（第三皇子とも）・久仁《ひさひと》親王（後深草天皇）に譲位し、院政を開始したのである。このときから後嵯峨上皇は、公家政権の再建と安定に向けて、斬新な機構改革を開始していった。

まず、鎌倉幕府の意向を朝廷と院に伝える関東申次《かんとうもうしつぎ》に、幕府と緊密な関係をもっていた西園寺家を任じた。これ以後、西園寺家の嫡流は代々、この地位を独占的に世襲し、朝幕間の意思を伝える任にあたることになる。さらに天皇は、所領問題から外交問題までの諸議案を上皇の諮問《しもん》に応じて議定する評定衆《ひょうじょうしゅう》や、役所・公家・社寺からの奏請を院や天皇に伝える公家の役職、武家伝奏《ぶけてんそう》を制度として導入した。

後深草天皇から、その弟・亀山天皇にわたる院政を含む後嵯峨帝の三十年の治世は、幕府との関係が良好で、皇室財政も安定していた。それを物語るのは、造営された建物が多いことであり、また『続後撰和歌集』『続古今和歌集』にみられる宮廷文化、文学の隆盛のさまである。

しかし文永五年（一二六八）正月、蒙古《もうこ》の脅威が高麗《こうらい》を通じてもたらされ、服属を迫られるにおよぶと、その対策や戦勝祈願に心身を磨り減らした後嵯峨院は、十月には出家して法皇となった。このとき、後嵯峨院は次に皇位を継承する者として、後深草天皇の皇子と亀山天皇の皇子の二人の名をあげ、どちらにするか、幕府にゆだねた。こうしてこの後、皇統は分裂し、後深草天皇の子孫が持明院統《じみょういんとう》、亀山天皇の子孫が大覚寺統《だいかくじとう》と称されるようになるのである。

後嵯峨天皇は文永九年（一二七二）二月十七日に崩じ、天龍寺内の嵯峨南陵《さがのみなみのみささぎ》（京都市右京区嵯峨天龍寺芒ノ馬場町《すすきばばちょう》）に葬られた。（平泉）

第八九代 後深草《ごふかくさ》天皇 一二四三〜一三〇四（在位：一二四六〜一二五九）

●退位により持明院・大覚寺両統対立を招く

後深草天皇は後嵯峨天皇の第二皇子（第三皇子とも）で、母は太政大臣・西園寺実氏の娘・姞子（大宮院《おおみやいん》）。寛元元年（一二四三）六月十日、今出川殿《いまでがわどの》で生まれた。名を久仁《ひさひと》という。同四年正月、父帝の譲位にともない、四歳で践祚。以後、後嵯峨上皇の院政が開始された。康元元年（一二五六）十一月、母の妹・公子《きみこ》（東二条院）が入内し、翌二年正月、中宮となった。

建長元年（一二四九）五月、後嵯峨上皇に新たな皇子・恒仁《つねひと》親王が誕生した。後深草天皇の弟である。まもなく上皇は、親王を後深草天皇の皇太子とし、正元元年（一二五九）十一月二十六日、後深草天皇を譲位させて、亀山天皇を誕生させた。これは、後深草天皇が病弱であったからというが、上皇が亀山天皇により深く愛情を注いでいたことは事実であろう。

文永五年（一二六八）八月、後嵯峨上皇は後深草上皇に皇子があるにもかかわらず、亀山天皇の皇子・世仁《よひと》親王（のちの後宇多天皇）を皇太子とした。そして同九年の後嵯峨院の崩御後、鎌倉幕府は亀山天皇を「治天《ちてん》の君」と定めたのである。

同十一年正月、亀山天皇が後宇多天皇に譲位した。不満を募らせる後深草上皇が出家の意向を示すと、上皇の皇子・熙仁《ひろひと》親王の立太子が認められた。親王はのちに伏見天皇となり、その皇子が皇太子に立てられている。

こうして後深草系の持明院統と亀山系の大覚寺統とは、その後も互いに鎬《しのぎ》を削り合うように対立した。そして、持明院統がいくらか優勢を保っていた嘉元二年（一三〇四）七月十六日、富小路殿《とみのこうじどの》で崩御し、深草北陵《ふかくさきたのみささぎ》（京都市伏見区深草坊町《ぼうちょう》）に葬られた。（坂井）

第九〇代　亀山天皇《かめやま》　一二四九～一三〇五（在位：一二五九～一二七四）

●蒙古襲来に「敵国降伏」を祈願

亀山天皇は、後嵯峨上皇の第三皇子（第四皇子とも）として、建長元年（一二四九）五月二十七日に生まれた。母は太政大臣・西園寺実氏の娘・姞子（大宮院）。正嘉二年（一二五八）八月、兄・後深草天皇の東宮（皇太子）に立つ。ときに十歳。正元元年（一二五九）八月二十八日に元服し、十一月二十六日、後深草天皇の譲位をうけて践祚、同月二十八日に即位した。

文永五年（一二六八）八月、後深草上皇の皇子をさしおいて皇子の世仁親王（のちの後宇多天皇）を東宮とし、同十一年正月二十六日に譲位した。ここに後深草上皇とのあいだに確執が生じ、のちの皇位継承をめぐる持明院・大覚寺両統迭立の端緒となった。そして、後嵯峨法皇が「治天の君」の決定を鎌倉幕府にゆだねたため、法皇の崩御後、それが大覚寺統の亀山天皇に決し、両者の対立は決定的となった。

二度にわたる蒙古襲来の際には、後宇多天皇に譲位していた亀山上皇は、石清水《いわしみず》八幡宮や伊勢神宮に「敵国降伏」を祈願し、いずれも大風によって蒙古軍が撤退すると、「神風」が吹いたと信じられた。弘安十年（一二八七）十月、鎌倉幕府の介入によって、皇位が持明院統の伏見天皇に移り、その父・後深草上皇の院政が始まると、亀山上皇は失意のあまり、正応二年（一二八九）九月、にわかに出家した。

亀山天皇は儒学を好み、漢詩をたしなみ、管絃の秘曲もきわめ、さらに『続拾遺《しゅうい》和歌集』を撰集させるなど、「文学紹隆《しょうりゅう》」の時代を現出した。嘉元三年（一三〇五）九月十五日、亀山《かめやま》殿《どの》で崩御し、亀山陵《かめやまのみささぎ》（京都市右京区嵯峨天龍寺芒ノ馬場町）に葬られた。（坂井）

第九一代　後宇多天皇《ごうだてんのう》

一二六七〜一三二四（在位：一二七四〜一二八七）

●退位後も大覚寺統の皇位継承に情熱を注ぐ

後宇多天皇は文永四年（一二六七）十二月、亀山天皇の第二皇子として生まれた。名は世仁。母は左大臣・洞院実雄《とういんさねお》の娘・佶子《きっし》（京極院《きょうごくいん》）。いまだ一歳にも満たない翌年八月、後嵯峨上皇の意向により早々と皇太子に定められ、文永十一年正月、八歳で皇位についた。

この年の十月、対馬、北九州に蒙古・高麗が襲来した。文永《ぶんえい》の役である。院政を開始したばかりの亀山上皇が、父・後嵯峨法皇の政治方針を継承していた矢先であった。七年後の弘安四年（一二八一）五月、蒙古・高麗の大軍に北九州が再び襲われた際（弘安《こうあん》の役）には、上皇は御書を伊勢神宮に奉り、「身をもって国難に代わらん」と祈願している。

こうした亀山・後宇多父子の陰で、皇位が自らの子孫から遠ざかっていくと憂えていたのが、亀山上皇の兄・後深草上皇で、やがてその嘆きは幕府を動かす。上皇は建治元年（一二七五）、第二皇子の熙仁親王を後宇多天皇の東宮に立てることに成功し、十二年後の弘安十年十月、後宇多天皇は幕府の申し入れによって譲位せざるを得なくなったのである。

幕府の干渉による、後深草系（持明院統）と亀山系（大覚寺統）の両統迭立のはじまりである。そろそろ自分のほうで皇太子を立てたいと思えば、両統は競って鎌倉へ使者を送り、時と政情を見計らって鎌倉幕府が天皇に譲位の肩たたきをする。天皇が交代すると、執政する院も連動して交代するという例が、後宇多天皇のときから始まったのである。

皇子・熙仁親王が践祚して、やがて伏見天皇の即位が実現した。ようやく院政をとり行えることになった後深草上皇は、正応二年（一二八九）十月、皇子の久明《ひさあきら》親王を征夷大将軍として鎌倉に下し、伏見天皇の第一皇子・胤仁《たねひと》親王（のちの後伏見天皇）が皇太子になるのを見届けた翌年二月に亀山殿で出家し、政務を伏見天皇に譲っている。

伏見・後伏見天皇の二代の御世が十五年つづいたこの間、後宇多天皇は閑居して、ひたすら学問に励んでいた。ところが正安三年（一三〇一）、後伏見天皇から後宇多天皇の第一皇子・邦治《くにはる》親王（のちの後二条天皇）に皇位が譲られ、亀山系の大覚寺統に光明が差すと、後宇多上皇は、臨席して自ら判決を下す雑訴《ざっそ》聴断《ちょうだん》を制度化するなど、政権掌握に色気をみせた。こうして昔日《せきじつ》の勢威を取り戻すかに思われたが、徳治二年（一三〇七）、寵妃・遊義門院《ゆうぎもんいん》が亡くなると、いたくこれを悲しんで出家し、さらに翌年八月には後二条天皇の崩御にあって、いよいよ嘆き深くなり、洛西の大覚寺に退いた。

それから十年の歳月が流れた文保二年（一三一八）二月、第二皇子・尊治《たかはる》親王が践祚して後醍醐天皇となった。幕府の求めに応じて、後宇多上皇は再び院政をとることになったが、文保五年十二月、後醍醐天皇に政務の一切をゆだねて隠退し、以後、大覚寺の興隆と真言密教《しんごんみっきょう》の研究に専心した。その二代あとに皇位についた持明院統の花園天皇は、大覚寺統であった後宇多上皇について、「天性聡敏《そうびん》にして、博《ひろ》く経史《きょうし》を覧《み》、詩句に巧みにして、また隷書《れいしょ》を善《よ》くす」と日記に記し、その治世とともに、文事の才についても賞讃している。

正中元年（一三二四）六月二十五日に崩じ、蓮華峰寺陵《れんげぶじのみささぎ》（京都市右京区北嵯峨朝原山町）に葬られた。（平泉）

第九二代　伏見天皇《ふしみ》　一二六五～一三一七（在位：一二八七～一二九八）

●天皇暗殺未遂事件の衝撃と宮中制度の改正

伏見天皇は、後深草天皇の第二皇子として、文永二年（一二六五）四月二十三日に生まれた。母は左大臣・洞院実雄の娘・愔子《いんし》（玄輝門院《げんきもんいん》）。建治元年（一二七五）十一月、大覚寺統の後宇多天皇の東宮となり、弘安十年（一二八七）十月二十一日、二十三歳で践祚、正応元年（一二八八）三月十五日に即位した。

後深草天皇にとって待望久しい持明院統の帝であり、正応二年、伏見天皇の第一皇子・胤仁親王（後伏見天皇）の立太子が実現したことから、同統の勢いは増した。だが同時に、大覚寺統（亀山系）との軋轢《あつれき》を深め、翌年正月の浅原為頼《あさはらためより》一族による宮中乱入では、その背後に亀山上皇の関与が噂された。

伏見天皇は、十三か条からなる新制を発布するなど政道刷新につとめ、永仁六年（一二九八）七月二十二日、皇位を後伏見天皇に譲った後も、院内に政務を親裁して、公家政治の振興につとめた。しかしこの間、関東申次の西園寺実兼《さねかね》が幕府に働きかけて朝政に介入させ、天皇側近の京極為兼《きょうごくためかね》を佐渡に配流させた。さらに実兼は永仁六年八月、後伏見天皇の皇太子に後宇多上皇の第一皇子・邦治親王（後二条天皇）を東宮に立て、ついで践祚を実現させた。

その後、第四皇子（第二皇子とも第三皇子とも）・富仁《とみひと》親王が花園天皇となり、伏見上皇の再度の院政となったが、正和二年（一三一三）十月に出家した。文保元年（一三一七）九月三日に崩御し、京都の深草北陵に葬られた。伏見天皇は学問・文芸にすぐれ、また有数の能書家としても知られた。『伏見院御集』を残し、『玉葉《ぎょくよう》和歌集』を撰進させたほか、日記『伏見天皇宸記』を残した。（坂井）

第九三代 後伏見《ごふしみ》天皇
一二八八～一三三六（在位：一二九八～一三〇一）

●院政開始後、皇位は大覚寺統へ

後伏見天皇は、持明院統の伏見天皇の第一皇子として、正応元年（一二八八）三月三日に生まれた。母は前参議・五辻《いつつじ》（藤原）経氏《つねうじ》の娘である典侍《ないしのすけ》・経子《けいし》。養母は太政大臣・西園寺実兼の娘である中宮・鏱子《しょうし》（永福門院《えいふくもんいん》）。同年八月、親王宣下。翌正応二年四月二十五日、伏見天皇の東宮となり、永仁六年（一二九八）七月二十二日の受禅《じゅぜん》ののち、十月十三日に即位した。元服は正安二年（一三〇〇）正月である。

しかし、父・伏見上皇が院政をとり、在位わずか四年で、大覚寺統の後二条天皇（後宇多上皇の第一皇子・邦治親王）に譲位した。大覚寺統の亀山法皇・後宇多上皇の強い要請をうけた執権・北条貞時《さだとき》の意向によるものだった。

後二条天皇の東宮として、後伏見上皇の異母弟・富仁親王（のちの花園天皇）が立てられたが、父の伏見上皇は親王を後伏見上皇の猶子《ゆうし》とし、後伏見上皇に皇子が生まれたときは、その皇子を親王の猶子とすることを定めた。将来、持明院統が二分することを危惧したのである。

延慶元年（一三〇八）八月二十五日、後二条天皇の崩御により花園天皇が即位し、伏見上皇が再び院政を行った。文保二年（一三一八）二月、大覚寺統の後醍醐天皇が践祚。院政はその父・後宇多上皇に移ったが、後醍醐天皇の倒幕失敗で後伏見天皇の第一皇子・量仁《かずひと》親王が践祚して光厳天皇（北朝初代）となり、後伏見上皇が再び院政の実権を握った。建武三年（一三三六）四月六日、出家先の持明院で崩じ、京都の深草北陵に葬られた。（坂井）

第九四代 後二条《ごにじょう》天皇 一二八五～一三〇八（在位：一三〇一～一三〇八）

●不吉な即位と大覚寺統の分裂

後二条天皇は、大覚寺統の後宇多上皇の第一皇子として、弘安八年（一二八五）二月二日に生まれた。名は邦治。母は前内大臣・堀川具守《ほりかわとももり》の娘・（源）基子《きし》（西華門院《せいかもんいん》）で、亀山天皇の女御である准三后《じゅさんごう》・近衛位子《このえいし》の官女であった。

邦治親王は、永仁六年（一二九八）八月十日、持明院統の後伏見天皇の東宮となり、正安三年（一三〇一）正月二十一日には早くも受禅し、三月二十四日、即位した。亀山法皇をはじめとする大覚寺統側が、鎌倉幕府に働きかけた結果であり、後宇多上皇が院政を行い、東宮には持明院統の富仁親王（のちの花園天皇）が立った。

しかし、両統の皇嗣争いはいっこうに収まらず、それぞれ使者を鎌倉に派遣して幕府の機嫌をうかがったため、世間は「さながら競馬《くらべうま》のごとし」と冷評した。しかも、亀山法皇は、寵妃・昭訓門院瑛子《しょうくんもんいんえいし》が恒明《つねあき》親王を生むと、この皇子に大覚寺統の嫡流を継がせるよう、後宇多上皇に遺命した。

後宇多上皇にとっては、青天の霹靂《へきれき》である。上皇は、父・亀山法皇の遺命を破棄し、「御心ばえもあてに、けだかうすみたるさまして」といわれたわが子・尊治親王（のちの後醍醐天皇）を正嫡と定めた。ここに大覚寺統は内部分裂の様相を呈した。

後二条天皇には『後二条院御集』があり、勅撰和歌集に十二首が収録されている。また大覚寺統の二条流歌人たちの歌を集めた『後二条院御歌合』にも、その作品がみえる。延慶元年（一三〇八）八月、にわかに病を得ると、祈禱《きとう》の甲斐もなく、同月二十五日、二条高倉内裏《たかくらのだいり》で崩じ、北白河陵《きたしらかわのみささぎ》（京都市左京区北白川追分町《おいわけちょう》）に葬られた。（坂井）

第九五代　花園《はなぞの》天皇　一二九七～一三四八（在位：一三〇八～一三一八）

●父・伏見上皇らの院政下でも学問に励む

花園天皇は、持明院統の伏見天皇の第四皇子（第二皇子とも第三皇子とも）として、永仁五年（一二九七）七月二十五日に生まれた。母は左大臣・洞院実雄の娘・季子《きし》（顕親門院《けんしんもんいん》）。正安三年（一三〇一）八月十五日、親王宣下して富仁親王となる。

同月二十四日、異母兄・後伏見上皇の猶子として、大覚寺統の後二条天皇の東宮に立てられた。将来、後伏見上皇に皇子が生まれたときには、その皇子を富仁親王の猶子として皇統を継承させ、持明院統が分裂しないようにとの伏見上皇の配慮によるものだった。後二条天皇が崩御した翌日の延慶元年（一三〇八）八月二十六日、十二歳で践祚し、大覚寺統の尊治親王（のちの後醍醐天皇）を皇太子として、十一月十六日に即位礼をとり行った。

十一年間の在位中、前半は伏見上皇が、後半は後伏見上皇が、それぞれ院政をしいたため、政治上では見るべき治績はない。しかし学問に秀で、文保二年（一三一八）二月二十六日、後醍醐天皇に譲位して上皇となってからは、後伏見上皇の第一皇子・量仁親王（のちの光厳天皇）の教育を任され、自ら『誡太子書《かいたいしのしょ》』を草して与えている。

建武二年（一三三五）十一月二十二日、法勝寺の円観慧鎮《えんかんえちん》を戒師《かいし》として落飾《らくしょく》。法名を遍行《へんぎょう》と称した。その後、それまで御所としていた持明院殿から洛西、花園の萩原殿《はぎわらどの》に移り、禅宗に傾倒した。日記『花園天皇宸記』がある。貞和四年（一三四八）十一月十一日、五十二歳で崩御し、十楽院《じゅうらくいんの》上陵《うえのみささぎ》（京都市東山区粟田口三条坊町）に葬られた。（坂井）

第九六代 後醍醐《ごだいご》天皇 一二八八～一三三九（在位：一三一八～一三三九）

●鎌倉幕府を倒して「建武の中興」を実現

後醍醐天皇は正応元年（一二八八）、後宇多天皇の第二皇子として生まれた。諱は尊治。文保二年（一三一八）、花園天皇の譲位をうけて践祚。幼少のころより英邁《えいまい》の誉れ高く、和漢の学に通じ、祖父・亀山天皇、また父である後宇多天皇の感化のもと、上代の盛時である「延《えん》喜《ぎ》・天暦《てんりゃく》の治」への回帰を強く願うようになった。元亨元年（一三二一）、後宇多上皇の院政を廃し、人材を登用し、記録所《きろくしょ》を復活させるなど、朝廷政治の刷新につとめた。

践祚より四年後の元亨二年正月、「後七日御修法《ごしちにちみしほ》請僧交名《しょうそうきょうみょう》」（「東寺百合文書《とうじひゃくごうもんじょ》」所収）の裏書に、京都・東寺の僧侶と思われる人物が、「御代の始めにあたり、天皇はすべての政務を昔のままにかえしたいとお考えである」（意訳）と記している。天皇その人を熟知していたわけでもない一僧侶が、このように述べていることは注目されよう。

後醍醐天皇のめざした政治は、今日、独断専制による「新政」であったようにいわれることが多い。しかし、むしろそれは「延喜・天暦の治」の復活、つまり、日本のあるべき姿へ立ち戻る「中興」だった、と見るべきであろう。元亨二年七月、虎関師練《こかんしれん》の著した『元亨釈書《げんこうしゃくしょ》』の上表文《じょうひょうぶん》に、「皇帝陛下……上聖《じょうせい》（上代の聖主）の姿をうけ、中興の運にあたる。街談衢話《がいだんくわ》、延天（延喜・天暦）の至和に復せん」とある。

これは要するに、「後醍醐天皇は上代の聖主をそのまま受け継がれ、天下は中興の気運に満ちている。町の人々も巷での噂も、世の中は延喜・天暦のような素晴らしい時代が再来しそうだという話でもちきりだ」という意味である。即位後わずか四年のことであるから、いかに天皇が溌剌とした政治を行っていたか、そして国民がそのことをよく承知し、期待していたかがわかるであろう。

さらに元弘三年（北朝正慶二年・一三三三）三月十四日、後醍醐天皇は出雲大社《いずもたいしゃ》に綸旨《りんじ》を下したが、その中に「王道再興」「四海の太平を致す」という文言がみえる。天皇自らが「再興」と述べ、また万民の泰平を祈っていることがわかる。

後醍醐天皇と称したのも、崩御後の追号ではなく、生前自ら称していたものである。そのことは延元元年（北朝建武三年・一三三六）六月に製作された銅鋺（日光山輪王寺《にっこうさんりんのうじ》蔵）に「後醍醐院自ら号す」とあることから明らかである。「後《のち》の醍醐」と、醍醐天皇を強く意識してのことであって、目標がそこにあったことは明白である。

後醍醐天皇が理想とした上代の盛時への回帰に対して、大きな障害となるのは鎌倉幕府の存在であった。践祚のとき、天皇は三十一歳。すでに幕府打倒の志は確固たるものであったとする見方が、近年、再び有力視されている。

時あたかも両統迭立の時代で、皇統をめぐって持明院統と大覚寺統とのあいだで綱引きがあり、幕府は皇位継承問題にも干渉していた。そのため、後醍醐天皇は自分の皇子に皇位を継がせようと、つまりは私情で兵を挙げたとする説がなされているが、即位以前から倒幕の意志を強固にもっていた可能性が高く、やはり「中興」実現の点から考えるべきであろう。

正中元年（一三二四）の正中の変、元弘元年（北朝元徳三年・一三三一）の元弘の変と、倒幕の密議は二回とも幕府に漏れて、事は失敗した。しかし、日野俊基《ひのとしもと》らが山伏《やまぶし》に扮して諸国を行脚《あんぎゃ》し、倒幕を説いたとする説はおおむね正しいようで、それは元弘の変でいったん挫折した後の様子からもうかがえる。

その翌年、後醍醐天皇は隠岐（島根県）に潜幸を余儀なくされ、皇子の尊良《たかよし》親王や尊澄法親王《そんちょうほっしんのう》も配流の身となり、日野資朝《ひのすけとも》や日野俊基は斬られた。しかしその年の冬、護良親王が令旨を発して倒幕を呼びかけ、大和の吉野（奈良県吉野郡吉野町）で挙兵すると、同時に楠木正成《くすのきまさしげ》が千早城《ちはや》（大阪府南河内郡千早赤阪村）で、赤松則村《あかまつのりむら》が播磨（兵庫県）で挙兵するなど、事態は大きく動き出した。

そして迎えた元弘三年閏二月、天皇は隠岐を脱出、名和長年《なわながとし》に迎えられて伯耆（鳥取県）の船上山《せんじょうさん》に拠った。同年五月、足利高氏《あしかがたかうじ》（尊氏）は京都の六波羅を攻略、新田義貞《にったよしさだ》は鎌倉を攻めて北条高時《たかとき》を自刃に追い込み、ここに鎌倉幕府は滅亡した。

そのときの様子を『神皇正統記』は「言い合わせたわけでもないのに、南は九州から北は東北に至るまで、あっという間に同じ月のうちに静まった。時の至り、運の極まるとはこのことかと、不思議な思いがする」（意訳）と記して、幕府の命運が尽きたことを強調する。しかし実態は、綿密で用意周到な倒幕計画が全国に張りめぐらされていたと考えるべきだろう。

帰京の途についた後醍醐天皇は、光厳天皇を廃しただけでなく、その治世を否認して公卿の官職を以前に復した。天皇が次々と新しい政治に着手し、天皇親政を復活させようとした一連の政治は、翌年、年号が「建武」に改元されたことから「建武の中興」と呼ばれる。記録所を再開し、恩賞方《おんしょうがた》と雑訴決断所を設置したのは有名だが、このほかにも武者所《むしゃどころ》を再興し、内裏を警備する京都大番役《きょうとおおばんやく》を制度化し、関所を停止したことなども、意欲的な試みである。

しかし、公武二元政治を統一することは容易ではなく、公家と武家との対立を招き、種々の混乱が随所に生じた。建武二年（一三三五）になると、護良親王と足利高氏との対立が避けられなくなり、天皇はやむなく親王を高氏方に渡した。折から北条時行《ときゆき》らの中先代《なかせんだい》の乱が起こり、こういった状況下で、高氏は新田義貞の排除を名目に反旗をひるがえした。

延元元年（一三三六）正月、いったん入京した高氏軍であったが、ほどなく陸奥《みちのく》から上洛した北畠顕家《きたばたけあきいえ》らの反撃にあい、九州に逃れた。しかしまもなく、再び京都に迫った高氏軍を迎え撃つ力はすでに天皇方になく、なかでも頼みにしていた楠木正成が五月に湊川《みなとがわ》の戦い（兵庫県神戸市中央区・兵庫区）で自刃すると、後醍醐天皇は十二月、幽閉先より吉野に潜幸し、中興政治はわずか二年たらずで瓦解《がかい》した。

当初はそれでも、北陸・陸奥・伊勢・九州などにそれぞれ期待する勢力もあったが、頼みにする武将もしだいに戦死し、延元四年には軍事的にかなり劣勢となっていた。そうしたなか、後醍醐天皇は同年八月十六日に吉野で崩御、五十二年の生涯を終え、塔尾陵《とうのおのみささぎ》（奈良県吉野郡吉野町）に葬られた。

当時、大納言であった中院通冬《なかのいんみちふゆ》は、その日の日記に、「公家が衰微したことはたとえようもないことで、これ以上の嘆きはあるまい。久しく中絶していたものが次々と復興でき、賢才が往時よりも多く用いられたのは、ひとえに後醍醐天皇の御代だから可能だった。この天皇の崩御を嘆き悲しまない者などいない」（意訳）と記している。吉野の如意輪寺《にょいりんじ》の隣にある塔尾陵は、帰京を強く願った天皇の意を体して、遙かに京を望む北向きに造られている。

このように「建武の中興」はきわめて短期間で終わった。そのため政治にほとんど見るべきところがなかったともいわれるが、それは必ずしも後醍醐天皇の新政が時代に逆行して、武士の支持を取りつけることができなかったからではない。

江戸時代に行われた「建武の中興」をめぐる議論を見てみると、中興の意味を理解できずに私利私欲に走った者の責任を問うものや、もし中興が挫折せずに今しばらくの時間があったならば、改革の実があがったと考えるものもある。そして何よりも、天皇が中興を理想とし決然として立ち上がったことや、苦難をものともせず吉野での生活に屈しなかったこと、皇子もみな天皇の志を継いで倒れたこと、楠木正成をはじめ一族郎党がみな天皇のために族滅したことなどが、多くの人々に深い感銘を与えたのである。

明治時代に入ると、「建武の中興」は明治天皇をはじめ多くの人々に強く意識され、後醍醐天皇をたすけた諸皇子・忠臣を祀る神社が次々に建立され、従来からあったものも面目を一新するに至った。護良親王を祀る鎌倉宮《かまくらぐう》（神奈川県）、宗良《むねよし》親王を祀る井伊谷宮《いいのやぐう》（静岡県）が創建されたのは明治二年（一八六九）、楠木正成を祀る湊川神社（兵庫県）が「嗚呼《ああ》忠臣楠子之《ちゅうしんなんしの》墓《はか》」と刻された楠公碑のとなりに造営されたのは同五年、懐良《かねよし》親王を祀る八代宮《やつしろぐう》（熊本県）は同十三年、尊良親王の金崎宮《かねがさきぐう》（福井県、のちに恒良《つねよし》親王を合祀）は同二十三年といった具合で、それはまた維新政府の意気込みや精神をよく示すものでもある。

後醍醐天皇が仁政、徳政による政治を第一に心がけていたことは、二首の御製「世《よ》治まり民《たみ》安かれと祈るこそ　我が身につきぬ思ひなりけれ」、「身にかへて思ふとだにもしらせばや　民の心の治め難きを」からもうかがえる。後者は建武二年（一三三五）中ごろの作で、「国民は自分のことばかりを考えがちだが、私は国民のために我が身を捨ててもよいと思って努力している。このことを何とかして国民に知らせたいものだ」という意味である。（平泉）

北朝第一代 **光厳天皇《こうごん》** 一三一三〜一三六四（在位：一三三一〜一三三三）

●神器なしで践祚して足利尊氏にかつがれる

光厳天皇は持明院統の後伏見天皇の第一皇子で、母は前左大臣・西園寺公衡《きんひら》の娘・寧子《ねいし》（広義門院《こうぎもんいん》）。正和二年（一三一三）七月九日、権大納言・一条内経《うちつね》の邸で生まれた。名は量仁。七歳のとき、叔父・花園上皇の猶子となる。大覚寺統の後醍醐天皇の皇太子・邦良《くによし》親王が没した後の嘉暦元年（一三二六）七月、鎌倉幕府の支持を得て東宮となる。十七歳で元服したとき、上皇から自筆の『誡太子書』を贈られている。

元徳三年（南朝元弘元年・一三三一）、倒幕計画が発覚し、後醍醐天皇が笠置《かさぎ》山に逃れると、九月二十日、剣璽渡御《けんじとぎょ》のない異例の践祚となった。剣璽の引き渡しは、後醍醐天皇が捕らえられた後の十月六日である。隠岐に流された後、倒幕の兵が各地で蜂起し、正慶二年（南朝元弘三年・一三三三）、光厳天皇は後伏見・花園両上皇とともに足利尊氏らに奉じられたが捕らえられ、五月十七日、廃位された。

しかし、「建武の中興」が挫折した後の建武三年（南朝延元元年・一三三六）八月十五日、光厳天皇は弟・豊仁《とよひと》親王（光明天皇）を践祚させ、以後十五年におよぶ院政をしいた。大覚寺統の後醍醐天皇と持明院統の光明天皇とが並立することになり、南北両朝分立の端緒となった。

光厳天皇は、『風雅和歌集《ふうが》』の勅選をはじめ、「三十六番歌合」を宸書《しんしょ》し、琵琶・笙にも堪能であった。文和元年（南朝正平七年・一三五二）八月、出家し、最晩年は京の北郊にたたずむ常照皇寺《じょうしょうこうじ》（京都市右京区京北井戸町）で禅僧・無範《むはん》和尚として精進を重ねた。貞治三年（南朝正平十九年・一三六四）七月七日、同寺で崩じ、その後ろの山国陵《やまくにのみささぎ》に葬られた。（坂井）

北朝第二代　光明天皇《こうみょう》

一三二一～一三八〇（在位：一三三六～一三四八）

●足利氏の内紛により各地を遍歴

光明天皇は、元亨元年（一三二一）十二月二十三日、後伏見天皇の第二皇子として生まれた。名を豊仁という。母は前左大臣・西園寺公衡の娘・寧子（広義門院）。建武三年（南朝延元元年・一三三六）八月十五日、足利尊氏に擁立され、兄である光厳上皇の猶子という形をとって践祚、北朝第二代の光明天皇となった。

年号は「建武」を用い、以後、北朝と南朝は別の年号を用いる南北両朝の並立が始まった。しかし建武三年十二月、後醍醐天皇が神器を奉じて吉野に潜幸すると、ここに至って、先に光明天皇のうけた神器は偽器ということになった。

そこで光明天皇は、皇太子・成良《なりよし》親王を廃し、暦応元年（南朝延元三年・一三三八）八月、兄・光厳上皇の第一皇子・益仁《ますひと》（のち興仁《おきひと》）親王を皇太子に立てた。そして貞和四年（南朝正平三年・一三四八）十月、崇光天皇に皇位を譲って、自らは上皇となったが、観応二年（南朝正平六年・一三五一）、足利尊氏が南朝に降伏したため、名目上、北朝は廃された。

こうして光明天皇は、翌年に光厳・崇光両上皇、廃太子・直仁《なおひと》親王とともに、南朝によって河内国東条《とうじょう》（大阪府柏原市国分東条《こくぶひがんじょう》町）に移され、ついで吉野に幽閉された。その後、さらに各地を遍歴し、仏道の修業に精進したが、康暦二年（南朝天授六年・一三八〇）六月二十四日、長谷寺《はせでら》（奈良県桜井市初瀬《はせ》）で崩じ、大光明寺陵《だいこうみょうじのみささぎ》（京都市伏見区桃山町）に葬られた。（坂井）

第九七代 後村上《ごむらかみ》天皇 一三二八～一三六八（在位：一三三九～一三六八）

●「南風競わず」の情況下、摂津住吉で崩御

後村上天皇は、後醍醐天皇の第七皇子として、嘉暦三年（一三二八）に生まれた。諱は義良《のりよし》。母は阿野公廉《あのきんかど》の娘・廉子《れんし》（新待賢門院《しんたいけんもんいん》）である。元弘三年（北朝正慶二年・一三三三）五月、後醍醐天皇が鎌倉幕府を滅ぼし、「建武の中興」と呼ばれる新政を開始したとき、東北経略の任務についた義良親王は、陸奥守に任じられた北畠顕家《あきいえ》らに伴われて奥羽に下向した。

まもなく足利尊氏が離反すると、親王は各地を転戦したのち、吉野に帰還して立太子し、延

元四年（北朝暦応二年・一三三九）八月、崩御直前の後醍醐天皇の譲りをうけて践祚、十月に即位した。この間、後醍醐天皇のいる比叡山で元服したものの、わずか十二歳。多くの兄皇子をさしおいて南朝の皇位についたのは、母・廉子がみごもったとき、吉夢《きちむ》を見たからだといわれた。以後三十年、父帝の遺志を引き継ぎ、公家一統、京都奪回、南朝興隆をめざして邁進した。だが、「南風《なんぷう》競わず」といわれる南朝の劣勢はいかんともしがたく、各地で拠点を失った。

ところが、幕府内に足利尊氏・直義《ただよし》兄弟の対立が生じ、正平五年（北朝観応元年・一三五〇）の直義につづいて、尊氏も翌六年十月に帰服してきた。後村上天皇は十一月七日、南北朝の和議により、北朝の崇光天皇と皇太子・直仁親王を廃し、年号を「正平」に統一した。そして十二月には、北朝が所持する「三種の神器」を偽器であるとして没収した。

しかし、足利氏がまたも南朝に叛いて攻撃してきたため、天皇は吉野の賀名生《あのう》（奈良県五條市西吉野町）に還幸し、以後、各地を転戦した。正平二十三年（北朝応安元年）三月十一日、摂津国住吉《すみよし》（大阪市住吉区）で崩御し、檜尾陵《ひのおのみささぎ》（大阪府河内長野市寺元）に葬られた。（坂井）

北朝第三代　崇光《すこう》天皇　一三三四〜一三九八（在位：一三四八〜一三五一）

●武家内部の抗争に翻弄されて廃位

崇光天皇は、建武元年（一三三四）四月二十二日、光厳上皇の第一皇子として生まれた。諱を益仁といい、のち興仁と改めた。母は三条公秀《さんじょうきんひで》の娘・典侍秀子《ないしのすけしゅうし》（陽禄門院《ようろくもんいん》）。のち徽安門院《きあんもんいん》寿子内親王《じゅしないしんのう》を准母《じゅんぼ》とする。貞和四年（南朝正平三年・一三四八）十月二十七日、十五歳で践祚し、花園上皇の皇子・直仁親王を皇太子とした。

観応《かんのう》の擾乱《じょうらん》で足利尊氏が南朝に帰服したため、意に反して廃位させられたが、講和が破れると南朝方に拉致され、吉野の賀名生に三年間、幽閉された。帰京後は皇子・栄仁《よしひと》親王とともに伏見殿《ふしみどの》に住み、落飾。応永五年（一三九八）正月十三日に崩じ、光明天皇と同じく大光明寺陵に葬られた。（坂井）

北朝第四代 後光厳天皇《ごこうごんてんのう》 一三三八～一三七四（在位：一三五二～一三七一）

●女院の命により践祚して戦陣に彷徨

後光厳天皇は、暦応元年（南朝延元三年・一三三八）三月二日、光厳上皇の第二皇子として生まれた。諱は弥仁《いやひと》。母は三条公秀の娘・典侍秀子（陽禄門院）。足利尊氏が南朝に降伏した翌年の文和元年（南朝正平七年・一三五二）閏二月、北朝の光厳・光明・崇光上皇、廃太子・直仁親王が京を逐われ、このため、京都は天皇不在となった。

そこで二代将軍・足利義詮《よしあきら》は北朝を再興せんと、同年八月十七日、故・後伏見上皇の妃・広義門院に奏して、その命をもって、弥仁王十五歳の元服を行い、親王宣下の後、ただちに土御門殿で践祚を行った。北朝第四代の後光厳天皇である。

在世中、後光厳天皇は南朝方の攻撃で再三、京都退去を余儀なくされ、延暦寺、美濃小島《おじま》、近江武佐《むさ》などを転々とした後の貞治元年（南朝正平十七年・一三六二）二月、京都に還幸した。応安四年（南朝建徳二年・一三七一）三月二十三日、緒仁《おひと》親王（後円融天皇）に譲位。同七年（南朝文中三年）正月二十九日、急病により崩御し、京都の深草北陵に葬られた。（坂井）

第九八代　長慶《ちょうけい》天皇

一三四三〜一三九四（在位：一三六八〜一三八三）

●大正時代に在位の確立した南朝三代目

長慶天皇は後村上天皇の第一皇子。母は女御・藤原勝子《しょうし》（嘉喜門院《かきもんいん》）と考定される。南北朝動乱の世にあって、後村上帝は各地を転戦し、行宮《あんぐう》も頻繁に移動させざるを得なかった。そのこともあって、践祚の時期は特定しがたいが、父帝崩御の正平二十三年（北朝応安元年・一三六八）の春ごろには、在位したものと推定されるが、皇統に正式に加えられたのは、近代の大正時代末になってからである。

践祚のころは摂津国住吉に行宮があったが、その後、大和の吉野、河内の金剛寺《こんごうじ》（山号は天野山《あまのさん》）に移り、さらに天授五年（北朝康暦元年・一三七九）ごろ、大和の栄山寺《えいざんじ》に落ち着いた。父・後村上天皇の晩年、公武合体の話が進んだが、正平二十二年（北朝貞治六年・一三六七）、談判は決裂した。南朝側が、二代将軍・足利義詮が降参するならば聴許《ちょうきょ》してもよいという、大義名分論にもとづく態度をとったからだといわれる。

後亀山天皇に譲位したのは、弘和三年（北朝永徳三年・一三八三）末から、翌年の元中元年（北朝永徳四年）閏九月までと推定される。応永元年（一三九四）八月、五十二歳で崩御。昭和時代に嵯峨東陵《さがのひがしのみささぎ》（京都市右京区嵯峨天龍寺角倉町《すみのくらちょう》）が陵所と定められた。（坂井）

北朝第五代　後円融《ごえんゆう》天皇　一三五八〜一三九三（在位：一三七一〜一三八二）

●即位を支持した室町幕府とも距離をおく

後円融天皇は、延文三年（南朝正平十三年・一三五八）十二月十二日、後光厳天皇の第二皇子として生まれた。名は緒仁《おひと》と命名された。母は広橋兼綱《ひろはしかねつな》の娘・藤原仲子《ちゅうし》（崇賢門院《すうけんもんいん》）。栄仁親王こそ北朝の正統であるとの崇光上皇の主張があったが、室町幕府の支持により、応安四年（南朝建徳二年・一三七一）三月二十三日に践祚した。ただし、三代将軍・足利義満《よしみつ》との関係は必ずしも良好ではなかったという。

永徳二年（南朝弘和二年・一三八二）四月十一日、六歳の第一皇子・幹仁《もとひと》親王（後小松天皇）に譲位した。形式上、院政をしいたが、世情は比較的安定し、和歌に秀でていた天皇は『新後《しんご》拾遺《しゅうい》和歌集』を勅撰するなど、穏やかに過ごした。南北朝の合一をみた翌年の明徳四年（一三九三）四月二十六日、小川仙洞《おがわせんとう》御所で崩御し、父と同じく深草北陵に葬られた。（坂井）

第九九代 後亀山《ごかめやま》天皇 ?～一四二四（在位：一三八三～一三九二）

●やむなく南北朝合体の条件をのむ

後亀山天皇は後村上天皇の第二皇子で、諱を熙成《ひろなり》という。母は女御・藤原勝子（嘉喜門院）と考定される。弘和三年（北朝永徳三年・一三八三）末ごろ、兄・長慶天皇の譲位にともない践祚し、翌年、「元中」と改元された。このとき南朝は、後醍醐天皇以来の文武の功臣もすでに没し、末期的様相を示していた。一方、室町幕府は三代将軍・足利義満が成人となり、その実権を握りつつあった。

元中九年（北朝明徳三年・一三九二）十月十三日、その義満から、次のような南北両朝講和の条件が提示された。①譲国（譲位）の儀をもって、三種の神器を後亀山天皇から後小松天皇に授けること。②将来の皇位は持明院・大覚寺両統の迭立たるべきこと。③国衙《こくが》領はすべて大覚寺統の管領とすべきこと。④長講堂《ちょうこうどう》領はそのまま持明院統の御領とすること。

屈辱ではあったが、後亀山天皇はこの四つの条件に同意せざるを得ず、同月二十八日、行宮を出発して神器を閏十月五日、禁裏に譲り渡した。ここに南北朝の対立は終わり、北朝の後小松天皇の一統に帰して、南朝は滅亡したのである。

その後、出家して洛西の嵯峨《さが》で隠棲生活を送っていた後亀山上皇は、義満が講和の条件を守ろうとしないため、応永十七年（一四一〇）十一月二十七日、「困窮」と称して吉野へ潜幸した。後小松天皇からその第一皇子・実仁《さねひと》親王（称光天皇）への譲位が行われるのは、その二年後である。応永三十一年四月十二日、皇位継承（両統の交互即位）の約束の不履行に対する憤りを胸に崩御し、嵯峨小倉陵《さがのおぐらのみささぎ》（京都市右京区嵯峨鳥居本小坂町）に葬られた。（坂井）

第5章

室町・戦国時代の天皇

朝廷の権威と武国武将たち

後陽成天皇（泉涌寺蔵）

第一〇〇代　後小松《ごこまつ》天皇　一三七七～一四三三（在位：一三八二～一四一二）

●南朝から神器を受け継ぎ両統合一

後小松天皇がわずか六歳で父・後円融天皇から位を譲られたのは、永徳二年（南朝弘和二年・一三八二）四月のことである。この事情については、少しさかのぼって説明しておかなければならない。皇統が、持明院統《じみょういんとう》と大覚寺統《だいかくじとう》の両統に分かれてのち、後者の後醍醐天皇が大和の吉野《よしの》（奈良県吉野郡吉野町）に逃れると、足利尊氏《あしかがたかうじ》は前者、光厳天皇の子・光明天皇を擁立して皇位につけるとともに、光厳上皇による院政を開始させた。ここに明確に、南朝と北朝の二朝が並び立ったことになるが、光明天皇のあとはその皇子・興仁《おきひと》親王が貞和五年（南朝正平四年・一三四九）に即位した。すなわち崇光天皇である。

ところが観応二年（南朝正平六年・一三五一）、足利尊氏・義詮《よしあきら》父子が南朝方にいったん降伏した。崇光天皇は廃位へと追いやられ、翌年には光厳院・光明院とともに吉野の賀名生《あのう》に幽閉された。その間、室町幕府二代将軍・足利義詮は、後伏見上皇の女御である広義門院《こうぎもんいん》（西園《さいおん》寺寧子《じやすこ》）の命を受け、光厳天皇の末子《ばっし》・弥仁《いやひと》親王を新帝に立てた。これが後光厳天皇で、後小松天皇の祖父にあたる。

崇光院はその後、両上皇とともに京都に戻る。それにより室町幕府の支持する北朝・持明院統では、皇位継承の候補者として、いとこ同士にあたる後光厳天皇の皇子・緒仁《おひと》親王と、崇光院の皇子・栄仁《よしひと》親王の二人が並ぶことになってしまった。

この皇位継承問題では、崇光院側の栄仁親王を推す積極的な働きかけもあったらしいが、応安四年（南朝建徳二年・一三七一）、十四歳とまだ年若い三代将軍・足利義満《よしみつ》を補佐する管領・細川頼之《ほそかわよりゆき》の策略で、後光厳院側の緒仁親王が次の天皇になる。これが後円融天皇で、後小松天皇の父である。後円融天皇には皇子の幹仁《もとひと》親王（のちの後小松天皇）に譲位したい思いがあったが、先のようなわけですんなりとはいかない状況もあった。

これに力があったのが、後小松天皇の乳母をつとめた典侍《ないしのすけ》・日野宣子《ひののぶこ》である。彼女の姪・日野業子《なりこ》は義満の正室に入っていたから、永徳二年四月、当時二十五歳で実権を握りつつあった義満と協議し、後小松天皇の践祚が決まったのである。

そうした状況下で天皇が決まったことからもわかるように、後小松天皇の治世は実質上、室町幕府の最盛期といえる三代将軍・義満の時代に重なっていて、しかも義満は公家志向が強く、政治権力を自分のもとに集中させようとしたから、実際に天皇が政治をみる力はなかったといってよい。それはたとえば、天皇が官職を任命する口宣案《くぜあん》の袖（文書の右端の空白部）に義満が花押《かおう》をすえたことや、義満自らが造営した北山殿《きたやまどの》（北山第《きたやまのてい》とも。現在の金閣寺《きんかくじ》の地）を院御所に擬したことからもうかがえる。

それでもこの後、後小松天皇の治世下に、北朝が南朝と講和をはかり、南北朝を合一できたことは、北朝にとって皇位継承の象徴である神器を取り戻すという意味で大きな成果であった。一方、幕府にとっても、反対勢力が南朝に与《くみ》する憂いを断つことになった。すなわち、後亀山天皇から譲国の儀をもって神器を後小松天皇に渡す、今後の皇位は両統迭立とする、諸国の国衙領は大覚寺統で長講堂領は持明院統の支配とする、という三つの講和条件が合意されたのは、明徳三年（南朝元中九年・一三九二）十月のことである。

しかも、後亀山天皇の帰京は行幸《ぎょうこう》の儀をもって行われたが、神器は後小松天皇の御所に移されただけで、譲国の儀は行われなかった。かくして講和条件は名目だけで、実際は反故《ほご》にされたといってよい。これがもっぱら幕府の主導によってなされたことは言うまでもない。

後小松天皇と足利義満との関係といえば、応永十五年（一四〇八）三月の北山殿行幸が象徴的である。この行幸は、三月八日に渡御、二十八日に還御、という二十日間にも及ぶ大規模なもので、その間、義満の演出によるさまざまな趣向が凝らされた。

舞楽や蹴鞠《けまり》、和歌会や連歌《れんが》会などのほか、義満の愛好する猿楽《さるがく》（能）が御覧に供じられたのは特筆に価する。おそらく天皇が猿楽を見たのはこれが初めてであったろう。義満お気に入りの犬王道阿弥《いぬおうどうあみ》をはじめ、猿楽の名手たちがここぞとばかりに競って芸を披露したという。

この行幸の中でも参列の公卿たちをとりわけ驚かせたのは、初日の饗宴での義満の子・義嗣《よしつぐ》の格別の待遇であった。義満の末子である義嗣は溺愛されていたが、饗宴の席では関白・一条経嗣《つねつぐ》の上席を占め、天皇の盃を受けたのち、庭上で拝舞した。その間、並み居る公卿も庭に降

両統迭立系図

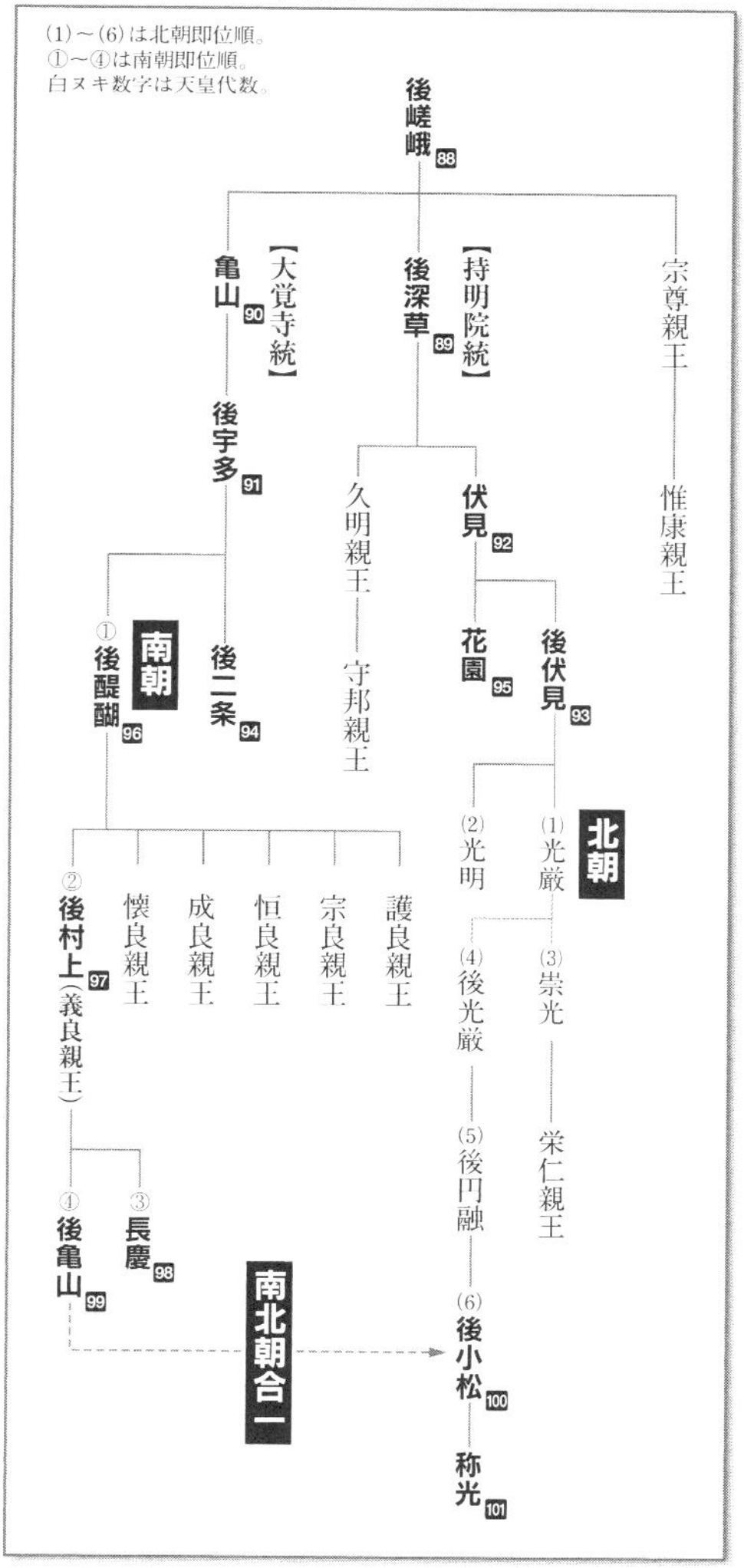

りて蹲踞《そんきょ》の礼をとったという。義嗣を自分の後継者として確認させる義満の演出であったろうが、後小松天皇は終始、受身の立場に立たされたのである。

応永十五年に義満が亡くなり、四代将軍・義持《よしもち》の時代になって、政策の見直しがいくらかあったものの、幕府の朝廷に対する優位は基本的に変わらなかった。応永十九年には第一皇子・

実仁親王《さねひと》（称光天皇）に譲位して、自らは院政を行うことになる。願うところは、皇統をわが子に引き継ぐことであったろう。

後小松院にとって気がかりなのは、崇光院の皇子・栄仁親王（伏見宮家《ふしみのみや》の初代）とその子息であった。後小松上皇が伏見宮の所領の一部である室町院領をずっと認めてこなかったのも、そうした理由からである。伏見宮ではやむなく歴代の重宝《じゅうほう》である横笛「柯亭《かてい》」を上皇に献上し、やっとのことで安堵してもらったほどである。

しかし、肝心の子・称光天皇は、ついに皇子に恵まれることなく、正長元年（一四二八）七月に崩御してしまう。結局、栄仁親王の次男・貞成《さだふさ》親王（後崇光院）の子・彦仁王《ひこひとおう》に白羽の矢が立ち、後小松上皇の猶子《ゆうし》として践祚する。後花園天皇である。あれほど皇統を守ろうとした執念の努力も、後継者を得ないという一点でむなしくなったのは哀れであった。永享五年（一四三三）十月に崩じ、深草北陵《ふかくさのきたのみささぎ》（京都市伏見区深草坊町）に葬られた。（五島邦治）

第一〇一代　称光天皇《しょうこう》　一四〇一～一四二八（在位：一四一二～一四二八）

●父・後小松上皇の院政に隠れた薄幸な生涯

称光天皇は後小松天皇の第一皇子で、母は日野資国《ひのすけくに》の娘・資子《すけこ》。諱は実仁。応永十九年（一四一二）八月二十九日、父帝の譲位をうけて践祚し、同二十一年十二月に十二歳で即位した。

そのころ、持明院統への皇位継承で、両統迭立の約束を反故にされた大覚寺統の南朝遺臣が各地で蜂起した。だが、日野氏を介して足利将軍家と姻戚関係にあった朝廷は、幕府の支援を背景に、これを力でねじ伏せた。

在世中は父・後小松上皇の院政がつづいて政治の表舞台に出ることはなく、晩年は生来の病弱に加えて、弟・小川宮《おがわのみや》の急死や父との不和が災いして精神に不調をきたした。正長元年（一四二八）七月二十八日、二十八歳で崩じ、父帝らと同じく深草北陵に葬られた。皇子に恵まれなかったとも、二人の皇子をもうけたともいわれる。（坂井洋子）

第一〇二代　後花園《ごはなぞの》天皇　一四一九〜一四七〇（在位：一四二八〜一四六四）

●複雑な登極事情と乱世における徳行

後花園天皇は、北朝崇光天皇の曾孫・伏見宮第三代、貞成親王（後崇光院）の第一皇子として、応永二十六年（一四一九）六月十八日に生まれた。名を彦仁という。母は右近衛少将《うこのえのしょうしょう》・庭田経有《にわたつねあり》の娘・幸子《こうし》（敷政門院《ふせいもんいん》）で、その叔母・資子の所生が崇光天皇の皇子・栄仁親王（伏見宮《ふしみのみや》家の初代）という複雑な関係にある。

正長元年（一四二八）七月六日、称光天皇の病が重くなると、後小松上皇は彦仁王を御所に迎え、親王宣下のないまま猶子と定めた。両統迭立の履行を求める南朝・大覚寺統の小倉宮《おぐらのみや》が挙兵の動きを見せたため、皇嗣の決定を急いだのである。

称光天皇崩御の七月二十八日、十歳で践祚。翌永享元年（一四二九）十二月二十七日、即位礼を挙げた。このとき父・後崇光院は、皇位が崇光天皇の嫡流に戻ったことをよろこび、『椿《ちん》葉記《ようき》』を著して帝王学を諭した。

寛正五年（一四六四）、第一皇子・成仁《ふさひと》親王（後土御門天皇）に譲位するまでの在位中、正長《しょうちょう》の土一揆《つちいっき》、永享《えいきょう》・嘉吉《かきつ》の乱と争乱が相次ぎ、改元すること七回。それでも、学徳にすぐれた後花園天皇は「近来の聖主」とたたえられ、寛正の大飢饉《ききん》の際（一四六〇～六一年）、人民の困苦も顧みずに贅沢三昧に耽《ふけ》る八代将軍・足利義政《よしまさ》に、次の詩を贈って戒めた。「残民《ざんみん》争いて採《と》る首陽《しゅよう》の蕨《わらび》　処々廬《しょしょいおり》を閉じ竹扉《ちくひ》を鎖《とざ》す　詩興の吟《ぎん》は酣《たけなわ》なり春二月　満城《まんじょう》の紅緑《こうりょく》誰《た》が為にか肥《こ》ゆる」――。

大乱で京都が戦場となった応仁元年（一四六七）九月、世の無常を悟り、にわかに出家。文明二年（一四七〇）十二月二十七日、崩御し、常照皇寺《じょうしょうこうじ》（京都市右京区京北井戸町）内の後山《のちのやま》国陵《くにのみささぎ》に葬られた。出家前、後花園天皇が成仁親王に与えた教訓状は、天子の心構えと為すべきことを諭したもので、歴代天皇はよくこの訓《おし》えを守って乱世に処した。（坂井）

第一〇三代　後土御門天皇《ごつちみかど》

一四四二～一五〇〇（在位：一四六四～一五〇〇）

●応仁の乱後、朝儀の復興に尽力

後土御門天皇は後花園天皇の皇子で、母は藤原信子《しんし》。その在位期間の前半は、京都が戦火に包まれた応仁《おうにん》の乱の時期に重なる。この内乱は、守護大名である畠山《はたけやま》家の義就《よしなり》と政長《まさなが》の抗争がそもそもの原因であるが、これに幕府内の実権を狙う細川勝元《ほそかわかつもと》と山名持豊《やまなもちとよ》の対立が結びつき、さらに足利義視《あしかがよしみ》・足利義尚《よしひさ》の将軍後継問題がからんで、それを支持する勢力が二分して、京都を戦場に十年余も争った。

争乱は文正二年（一四六七・三月に応仁と改元）正月十七日、畠山政長《まさなが》が内裏《だいり》の北東にあたる上御霊《かみごりょう》神社の森で挙兵したことにはじまる（御霊林《ごりょうばやし》の戦い）。八代将軍・足利義政《よしまさ》はこのとき、土御門東洞院殿《ひがしのとういんどの》にあった後土御門天皇を後花園上皇とともに、自らの邸である室町殿《むろまちどの》（室町第《むろまちのてい》とも）に移した。

御霊林の戦いでは、政長軍の撤退により京都はいったん平静を取り戻し、天皇も内裏に還幸する。五月になると、細川勝元と山名持豊はそれぞれ与《くみ》する守護大名を全国から京都に寄せ集め、両者の京都館を中心に対峙することになった。これが細川の東軍と山名の西軍である。

細川勝元は幕府のある室町殿をおさえていたが、西国に強大な勢力をもつ大内政弘《おおうちまさひろ》が、西軍に味方するために上洛してくると、この状況を不利とみて、八月二十三日、天皇と上皇を再び室町殿に移した。天皇を自陣内に引き入れることによって、西軍を賊軍とすることに目的があったのであるが、これより約十年間、ひとつの邸内に天皇・上皇・将軍が一緒に住まうという事態になった。この間、節会《せちえ》以下の公事などはいっさい行うことができず、天皇は武家に利用されるだけの身の上を愁いて、何度も譲位を考えるほどであった。

文明八年（一四七六）十一月、火事により室町殿が類焼すると、後土御門天皇は近くの小川《おがわ》殿《どの》に移御、さらに北小路殿《きたこうじどの》、日野政資《ひのまさすけ》邸と転々とした後、同十二年十二月、ようやく修理の成った土御門殿に還幸することができた。しかし、もとよりここは一町四方の狭小な敷地で、大乱による荒廃は覆うべくもなかった。

そうした事情もあって、後土御門天皇は、大乱で中絶していた儀式の復興に熱心だった。諸家に節会の次第を調べて書写させ、ついに延徳二年（一四九〇）正月、節会を復興している。しかし、それも将軍御台《みだい》である日野富子《とみこ》から一万疋《ひき》（銭一〇〇貫文《かんもん》に相当）の寄進を受けて、ようやく白馬《あおうま》・踏歌《とうか》の節会を行うというありさまであった。

譲位のないままに後土御門天皇が突然崩御したのは、明応九年（一五〇〇）九月二十八日であるが、葬儀は四十三日も後に行われ、父帝らと同じく深草北陵に葬られた。「かくの如き遅々《ちち》、さらに先規《せんき》あるべからず」と、前関白《さきのかんぱく》・近衛政家《このえまさいえ》は日記で嘆いている。（五島）

第一〇四代　後柏原天皇《ごかしわばら》

一四六四〜一五二六（在位：一五〇〇〜一五二六）

●大乱により遅れた即位と相次ぐ朝儀再興

後柏原天皇は、後土御門天皇の第一皇子として、寛正五年（一四六四）十月二十日に生まれた。母は贈内大臣・庭田長賢《にわたながかた》の娘・朝子《ちょうし》。諱《いみな》は勝仁《かつひと》。文明十二年（一四八〇）十二月、親王宣下。ところが父帝の崩御にともない、明応九年（一五〇〇）十月二十五日に践祚したとき、すでに三十七歳であった。

ただし、父帝の喪中であったため、践祚とは形ばかりで、しかも応仁・文明の両乱が尾を引いて、朝廷経済はひどく困窮していた。一時は「ご即位ご沙汰《さた》あるべからず、公方《くぼう》（将軍）拝賀もあるべからず」と、即位礼が取り止めになったほどで、見かねた十代将軍・足利義稙《よしたね》および本願寺《ほんがんじ》が即位にかかる費用を献上し、永正十八年（一五二一）三月二十二日、五十八歳にしてようやく即位礼を挙げたのである。

後柏原天皇は、元日の節会など朝儀の再興に心を砕いた。都に疱瘡《ほうそう》（天然痘《てんねんとう》）が流行したときには宸筆《しんぴつ》の般若心経《はんにゃしんぎょう》を延暦寺《えんりゃくじ》と仁和寺《にんなじ》に納め、万民の安穏を祈った。大永六年（一五二六）四月七日、記録所《きろくしょ》において崩御し、父帝らと同じく深草北陵に葬られた。学問のほか詩歌・管《かん》絃《げん》に長じ、歌集『柏玉集《はくぎょくしゅう》』や『後柏原天皇宸記《しんき》』を残している。（坂井）

第一〇五代 後奈良《ごなら》天皇 一四九六〜一五五七（在位：一五二六〜一五五七）

●帝徳の見本とされる般若心経の宸写

後奈良天皇は、明応五年（一四九六）十二月二十三日、後柏原天皇の第二皇子として、権《ごん》中納言《ちゅうなごん》・勧修寺政顕《かじゅうじまさあき》の邸で生まれた。母は贈左大臣・勧修寺教秀《のりひで》の娘・藤子《とうし》。諱は知仁《ともひと》。永正九年（一五一二）四月八日、親王宣下。大永六年（一五二六）四月二十九日、父帝の崩御にともない践祚した。しかし、父帝と同じく、天皇の代は皇室経済のもっとも式微《しきび》した時期にあたり、即位礼は十年後の天文五年（一五三六）二月まで待たなければならなかった。

天文九年六月、都にも飢饉《ききん》と疫病《えきびょう》が蔓延《まんえん》した。前年からつづく洪水と天候不順により、全国的な凶作の年となったからである。後奈良天皇は災いの終息を祈るため、父帝にならい般若心経を書写したが、その奥書《おくがき》に「今ここに天下大疫、万民多く死亡に阽《のぞ》む。朕《われ》、民の父母として、徳覆ふこと能《あた》はず。甚《はなは》だ自ら痛む。ひそかに般若心経一巻を金字に写して、（醍醐寺三宝《だいごじさんぼう》院《いん》）義堯僧正《ぎぎょうそうじょう》をしてこれを供養《くよう》せしむ。庶幾《こいねがわく》は、疾病《しっぺい》の妙薬たらんか」と記したことは、天皇としての深い自覚を示したものとして、まさに帝徳の見本とされる。

後奈良天皇は慈悲深く、宸筆の般若心経を諸国の一宮《いちのみや》に奉納した。その数は二十四か国に上るといわれ、阿波・伊豆など七か国に伝存している。さらに天文十四年八月には、伊勢神宮に宣命《せんみょう》を奉り、大嘗会《だいじょうえ》を行うことのできない朝廷の現状を深く謝した。聖運《せいうん》の興隆と民戸《みんこ》の豊穣《ほうじょう》を祈願し、ひたすら万民の無事平穏をはかることに努めた三十二年間の心労多い在位をまっとうし、弘治三年（一五五七）九月五日、六十二歳にして崩御した。父帝らと同じく深草北陵に葬られた。（坂井）

第一〇六代 正親町《おおぎまち》天皇 一五一七〜一五九三（在位：一五五七〜一五八六）

●天皇の権威を活用し、織田信長と対峙

正親町天皇は後奈良天皇の第二皇子で、母は藤原栄子《えいし》。父帝の崩御にともない践祚したのは、戦国時代の末期で、皇室経済はひどく窮乏していた。そのため即位礼も、践祚から三年後、安芸（広島県西部）から中国地方に勢力を広げた戦国大名、毛利元就《もうりもとなり》の資金援助を受けて行うというありさまであった。

そんな内裏経済を立て直したのが、尾張（愛知県）から出て全国制覇を企てた織田信長《おだのぶなが》である。すでに父・信秀《のぶひで》の代に朝廷との関係があり、信秀は天文十二年（一五四三）二月、内裏四面の築地《ついじ》屋根の修理料として、銭四〇〇〇貫文を献上したことがある。

そこで朝廷では、京都で三好長慶《みよしながよし》や松永久秀《まつながひさひで》が勢力を伸ばして十三代将軍・足利義輝《よしてる》を支え

ていた頃から、信長の卓抜した力に関心をもち、上洛をうながしていた。それを推進したのは、朝廷の倉をあずかり、皇室経済を維持する禁裏御倉職《きんりおくらしき》にあった立入宗継《たてりむねつぐ》であった。

永禄七年（一五六四）ごろ、宗継は、信長に上洛をうながす綸旨《りんじ》を出すことを万里小路惟房《までのこうじこれふさ》に提案する。惟房の奏上を聞いた正親町天皇はたいそう驚き、事は重大であるから内侍所《ないしどころ》で籤《くじ》をとって計るがよい、と言われたという。はたして籤はよしと出たので、宗継自身と、岳父《がくふ》でその娘婿が信長の家臣になっていた磯谷久次《いそがいひさつぐ》が密使となり、尾張・清須《きよす》の信長のもとへ赴いた。そして信長に、朝儀の安寧、皇室所領の維持、内裏修理の三か条について綸言《りんげん》を伝え、この旨をもって上洛をうながしたのである。これに対して信長は、この二、三年の内に聖旨に沿うことになるだろう、と返事したという。この話は、清浄華院《しょうじょうげいん》塔頭《たっちゅう》の松林院《しょうりんいん》住職である道家《どうけ》祖看《そかん》が書き留めた『道家祖看記』に見え、おおむね事実であろうと考えられている。

永禄十年十一月、正親町天皇は美濃（岐阜県）を平定した信長に対して、その武勲を賀《が》して誉めたたえ、尾張・美濃両国の皇室領の復興を命じる綸旨を出す。同時に出された万里小路惟房の添状と目録には、「御元服」（皇子・誠仁《さねひと》親王の元服料の献上）、「御修理」（内裏修理）、「御料所」（皇室料の回復）の三か条があげられていた。

永禄十一年九月、足利義昭《よしあき》を奉じて上洛した信長は、間近に控えた誠仁親王の元服の費用にと、十月八日に銭一〇〇貫文を献上した。義昭が朝廷から将軍宣下を受けて十五代将軍に就任するのは、この十日後である。天正三年（一五七五）には、徳政《とくせい》の新法を公布し、京都の公家・門跡《もんぜき》の債務を帳消しにして、土地を返還させた。永禄十三年から開始された内裏の修理では、信長自ら修理を監督する力の入りようで、その費用は銭一万貫文を超えた。

こうして正親町天皇が信長に命じた三か条は次々と実現されていった。信長は、よくいわれるように中世的権威を否定したのではなく、朝廷に一定の理解を示し、天皇を中心とする公家経済を保証しようとしたといえよう。京都の市民が天皇を中心とする公家社会に好意的であることを、よく理解していたのである。

皇室経済を安定させようと、信長は京都とその周辺の田畑一反《たん》ごとに一升《しょう》の反別米《たんべつまい》を課し、その一部を京都の各町に貸し付けた。そして元米は貸したままにし、その利息分の三割、月別にすると上京・下京を合わせて十三石を朝廷に納めさせた。商工業によって京都にもたらされる富は莫大なものがあり、そうした都市経済を利用して朝廷の維持を図るという政策は、いかにも商業を重視した信長らしいやり方である。ただ、その背後には、禁裏御倉職・立入宗継の働きも見え隠れする。

織田信長という人は、朝廷の官職には比較的淡泊で、入洛後しばらくは、その直前から名乗っていた弾正忠《だんじょうちゅう》という官職にあった。弾正忠は父・信秀の官途《かんと》を襲ったもので、正六位相当であるから、けっして高官というわけではない。天正二年（一五七四）三月十八日の口宣案により、信長は従五位下に叙されて昇殿《しょうでん》を許されているが、朝廷としては、低位下官から順をへて高位高官に任じていきたいという思惑があったようである。

ところが、政治的な実権を掌握した信長にしてみれば、官職は対外的な名目でしかない。天正三年十一月、いきなり権大納言兼右近衛大将に任ぜられて、公卿に列したのは、もっぱら信長側の強い意向によるものであろう。さらに信長は、正三位《しょうさんみ》内大臣、従二位《じゅにい》右大臣、正二位《しょうにい》と年々、昇進を重ねていったが、天正六年になって突然、すべての官職を辞退した。その意図を計りかねた朝廷側はあわてふためいたが、このあたりに朝廷と信長の官職に対する考え方の違いが表れているといえよう。

明智光秀の謀叛にあい、京都・本能寺《ほんのうじ》で信長が自刃《じじん》するひと月前の天正十年五月四日、正親町天皇は、上臈《じょうろう》・佐五局《さごのつぼね》や勧修寺晴豊《かじゅうじはれとよ》を使者として近江の安土《あづち》に遣わした。宸翰《しんかん》とともに渡された誠仁親王の親書には「いか様の官にも任ぜられ」とあり、太政大臣・関白・征夷大将軍のどれかに推挙する、というものであった。しかし信長は、趣《おもむき》のみを確認して勅使に面会すらせず、返事を棚上げにしたまま京都へ出立《しゅったつ》し、ついに帰らぬ人となった。

正親町天皇は文禄二年（一五九三）正月、七十七歳をもって崩じ、父帝らと同じく深草北陵に葬られた。（五島）

第一〇七代　後陽成《ごようぜい》天皇　一五七一〜一六一七（在位：一五八六〜一六一一）

●聚楽第への行幸と禁中醜聞の粛正

後陽成天皇は、父の誠仁親王が早逝したので、祖父・正親町天皇の養子となり、天正十四年（一五八六）十一月に即位した。その治世は、豊臣秀吉《とよとみひでよし》と徳川家康《とくがわいえやす》が武家統一政権を確立した時期と重なる。

信長から全国制覇の夢を引き継いだ秀吉は、朝廷の官職や血閥に旺盛《おうせい》な意欲を示した。天正十二年（一五八四）の従三位権大納言を皮切りに、正二位内大臣、従一位《じゅいちい》関白をへて、同十四年十二月には太政大臣になっていた。さらに諸大名や家来をも官職に推挙して、自身の権威づけと政権の安定を図ったのである。

七十歳の祖父・正親町天皇の譲位にともない、後陽成天皇が践祚したのは、そういう状況であった。まもなく秀吉は、前《さきの》太政大臣・近衛前久《このえさきひさ》の娘である前子《さきこ》を養女にして入内《じゅだい》させ、形式上、天皇の外戚となった。

後陽成天皇と秀吉との関係を示す象徴的な出来事は、天正十六年四月の聚楽第《じゅらくてい》行幸であろう。聚楽第は、秀吉が大内裏《だいだいり》の跡地に贅《ぜい》を凝《こ》らして造作《ぞうさく》した城郭である。後小松天皇の北山殿行幸、後花園天皇の室町殿行幸の先例にならったもので、秀吉自ら内裏に天皇を迎えに行くというもてなしぶりからも、力の入りようがわかる。当初、三日間の予定だった行幸の宴《うたげ》は五日間に延長された。

この行幸の場で、秀吉は内裏御料として京中の銀地子《ぎんじし》（借地代）五五三〇両余を進上した。

さらに地子米《じしまい》（地子として納めた米）を、正親町上皇に三〇〇石、秀吉の養子となった智仁《としひと》親王（八条宮《はちじょうのみや》家の初代）に五〇〇石を贈り、公家・門跡に近江国高島《たかしま》郡八〇〇〇石を寄進した。

この大盤振る舞いの裏には、秀吉の政略があった。秀吉と同時に昇殿を許された織田信雄《のぶかつ》、徳川家康、豊臣秀次《ひでつぐ》、宇喜多秀家《うきたひでいえ》、前田利家《まえだとしいえ》ら諸大名に誓紙《せいし》を書かせ、それには、①行幸への御礼、②内裏御料所の知行《ちぎょう》の確認、③関白・秀吉に対する忠節、の三か条が記されていた。

はじめの二か条で天皇と内裏に対する忠節を誓約させておきながら、最後の一か条では秀吉に対する帰順を約束させる。つまり、天皇の権威を利用して自分への服従を命じるのが本来の目的だったのである。

天正十八年、小田原北条氏を征討してほぼ全国を制覇した秀吉は、明《みん》の征討を夢見て朝鮮半島に出兵したが、そのさなかに死去する。その後、大坂冬・夏の両陣で豊臣氏を滅ぼし、江戸から全国統治を試みた徳川家康も、京都所司代《きょうとしょしだい》をおいて朝廷との交渉にあたらせた。その態度は、秀吉政権を継承して朝廷を尊重しつつも、しだいに干渉を強めるというものであった。

慶長十二年（一六〇七）、朝廷では、左少将・猪熊教利《いのくまのりとし》が女官衆と密通していたことが発覚し、出奔した。しかも二年後、この事件がもっと根の深いもので、御典医《ごてんい》・兼康備後《かねやすびんご》の周旋でさらに多くの公家衆と女官衆が遊興のうえ密通に及んでいたことがわかった。公家では烏丸光《からすまみつ》広《ひろ》、大炊御門頼国《おおいみかどよりくに》、花山院忠長《かざんいんただなが》、飛鳥井政賢《あすかいまさかた》、難波宗勝《なんばむねかつ》、徳大寺実久《とくだいじさねひさ》、中御門宗信《なかみかどむねのぶ》らであり、女官も典侍広橋《ないしのすけひろはし》、権典侍中院《ごんのすけなかのいん》、掌侍水無瀬《つかさのすけみなせ》、掌侍唐橋《からはし》、命婦讃岐《みょうぶさぬき》ら、天皇に近侍する高官も含まれていたのである。

後陽成天皇は激怒して、関係した公家の出仕を止め、五人の官女は親元に預け、沙汰があるまで待つよう命じた。同時に武家伝奏《ぶけてんそう》の勧修寺光豊《みつとよ》を通じて、天皇はこの事実と厳正処分の意向を京都所司代の板倉勝重《いたくらかつしげ》から駿府《すんぷ》の家康に伝えさせた。

家康は、出奔《しゅっぽん》していた猪熊教利を全国に捜索して、日向で捕らえると、兼康備後とともに死罪に処したが、その他の公家衆と女官衆には寛大な処置をとった。すなわち、女官五人を伊豆新島《にいじま》に流し、公家についても忠長を蝦夷に、頼国・宗信を薩摩に、政賢を隠岐に、宗勝を伊豆にそれぞれ配流したが、光広と実久については咎《とが》めなかったのである。

厳罰を求めていた後陽成天皇にとって、この処分は大いに不満だった。慶長十五年の末、家康に対して譲位の意向を示したが、家康は、政仁《ことひと》親王の元服のみを認め、譲位を延期するよう求めた。翌年三月、伝奏が持ち帰った家康の返書には七か条が示され、その第一条は家康か秀忠の上洛がなければ譲位は難しいであろうが、幕府の援助がなくとも年内にされたいというなら、それでもよろしかろうというものであった。

この返書にはほかにも、摂家《せっけ》衆は天皇に意見を具申《ぐしん》すること、諸家は学問の道に専念し行儀・法度《はっと》を守ること、適正な官職の任命を行うこと、といった朝廷に対する露骨な干渉や、烏丸光広・徳大寺実久の出仕回復などが示され、どれも天皇には承服しがたいことであった。

しかし、かねて家康から、天皇に対する意見の上申を強硬に求められていた摂家衆は、幕府の意向に添ってとりなすばかりであったから、ついに天皇もあきらめざるを得なくなかった。家康は、こうして朝廷への干渉を強め、幕府の統制下におこうとしたのである。

　後陽成天皇は、豊臣秀吉と徳川家康の武家政権に利用され、政治面では意のままにならなかったが、学問・文化面ではみるべき業績がある。三条西実隆《さんじょうにしさねたか》の古典復興運動をうけて、『伊勢《いせ》物語《ものがたり》』と『源氏《げんじ》物語』の研究に力を注ぎ、とくに後者は慶長九年（一六〇四）から講義を開始している。その内容を弟の智仁親王が筆録したのが『源氏物語聞書《ききがき》』である。

　また御撰《ぎょせん》の『伊勢物語愚案抄《ぐあんしょう》』は、実隆の『伊勢物語惟清抄《これきよしょう》』を基本として、一条兼良《いちじょうかねよし》・三条西公条《きんえだ》・牡丹花肖柏《ぼたんげしょうはく》などの先学、さらに師とした聖護院門跡《しょうごいんもんぜき》の道澄《どうちょう》などの説を集大成したもので、天皇自身も「私注」を加えている。在位中の歌会も盛んで、慶長十年九月に天皇が主催した歌会は『慶長千首《けいちょうせんしゅ》』として残っている。

　さらに、天皇の文化業績として特筆すべきものに出版事業がある。秀吉の二度にわたる朝鮮半島出兵で金属活字による印刷技術が入ってくると、天皇は、その銅板活字と印刷機を使って、文禄二年（一五九三）に『古文孝経《こぶんこうきょう》』を出版させた。日本における最初の活字印刷で、「慶長勅版《けいちょうちょくはん》」といわれる。その後、慶長二年から八年にかけて、日本製の木活字により、『中庸《ちゅうよう》』『大学《だいがく》』などの漢籍、『日本書紀神代巻《にほんしょきじんだいのまき》』などの和書を刊行した。こうした努力がやがて江戸前期の古活字本の盛行を導き、文芸復興の風潮に大きく貢献したのである。

　元和三年（一六一七）八月に崩じ、深草北陵に葬られた。（五島）

第6章

江戸時代の天皇
朝幕関係の複雑な変化

孝明天皇（神宮徴古館蔵）

第一〇八代　後水尾《ごみずのお》天皇

一五九六～一六八〇（在位：一六一一～一六二九）

●幕府に抗して幼少の皇女に譲位

慶長十六年（一六一一）、後水尾天皇は十六歳で、父・後陽成天皇の譲位をうけて皇位についた。母・前子《さきこ》（中和門院《ちゅうわもんいん》）にとって最初の皇子で嫡子であったが、豊臣《とよとみ》政権から徳川《とくがわ》政権へと時代が移り変わるなかで成長した後水尾天皇が皇位につくまでには紆余《うよ》曲折《きょくせつ》があった。このことは後陽成院との父子関係にも影を落とす要因となったのである。

翌年には早くも二代将軍・徳川秀忠《ひでただ》の末娘・和子《まさこ》との縁組み交渉が本格化する。和子は慶長十二年（一六〇七）生まれで六歳、母は秀忠の御台所《みだいどころ》・お江与《えよ》の方（崇源院《すうげんいん》）である。和子入内《じゅだい》の計画は大御所・徳川家康の考えによるもので、その噂はすでに和子が生まれた翌年に流れている。朝廷側が望む縁組みであろうはずはないが、これに抵抗することのできる情勢ではなく、慶長十九年、朝廷は入内の宣旨《せんじ》を発した。しかし、まもなく大坂冬の陣が始まったため、この件は棚上げされた。

翌年の大坂夏の陣で豊臣氏が滅び、入内もいよいよという空気が漂った元和二年（一六一六）、今度は家康が没し、翌年には後陽成院が崩御してさらに延び、元和四年六月になって、ようやく入内が翌年と決まった。ところが七月、天皇に第一皇子が誕生し、これが幕府に知れたことで、再び暗礁《あんしょう》に乗り上げる。

皇子を生んだのは、典侍《ないしのすけ》として天皇に仕えていた四辻公遠《よつつじきんとお》の娘で、一般には「およつ御寮人《ごりょうにん》」の名で知られている。彼女は翌年六月にも皇女を生み、幕府をさらに刺激した。天皇が譲位を口にするなか、幕府は武家伝奏《ぶけてんそう》を通じて、およつの兄を含めた天皇の近臣を処罰した。元和六年二月、幕府の意をうけた藤堂高虎《とうどうたかとら》の強談判《こわだんぱん》で朝廷が折れ、和子の六月入内がようやく決定する。

こうして、和子は後水尾天皇に嫁いだ。天皇は二十五歳、和子は十四歳になっていた。天皇にとっては苦渋の結婚であり、和子にとっても宮中は厳しい環境だったと思われるが、徐々に自分の居場所を築いていった。

元和九年、家光《いえみつ》の将軍宣下のために、秀忠・家光父子が相次いで上洛した。このとき、和子は最初の子を懐妊中で、同年十一月、皇女・女一宮《おんないちのみや》（のちの明正天皇）を生み、翌年、絶えて久しい中宮《ちゅうぐう》（皇后）の地位についた。

寛永三年（一六二六）、秀忠・家光父子は、天皇を二条城に迎えるため、再び上洛した。五日間にわたって行われた二条城行幸《にじょう》の行事は贅《ぜい》を尽くしたもので、朝廷と幕府との協調関係を世間に印象づけるものとなった。

この年十一月、和子は待望の皇子を出産した。先に記した第一皇子はすでに亡く（元和八年に夭折）、幕府・朝廷双方が待ち望んだこの皇子の誕生は、天皇の譲位問題のはじまりともなった。皇子は生後十日余りで親王宣下をうけ、高仁《すけひと》と命名された。

寛永四年（一六二七）四月、後水尾天皇は幕府に二年後の譲位を内示した。幕府はこれをうけて、その準備に取りかかっている。したがって、もし順調に進んでいけば、高仁親王は四歳で即位することになったはずである。

ところが翌年六月、高仁親王はわずか三歳で夭折してしまう。この死は天皇に衝撃を与え、中宮和子を通じて幕府に女一宮への譲位を打診するほどであった。もちろん、秀忠・家光は時期尚早とこれを留めた。和子に皇子が誕生する可能性はまだ十分にあったし、事実、このとき和子は出産間近で、九月に皇子を出産した。しかし、この皇子も十月には夭折してしまう。

このため、天皇が譲位を希望していた寛永六年を迎えても、譲位問題は解決していなかった。天皇は五月、今度は腫《は》れ物の鍼灸《しんきゅう》治療を理由に、女一宮への譲位の意思を明らかにした。天皇の母・中和門院がこれを上級公家衆に諮問すると、ほとんどの公家衆がやむを得ないと返答したため、朝廷は幕府に譲位の意向を伝えた。寛永四年以来、三度目のことである。それにしても、なぜ天皇はこれほど譲位を望んだのであろうか。

元和元年に、幕府が発布した「禁中　並《きんちゅうならびに》　公家諸法度《くげしょはっと》」によって、天皇は幕府法の下に規制された。さらに公家衆への官位叙任ですら、秀忠の了承を必要とする状況に天皇は不満であった。この束縛から逃れるためには、譲位しかない。幕府は上皇（院）に対しては明確な規定をもうけていなかったからである。

つまり、譲位すれば、在位中より自由になれる。しかも新天皇が幼少であれば、事実上の朝廷の長は変わらず自分である。こう考えれば、高仁親王が誕生して五か月で譲位を幕府にはかったのもうなずける。それだけに親王の死は打撃であった。

寛永四年七月、幕府は五か条の寺院法度を発布した。これは元和元年前後に発布した諸宗法度などに対する各寺院の違反問題に対応する処置で、元和元年以降に就任した住持職《じゅうじ》の一時停止などを含む内容であった。

ここで問題にされたのは、紫衣《しえ》（紫色の僧衣）の着用、上人号《しょうにん》の使用などが、幕府の許可なしに、天皇の勅許《ちょっきょ》によって行われていることであった。幕府が寺院を完全に掌握するためには、幕府法の遵守《じゅんしゅ》を各寺院にしっかりと認識させる必要があった。朝廷に対しても同様の姿勢で臨んでいたが、この法度には、直接朝廷を抑圧する意図まではなかったのではないだろうか。

一方、この法度が寺院側に与えた影響は多大であった。幕府が住持職の器量や条件を問題にしたことは、とりわけ大徳寺《だいとくじ》や妙心寺《みょうしんじ》に深刻な波紋を投げかけた。現実にそぐわない条件が明示されていたからである。

翌年春、大徳寺住持の沢庵《たくあん》ら硬派の僧たちが幕府に抗弁書を提出した。幕府はこれをゆゆしき事態と受け止めたが、すぐには明確な判断を示さなかった。天皇がこの動きをどのように見ていたかは判然としない。しかしながら、このあと高仁親王が没し、年内にも譲位したいと述べたことは悲嘆のゆえばかりとは言えないであろう。幕府は天皇の譲位延期をはかったが、天皇の意思がくつがえったわけではなかった。加えて、天皇の健康問題も持ち上がった。

寛永六年二月、沢庵らが江戸に赴き、五月、武家伝奏が勅使として江戸に下向した。その目的は、天皇の譲位の意向を幕府に直接伝えることであったが、今ひとつは寺院問題の穏便な解決を求めるためだったのではないかと考えられている。

しかし幕府は七月、沢庵らを流罪に処し、譲位についても了承の返答をしなかった。これによって天皇は精神的に追いつめられた。幕府は天皇の真意を探ろうと、十月、家光の乳母・福《ふく》(春日局《かすがのつぼね》)を上洛させて天皇および和子に対面させた。和子が八月に皇女を出産したばかりで、ご機嫌伺いの名目には女性の方がよいと考えたのかもしれない。

だが、これは逆効果となり、天皇はこの直後、一気に行動に移した。十月二十九日、女一宮に内親王宣下を行い、十一月八日、譲位を断行したのである。

このように、後水尾天皇の譲位問題は二年半のうちに性格を大きく変化させながら展開し、この間に起きた寺院問題(紫衣事件)が状況をさらに複雑にした。

「俄《にわか》の譲位」がもたらした朝廷と幕府の関係悪化は、秀忠死後の寛永十一年、三代将軍・家光が後水尾上皇の「院政」を承認することで改善がはかられた。後水尾帝は天皇在位中から学問に熱心で、譲位後はさらに研鑽《けんさん》を積むが、一方で仏道にも傾倒していった。

寛永八年、上皇は禅僧・一絲文守《いっしもんじゅ》を召して法要《ほうよう》を問い、聖旨《せいし》を契《ちぎ》った。この一絲との出会いが、上皇の禅への傾倒に大きな影響を与えたようである。仲介役を果たしたのは、上皇の実弟・近衛信尋《このえのぶひろ》であったといわれる。

一絲は堂上《とうしょう》公家・岩倉《いわくら》家の祖となる具堯《ともたか》の三男で、子供時代に中和門院に仕えた経歴をもつ。寛永九年、丹波の千箇畑《ちかはた》村に隠棲し、同十一年に桐江庵《とうこうあん》を建てて住むようになってからも、上皇はしばしば招請した。さらに同十五年、一絲のために洛北・西賀茂《にしかも》に霊源庵《れいげんあん》を創建する。

寛永十七年には上皇の第一皇女・梅宮《うめのみや》が、この一絲によって得度《とくど》して法名を文智《ぶんち》とし、翌年には修学院《しゅがくいん》に草庵を結んで大通《だいつう》と号した。梅宮の生母はあの、およつ御寮人である。正保二年（一六四五）に一絲が没したのちも、上皇はその遺徳を偲んだ。禅への思いも薄れず、その後、その思いは明から伝来した黄檗宗《おうばくしゅう》へとすすみ、隠元《いんげん》の禅風を慕って国師《こくし》号を贈っている。禅への思いは終生、変わることがなかったようである。

延宝八年（一六八〇）八月、八十五歳で崩御して、泉涌寺《せんにゅうじ》内の月輪陵《つきのわのみささぎ》（京都市東山区今熊野《いまぐまの》泉山町《せんざんちょう》）に葬られた。（久保貴子）

第一〇九代　明正天皇《めいしょう》　一六二三〜一六九六（在位：一六二九〜一六四三）

●徳川将軍の血を引く女帝の復活

明正天皇は、後水尾天皇の第二皇女として、元和九年（一六二三）十一月十九日に生まれた。母は二代将軍・徳川秀忠の娘・和子（東福門院《とうふくもんいん》）。幼名を女一宮といい、興子《おきこ》は諱である。寛永六年（一六二九）十月二十九日、内親王宣下をうけ、十一月八日、父帝の突然の譲位にともない受禅した。奈良時代の称徳天皇以来となる女帝の誕生であった。後水尾帝の譲位と興子内親王の践祚を聞かされた公家たちは、「ご譲位俄《にわか》なり、誰も知る人なし」と言って驚いたという。翌年九月十二日の即位礼では、まだ八歳の幼子。式の途中でむつかりだし、このため右大臣・二条康道《にじょうやすみち》が懐から人形をとり出して、なだめたという。

そのころ、朝幕関係はけっして良好とは言えなかった。寛永四年に起きた紫衣事件に端を発する後水尾天皇の幕府への不満は、同六年六月、関係者に対する幕府の苛烈な裁断が下ると頂点に達し、それが突然の譲位決行となったのであった。

しかし、先帝が上皇となって、諸事をとりしきったため、十五年の在位中、明正天皇は表に出て何かをするというようなことはなかった。寛永二十年十月三日、皇弟・紹仁《つぐひと》親王（後光明天皇）に譲位した。

明正天皇はその後、太上天皇の尊号を授かり、仙洞《せんとう》御所にあること五十四年、元禄九年（一六九六）十一月十日、七十四歳で崩御し、泉涌寺内の月輪陵に葬られた。同月十五日、生前の本人の意志にしたがい、奈良時代の女帝、元明・元正両天皇の諡号《しごう》の各一字をもって、明正院と追号された。なお、天皇は手芸を好み、押絵の作品が所縁《ゆかり》の寺院に伝わる。（坂井洋子）

第一一〇代　後光明《ごこうみょう》天皇

一六三三〜一六五四（在位：一六四三〜一六五四）

●儒学を好み和歌にも秀でる

後光明天皇は、後水尾天皇の第四皇子として、寛永十年（一六三三）三月十二日に生まれた。母は贈左大臣・園基任《そのもととう》の娘・光子《こうし》（壬生院《みぶいん》）。諱は紹仁。寛永十九年十二月十五日、親王宣下。翌二十年十月三日、異母姉・明正天皇の譲位をうけて践祚、二十一日に即位した。

温和な風貌ながら、厳毅剛正《げんきごうせい》な性格で、幕府に対しても強い意思をもって臨んだ。病気の後水尾上皇を見舞いに出かけようとしたとき、京都所司代の板倉重宗《いたくらしげむね》が「まずは関東にうかがいを立ててから……」と待ったをかけた。すると後光明天皇は、「上皇の御所まで高廊下《たかろうか》を作れ。廊下を歩いて行けば問題なかろう」と一蹴、重宗を承知させ、見舞いを実現したという。

また剣術の稽古をしていたある日、重宗がやはり、「関東に聞こえると一大事。止めていただかないと切腹します」と諫止《かんし》したところ、天皇は「朕《われ》は武士の切腹を見たことがない。南殿《なでん》に壇《だん》を築いて切腹せよ」と言い放ったという。

こうした傾向は、学問・文芸に対する姿勢にもみられる。天皇は「帝《みかど》いまだ幼き御時より御学文を好ませ給ひ」といわれるほどの好学で、儒学を尊重し、とくに朱子学《しゅしがく》の進講に耳を傾けた。さらに京学《きょうがく》を興した儒者・藤原惺窩《ふじわらせいか》を崇敬して『惺窩文集』に勅序を寄せ、その業績をたたえた。歌道はさほど好まなかったが、詩作は性に合ったとみえ、九十一首が御集『鳳啼集《ほうていしゅう》』に収められている。なお、在位中、神宮例幣《れいへい》の儀の再興にもつとめている。承応三年（一六五四）九月二十日、崩御した。後光明院と追号され、泉涌寺内の月輪陵に葬られた。（坂井）

第一一一代 後西《ごさい》天皇

一六三七～一六八五（在位：一六五四～一六六三）

●父・後水尾上皇の意向で弟帝に譲位

後西天皇は、後水尾天皇の第八皇子として、寛永十四年（一六三七）十一月十六日に生まれた。母は贈左大臣・櫛笥《くしげ》隆致《たかむね》の娘・隆子《りゅうし》（逢春門院《ほうしゅんもんいん》）。幼名を秀宮《ひでのみや》、諱を良仁《ながひと》という。正保四年（一六四七）、叔父・好仁《よしひと》親王（高松宮《たかまつのみや》家の初代）の王女を娶って高松宮を継承し、花町宮《はなまちのみや》と称したのち、慶安元年（一六四八）七月に親王宣下をうけた。

承応三年（一六五四）九月、後光明天皇が崩御したとき、皇子は一人もいなかった。後水尾上皇はこの年五月に誕生し、天皇の養子となっていた高貴宮《あてのみや》（のち識仁《さとひと》親王、霊元天皇）に皇位を継がせたかったが、なんとしても幼すぎた。そこで良仁親王に白羽の矢が立ち、同年十一月二十八日に践祚、明暦二年（一六五六）正月二十三日に即位礼を挙げた。

後西天皇は温和な性格で思慮深く、臣下の進言にも素直に耳を傾けた。あるとき、書にすぐれた公卿の白川雅喬《しらかわまさたか》が、後光明天皇の筆跡が天子にふさわしくないと言って、宸翰《しんかん》を火鉢にくべて焼いてしまった。二、三年後、白川が宸翰を見たところ、別人のような達筆で、その努力の跡がしのばれ、進言が聞き容れられたことを知り、深く感動したという。

寛文元年（一六六一）、皇居の火災で蔵書の大半が焼失したが、天皇が侍臣に作成させていた副本は幸いにして残り、人々は天皇の深慮に感嘆した。これらがのちに、京都御所内にある皇室の文庫、いわゆる東山御文庫《ひがしやまごぶんこ》（禁裏《きんり》御文庫とも）の基盤となるのである。

寛文三年正月二十六日、識仁親王が十歳になったのを機に譲位した。貞享二年（一六八五）二月二十二日に崩御。泉涌寺内の月輪陵に葬られ、経歴・境遇の似た西院《さいいん》帝（淳和天皇）にちなんで、後西院と追号された。（坂井）

第一一二代　霊元《れいげん》天皇　一六五四～一七三二（在位：一六六三～一六八七）

●朝儀を研究し、その復興に尽力

霊元天皇は、後水尾天皇の第十九皇子で、異母兄の後光明天皇の養子となった。しかし、その急逝により、異母兄の後西天皇が十年近く中継ぎをした後、寛文三年（一六六三）三月に践祚、四月に即位礼を挙げた。延宝九年（天和元年・一六八一）、自らの後継者を第四皇子の五宮《ごのみや》

（のちの東山天皇）にするため、第一候補の一宮《いちのみや》を大覚寺へ入寺させることにして、幕府の承諾を得た。しかも同年、これに反対する一宮の外祖父・小倉実起《おぐらさねおき》父子三人を幕府の手を借りて流罪にするという強硬手段までとっている。前年、父・後水尾院が没し、名実ともに朝廷の長となった霊元天皇が、朝廷再編成に向けて本格的に動き出したのである。

天和二年（一六八二）、今度は右大臣・一条兼輝《いちじょうかねてる》を関白に就任させる。左大臣・近衛基熙《このえもとひろ》を差しおくという異例の人事であった。このような人事は、江戸時代を通してみてもほかに例がない。翌年二月、天皇は幕府の許可を得て、朝仁《あさひと》親王（五宮）の立太子礼と女御・房子《ふさこ》の立后《りっこう》（中宮宣下）を行う。立太子礼は南北朝以来途絶えていた朝廷の儀式で、立后は後水尾院の代に復活した儀式である。

こうして霊元天皇は譲位の準備を着々と進めた。貞享三年（一六八六）に幕府が譲位を承諾すると、朝廷は翌年四月に朝仁親王の即位礼を行うことを予定し、大嘗会（大嘗祭）の再興を幕府に働きかけた。その論拠は朝仁親王の立太子であった。つまり、皇太子が即位する場合には必ず大嘗会が行われてきた、と説明したのである。

大嘗会というのは、天皇の即位にともなう重要な大祀である。内容的には年ごとの稲の初穂を皇祖神に供え、共食する新嘗祭《にいなめさい》と変わらないが、それを天皇即位時の大祭として大嘗宮を設営して行うものである。室町時代の後土御門天皇以来、二二〇年余り中絶していた。七か月に及ぶ儀式のため、費用の調達という面からも、幕府の援助なくしてはできなかった。

ここで霊元天皇は、初めて幕府という大きな壁にぶつかった。幕府が大嘗会再興に反対したのである。以後、半年余にわたって幕府との交渉がつづき、貞享三年十二月、ようやく再興することで合意したが、天皇側は大幅な譲歩を強いられた。幕府は大嘗会に必要な費用を別途支給せず、譲位・即位などの一連の儀式の経費内で賄《まかな》うことを再興の条件としたのである。そのため、儀式全体を簡素化しなくてはならなくなり、加えて公家衆への経済的負担をもたらしたが、ともかくも天皇の執念ともいえる強い意志によって大嘗会が行われた。

しかし、再興された大嘗会は、不完全なものだったことから、朝廷内では批判が渦巻き、幕府にも天皇への警戒心を抱かせた。そのため、そのまま定着はせず、次の中御門天皇の即位の際には、霊元院が健在であったにもかかわらず、行われなかったのである。大嘗会が定着するのは、その次の桜町天皇の即位時からであった。

享保十七年（一七三二）八月、七十九歳で崩御して、泉涌寺内の月輪陵に葬られた。（久保）

第一一三代　東山《ひがしやま》天皇　一六七五〜一七〇九（在位：一六八七〜一七〇九）

●「儲君の制」の初めと閑院宮の創設

東山天皇は、霊元天皇の第四皇子として、延宝三年（一六七五）九月三日に生まれた。母は内大臣・松木宗条《まつきむねえだ》の娘・宗子《むねこ》（敬法門院《けいほうもんいん》）。幼称を五宮、諱を朝仁という。正和二年（一六八二）三月、霊元天皇の儲君《ちょくん》に定められた。順序からいえば、四歳違いの兄・一宮が儲君になってても不思議はなかったが、天皇は宗子をいたく寵愛して、五宮の皇嗣を望んでいたのである。

同年十二月、親王宣下をうけ、翌三年二月、立太子となる。三月二十一日、父帝から皇位を引き継ぎ、四月二十八日、即位礼を挙げた。立太子ならびに、この後に行われた大嘗会は、久しく中絶していた儀礼を再興したもので、「儲君の制」は東山天皇を初めとする。在位中における朝儀の再興はこれを皮切りに、やがて朝幕間の融和が進むとともに、御料の増献、山陵の修補などを幕府に行わせている。

東山天皇は温和であっただけでなく、ことのほか孝心が深かった。元禄六年（一六九三）、幕府の圧迫で霊元上皇がすべての権限を東山天皇に譲ったとき、天皇は「自分の及ばないところは、上皇の御心添えを請う」と上申して、上皇を慰めたという。

宝永六年（一七〇九）六月二十一日、皇太子・慶仁《やすひと》親王（中御門天皇）に譲位し、十二月十七日に崩御した。御陵は泉涌寺内の月輪陵。その翌年、新しい親王家として閑院宮が創立され、東山天皇の遺児・直仁《なおひと》親王が初代として入った。この背景には、関白・近衛基熙の尽力や六代将軍・徳川家宣《いえのぶ》の侍講《じこう》・新井白石《あらいはくせき》の斡旋も与《あずか》って力があったが、何よりも天皇の意志がそこにあり、それを認めた幕府との関係が良好であったことがうかがえる。（坂井）

第一一四代　中御門天皇《なかみかど》　一七〇一〜一七三七（在位：一七〇九〜一七三五）

●朝儀の再興に尽くした笛と箏の名手

中御門天皇は、東山天皇の第五皇子として、元禄十四年（一七〇一）十二月十七日に生まれた。母は内大臣・櫛笥隆賀《たかよし》の娘・賀子《よしこ》（新崇賢門院《しんすうけんもんいん》）。幼称を長宮《ますのみや》、諱を慶仁という。宝永四年（一七〇七）三月、儲君に治定。翌月、親王宣下をうけ、翌年二月、立太子となる。宝永六年六月二十一日、父帝の譲位にともない践祚した。正徳元年（一七一一）元旦、近年では稀な元服の儀が行われた。

享保五年（一七二〇）元旦、女御として入内していた尚子《しょうし》が第一皇子を出産した。のちの桜町天皇である。元旦の皇子の誕生は、神武天皇と垂仁天皇の先例があるだけとして、宮中のよろこびは大きかった。この年十一月、皇子は諱を昭仁《てるひと》と改め、親王宣下をうけた。

中御門天皇は、父帝にならって朝儀の再興に関心をもち、途絶えていたさまざまな節会を復活させた。当時、幕府では八代将軍・徳川吉宗《よしむね》による「享保《きょうほう》の改革」が断行されていた時期で、吉宗は奢侈《しゃし》を禁じたが、典礼故実《てんれいこじつ》に関しては理解があった。

中御門天皇は多芸多才で、笛と箏《こと》をよくした。夜、天皇が笛を吹いていると、狐が側近くまでやってきて、その音に聞き入っている光景がみられたという。和歌にも堪能で見識も高く、譲位後、院中で催された歌会で、参議・押小路実岑《おしこうじさねみね》が「不逢恋」という題で歌を詠んだところ、それがよほど帝の意にかない、まもなく実岑は中納言に昇進した。「ちかごろの美談」と、世人に感銘を与えたという。

享保二十年三月二十一日、昭仁親王に譲位。二年後の元文二年（一七三七）四月十一日、三十七歳の若さで崩御し、泉涌寺内の月輪陵に葬られた。（坂井）

第一一五代 桜町《さくらまち》天皇 一七二〇～一七五〇（在位：一七三五～一七四七）

●温和な性格で慕われ、廃典の復興に努める

桜町天皇は、中御門天皇の第一皇子として、享保五年（一七二〇）元旦に生まれた。幼称を若宮《わかのみや》、諱を昭仁《てるひと》という。母である近衛家熙《いえひろ》の娘・尚子《しょうし》（新中和門院《しんちゅうわもんいん》）は、出産後わずか二十日で病没した。十九歳であった。享保五年十月、儲君に治定。十一月、親王宣下をうけ、同十三年六月、立太子。同二十年三月二十一日、父帝の譲りをうけて践祚、十一月三日、即位礼を挙げている。

桜町天皇は心のやさしい感受性の豊かな人柄で、即位前、東宮《とうぐう》御殿の増築が行われたとき、亡き母が住み慣れたところだからと、奥向《おくむき》殿舎の改造を許さなかったといわれる。そして在位

中は、朝儀の振興と皇威の伸張に意を配し、東山天皇の代に再興され、中御門天皇の代に中断した大嘗会を元文三年（一七三八）に復興させた。また延享元年（一七四四）には宇佐神宮《うさじんぐう》・香椎宮《かしいぐう》などへの奉幣使《ほうへいし》派遣を再興するなど、多くの廃典を復興した。

これに対して幕府は、早く天皇を譲位させようと、延享三年十一月、仙洞御所（桜町殿《さくらまちどの》）を改修した。天皇は心中、穏やかでなかったはずだが、翌年五月二日、皇太子・遐仁《とおひと》親王（桃園天皇）に譲位した。

桜町天皇は、和歌をことのほか好み、『桜町院御集』以外にも、「桜町院御百首」「御製五十首」がある。『桜町天皇御記《ぎょき》』には御製だけでなく、典侍・日野資子《ひのすけこ》の死を悼惜《とうせき》した和文の御記が残されている。寛延三年（一七五〇）四月二十三日に崩御し、桜町院と追号され、泉涌寺内の月輪陵に葬られた。崩御後まもなく、ある朝臣は「桜町院は、いみじき御徳いまそかりけるを仰ぎて、いまに聖主《せいしゅ》と申すなり」と、その治績をたたえている。（坂井）

第一一六代　桃園《ももぞの》天皇

一七四一～一七六二（在位：一七四七～一七六二）

●王政復古の思想が招いた宝暦事件

桃園天皇は、桜町天皇の第一皇子で、延享四年（一七四七）五月、父帝から皇位を受け継いだ。諱は遐仁《とおひと》。幼称ははじめ八穂宮《やほのみや》、ついで茶地宮《さちのみや》と改めた。生母は開明門院《かいめいもんいん》（権大納言・姉《あねが》小路《こうじ》実武《さねたけ》の娘・定子《さだこ》）だが、延享二年に女御・二条舎子《にじょういえこ》（青綺門院《せいきもんいん》）の養子となり、翌年、親王宣下をうけていた。

幼少のころから学問を好み、十六歳の宝暦六年（一七五六）、近習・徳大寺公城《とくだいじきんむら》の勧めにより、竹内式部《たけのうちしきぶ》の進講を受けはじめた。これが有名な宝暦《ほうれき》事件の発端となる。竹内式部は玉木正《たまきまさ》英《ひで》やその門人の松岡仲良《まつおかちゅうりょう》から垂加流神道《すいかりゅうしんとう》を学んだ人物で、徳大寺家に仕えていた。ここから他の公家衆との交流も深まり、式部の学説に傾倒した若い公家衆が天皇にも受講を勧めたのである。

しかし、こうした若い公家衆の行動は、関白をはじめとする摂家《せっけ》衆に不安を与え、この年のうちに式部の進講を止めた。すると、翌年には徳大寺公城らが『日本書紀』を進講するようになり、これも摂家衆の反対を受けることになる。

桃園天皇は十歳のときに父・桜町院を失ったため、実母（生母ではない）の立場にあった青綺門院が、事実上の天皇の後見人となり、さらに摂家衆が周りで支える体制になっていた。この進講の一件でも、事態を憂慮した青綺門院が天皇を諫めている。天皇もこれをうけて、いったんは進講を中止するが、すでに十七歳に達していた天皇には不満が募った。

そのため、このの ち進講再開を希望して、天皇およびその近習衆と摂家衆との対立が深刻化していった。そして宝暦八年七月二十四日、ついに摂家衆は相談して、天皇に主だった近習ら公家衆の処罰を奏上《そうじょう》した。

摂家衆は、式部の門弟の公家衆らが徒党を組み、現状打破の方向に向かいつつあるのではないかと危惧《きぐ》の念を抱いていた。そして何より、天皇に取り入り、公家の筆頭たる五摂家（近衛家・九条家・二条家・一条家・鷹司家）を軽んじていることを容認できなかった。当時の朝廷の政治体制を否定することにつながるものだったからである。加えて、天皇と青綺門院とのあいだが「御隔意《かくい》」になってもよいと進言したりすることも見過ごせることではなかった。それだけ桜町院崩御後、青綺門院の地位は重視されていたのである。

さて、まだ若い桃園天皇には、摂家衆総意の奏上を退けることができなかった。この日のうちに徳大寺公城ら七人が免官・永蟄居《えいちっきょ》となる。しかも、公家衆の処分はこれにとどまらず、その後も処分を受ける公家衆が多く出た。ここに摂家衆の断固とした姿勢を見ることができる。これらの処分は事前に幕府にもはからず、事後報告であった。そのことに幕府は不満であったが、事を荒立てることはせず、これを静観した。

このように、宝暦事件の実態は摂家衆による粛清である。近習衆の行動の背景に竹内式部の学説の影響がなかったとは言えないが、この時期、幕府は式部の思想を危険視しておらず、摂家衆も了解していた。しかし、天皇を巻き込んだことで、事情が大きく変わったのである。四年後の宝暦十二年七月、二十二歳で急逝し、泉涌寺内の月輪陵に葬られた。（久保）

第一一七代　後桜町天皇《ごさくらまち》　一七四〇〜一八一三（在位：一七六二〜一七七〇）

●中継ぎと後見の大任を果たした非凡な女帝

後桜町天皇は、現時点では日本史上、最後の女帝である。桜町天皇の第二皇女で、母は女御・舎子《いえこ》（青綺門院）。父帝が異母弟・桃園天皇に譲位したとき、八歳であった。同母姉・盛子《もりこ》内親王はその前年に没したため、このとき桜町天皇の皇子女はこの二人のみになっていた。

寛延三年（一七五〇）三月、後桜町天皇（緋宮《あけのみや》）は親王宣下により智子《としこ》（初訓は「さとこ」）と命名される。同年四月、桜町院が三十一歳の若さで没すると、皇太后となっていた母・舎子は院号宣下《いんごう》をうけ、青綺門院となった。つづいて朝廷は、幕府に青綺門院への増地を要請し、あわせて智子内親王への御料進献も望んだ。その結果、同年十月、青綺門院に一〇〇〇石、智子内親王に三〇〇石が進献されている。

こうした状況から推測すると、朝廷は智子内親王を比丘尼《びくに》御所に入寺させるつもりはなかったとみられ、また縁組みが持ち上がった様子もないことから、未婚の内親王として万一の即位に備えていたのではないかと考えられる。

その智子内親王が皇位につくことになるのは、十二年後の宝暦十二年（一七六二）七月、二十三歳のときで、桃園天皇の急逝による。明正天皇以来、一一九年ぶりの女帝誕生である。

当時、桃園天皇には二人の皇子がいた。嫡長子の英仁《ひでひと》親王（のちの後桃園天皇）は五歳。必ずしも皇位を継げない年齢ではなかったが、摂家衆は「幼稚」を理由に、智子内親王の中継ぎ相続を強く望んだ。

こうして天皇の職務に追われる日々となった後桜町天皇は、女帝ながら大嘗会も新嘗祭も齋《さい》服《ふく》を着て自らとり行った。政務は摂政にゆだねたが、ときにはその摂政に意見を述べて再考をうながすこともあったという。また次期天皇となる英仁親王の教育に心を配り、明和七年（一七七〇）、つつがなく中継ぎ天皇のつとめを果たし譲位した。

譲位後は天皇家の家学である和歌に精進《しょうじん》していたが、安永八年（一七七九）に甥の後桃園天皇が二十二歳の若さで崩御し、天皇家には皇位を継承すべき皇子が一人もいないという事態を迎える。そこで閑院宮の祐宮《さちのみや》（のちの光格天皇）を皇嗣とすることになり、後桜町院は天皇家の長として「祐宮御養子然《しか》るべし」とする宸翰《しんかん》を出した。以後、九歳で皇位を継いだ光格天皇の訓導に心を砕き、天皇が成人に達したのちも「仁君」の心得を教諭していた。

後桜町天皇は、先の女帝・明正天皇とは異なり、上皇不在、天皇急逝というなかで、朝廷の安寧のために皇位を継承した成人天皇で、生涯、朝廷の繁栄と天下太平を願い、その任を全うした。天皇のあるべき姿を自分なりに見据えていた天皇でもある。天明三年（一七八三）に始まる天明の飢饉《ききん》に際し、近在の困窮した人々に林檎《りんご》三万個を手配したという行動も、それを裏付けるものと言えよう。

文化十年（一八一三）閏十一月に崩御して、泉涌寺内の月輪陵に葬られた。（久保）

第一一八代　後桃園《ごももぞの》天皇　一七五八〜一七七九（在位：一七七〇〜一七七九）

●伯母に訓育されたが、病弱で崩御

後桃園天皇は、桃園天皇の第一皇子として、宝暦八年（一七五八）七月二日に生まれた。母は関白・一条兼香《いちじょうかねか》の娘・富子《とみこ》（恭礼門院《きょうれいもんいん》）。諱は英仁《ひでひと》。嫡出の皇子として、宝暦九年正月十八日、儲君に治定され、同年五月十五日、親王宣下をうけた。

宝暦十二年の父帝崩御の際は、五歳という幼少ゆえに皇位継承は見送られ、伯母の智子内親王（後桜町天皇）が中継ぎとして即位した。そして英仁親王は、明和七年（一七七〇）十一月二十四日、十三歳の成人を待って即位し、翌年四月二十八日、即位礼を挙げた。

在位中、全国各地で一揆や騒動が相次ぐなか、もともと病気がちであった後桃園天皇は、安永八年（一七七九）十月二十九日、二十二歳で崩御して、泉涌寺内の月輪陵に葬られた。このとき天皇には当歳の皇女（欣子《よしこ》内親王）しか子がなかったため、後桜町院らの決断により、典仁《すけひと》親王（閑院宮家の第二代）の皇子・祐宮（のちの光格天皇）を養子に迎えて皇嗣とした。そして幼い皇女は、のちに光格天皇の皇后となる。（坂井）

第一一九代　光格《こうかく》天皇　一七七一～一八四〇（在位：一七七九～一八一七）

●閑院宮家から入り、朝廷の権威回復に貢献

光格天皇は、江戸時代の歴代天皇のなかで唯一、天皇の子として生まれていない。つまり、東山天皇の皇子・直仁《なおひと》親王を祖とする閑院宮の生まれで、病没した後桃園天皇の養子として、安永八年（一七七九）十一月二十五日、皇位を継いだ。この傍系の出であるという事実が、光格天皇をより強い皇統意識、君主意識の形成へと向かわせたのではないかと思われる。朝儀《ちょうぎ》祭祀《さいし》の再興・復古が、光格天皇の時代に多く実現するのも、その結果であろう。

天明八年（一七八八）、御所が火事で焼失した。御所の焼失は江戸時代を通じて何度かあるが、そのつど幕府によって再建されてきた。幕府は今回もこれまでと同様、再建するつもりでいたが、朝廷側の意気込みは違った。平安時代の内裏に則《のっと》った御所の造営を望んだのである。もちろん、すべてではなく、儀式上もっとも重要な紫宸殿《ししんでん》と清涼殿《せいりょうでん》についてである。

幕府と朝廷との交渉は難航をきわめたが、同年十一月、ついに朝廷の意見が通り、復古的御所の造営が決定される。そして寛政二年（一七九〇）十一月、御所は完成し、光格天皇は仮御所から新御所に移った。

同じころ、幕府と朝廷とのあいだで懸案になっていたのが、のちにいう尊号《そんごう》事件である。こ

れは、光格天皇が実父の閑院宮典仁親王に太上天皇号を贈ろうとした一件である。太上天皇号は、譲位した天皇に贈られる称号のため、典仁親王にはその資格がなかった。

この背景には、「禁中並公家諸法度」の第二条があった。すなわち、御所での席順が、親王を三公《さんこう》（太政大臣・左大臣・右大臣）の下にするという規定である。典仁親王を三公の上座にするためには、親王の身位を変えるしかない。これが天皇の考えであった。

しかし、今度は幕府が認めなかった。光格天皇は強硬突破をはかり、寛政三年十二月、四十一名の公卿にはかってその大多数の支持を得、これを背景に幕府に迫った。それでもなお幕府が再考を求めると、翌年十一月をめどに尊号宣下を実行することを表明した。

これに対して幕府も強硬手段に出る。尊号宣下の推進者である武家伝奏・正親町公明《おおぎまちきんあき》、議奏・中山愛親《なかやまなるちか》の江戸召還を通告したのである。そこで天皇は尊号宣下をあきらめ、二人の江戸召還にも応じなければならなくなった。そして幕府は二人を直接処罰したのである。

このように、尊号事件では幕府がその意思を完遂する。しかしながら、その過程でみせた朝廷側の動きは、それまでとは異なっていた。十九世紀を目前にしたこの時期、幕府と朝廷との関係には大きな変化がみられるようになったのである。

光格天皇は、その後も朝儀祭祀の再興に努めたが、天保十一年（一八四〇）十一月十九日に崩御して、泉涌寺内に新たに営まれた後月輪陵《のちのつきのわのみささぎ》に葬られた。崩御後に「光格天皇」号を贈られたのも、天皇自身の意向によるもので、九五〇年ぶりの復活であった。（久保）

第一二〇代　仁孝天皇《にんこう》　一八〇〇～一八四六（在位：一八一七～一八四六）

●学問を好み、学習院の礎を築く

仁孝天皇は、光格天皇の第六皇子として、寛政十二年（一八〇〇）二月二十一日に生まれた。母は贈内大臣・勧修寺《かじゅうじ》経逸《つねとし》の娘・婧子《ただこ》（東京極院《ひがしきょうごくいん》）。幼称を寛宮《ゆたのみや》、諱を恵仁《あやひと》という。文化四年（一八〇七）七月、皇后・欣子《よしこ》内親王の養子となって儲君に定められ、九月に親王宣下。文化六年三月、立太子し、ついで同十四年三月二十二日、父帝から受禅し、九月二十一日、即位礼を迎えた。

学問を好んだ仁孝天皇は、自身も研鑽《けんさん》を積むだけでなく、堂上《とうしょう》子弟の教育に意を用いた。常々、「若年の堂上の無学にて、折々心得違いのあるものの出るを御嘆息」していたとされ、彼らに学問研修の場を与えるため、宮中で「和漢御読会」を催した。古儀の復興にも熱心で、儒学を好み、有職故実《ゆうそくこじつ》にも詳しかった父帝に「光格天皇」と諡《おくりな》して、久しく中絶していた徳行《とっこう》讃美の意を含む諡号の古制を再興した。

弘化三年（一八四六）正月二十六日に崩御し、父帝が眠る泉涌寺内の後月輪陵に葬られた。そして三月一日、皇位を継いだ孝明天皇により、仁孝の諡号が贈られた。

弘化四年三月、開明門院《かいめいもんいん》御殿の旧地に堂上子弟の道義《どうぎ》振興のための学習所《がくしゅうじょ》が落成し、開講の日を迎えた。これは現在の学習院の濫觴《らんしょう》といってよいが、それを計画したのは、ほかならぬ仁孝天皇であり、建設の開始は弘化二年十一月にさかのぼる。この学習所で学んだ多くの若き公卿たちが、新しい時代の息吹を鋭敏に感じとり、尊皇攘夷《そんのうじょうい》運動の中核となって、幕末維新期に大いに活躍したのである。(坂井)

第一二一代 孝明《こうめい》天皇 一八三一〜一八六六(在位:一八四六〜一八六六)

●攘夷と公武合体を唱えて幕末の危機に対処

孝明天皇は天保十一年(一八四〇)、十歳で立太子し、弘化三年(一八四六)二月十三日、父・仁孝天皇の急逝をうけて皇位についた。この時期、日本の港には異国船の来航がつづき、対外的危機が加速化しつつあった。天保十五年には、幕府はオランダ国王から親書によって開国を勧められている。

朝廷はこうした情報を正式には伝えられていなかったが、公家と大名家との姻戚関係が広まっていた当時、この関係は情報ネットワークとして活用され、朝廷も情報を得ていた。弘化三年八月、朝廷が幕府に突然、海防の強化を求める孝明天皇の勅書を出したのも、これらの情報にもとづくものであった。

とりわけ、関白・鷹司政通《たかつかさまさみち》は正室が水戸《みと》藩主・徳川斉昭《なりあき》の姉で、斉昭を重要な情報源としていたようである。朝廷はこのとき、幕府に対して対外情勢の報告を求め、幕府はこれに応じた。こうして朝廷に対外政策に介入しうる道が開かれたのである。

嘉永六年（一八五三）六月、司令長官ペリーが率いるアメリカ海軍東インド艦隊の艦船四隻が浦賀《うらが》に来航した。いわゆる黒船来航である。このペリー来航は、幕府にとって、けっして寝耳に水であったわけではない。三年ほど前から情報はもたらされており、前年にはオランダ商館長から明確にペリー来航が予告されていた。幕府はこの予告情報を関係諸藩に伝えたので、情報を共有する者は少なくなかった。

ペリーが来航すると、幕府は朝廷にこれを報告し、朝廷は伊勢など七社と仁和寺《にんなじ》など七寺に祈禱《きとう》を命じた。七月にはロシア提督プチャーチンが長崎に来航し、八月、幕府はこれも朝廷に報告した。

幕府は、ペリーから手渡された国書の返答に苦慮していた。幕閣だけでは決定できず、大名家に諮問《しもん》するという前例のない対応をとったが、意見は一致しなかった。結局、翌年三月、再来日したペリーと日米和親条約を調印、五月には下田《しもだ》条約を調印した。つづいてイギリス、ロシアとも和親条約を結んだ。

これらは事後報告の形で朝廷に伝えられ、朝廷も承認するが、朝廷内には不満の声もあった。また朝廷にとって、今ひとつの心配は京都警備である。警備態勢が曖昧なまま、幕府が外交政策を進めていることにも不安と不信感をもった。

安政三年（一八五六）、アメリカ駐日総領事ハリスが下田に着任した。以後、通商条約交渉が始まり、翌年の暮れには妥結した。この交渉の行方を左右したのは、隣国の清《しん》国で起きていたアヘン戦争である。幕府は清国の二の舞になることを恐れ、ハリスはこれを巧みに利用した。

しかし、交渉妥結は、幕府の想像以上に国内に激しい軋轢《あつれき》を生み出すことになる。今回、幕府は異論を封じるため、和親条約のときとは異なり、朝廷の許可を得て条約の調印を行うことに決し、老中・堀田正睦《ほったまさよし》を上京させることにした。

安政五年一月、堀田上京の報せを受けた朝廷は、朝廷内の意見のとりまとめを行う。このとき、孝明天皇は現任の公卿全員から意見を聞くよう求め、さらに日をおいて、条約拒絶と攘夷の意志を関白・九条尚忠《くじょうひさただ》に伝えた。皇位についてから十二年、二十八歳の天皇が政治の表舞台にもっとも重要な役で登場した瞬間である。

祖父・光格天皇がもっていた強い皇統意識は、孫の孝明天皇にも受け継がれていた。「天下の一大事」である通商条約が自分の代に行われることは、神明《しんめい》に、先祖（歴代天皇）に対して申し訳ないというのである。天皇の発言は、勅許《ちょっきょ》問題の行方を大きく左右した。

このとき、孝明天皇にとっての天敵は、開国論者の鷹司政通であった。三十四年もの間、関白を務め、当時もなお朝廷内一番の実力者で、実際、鷹司によって朝議は一時、幕府一任に傾いた。以後、賛成派と反対派の激しい攻防がつづく。そんななか、幕府寄りに態度を変えた関白・九条尚忠のもとで作成された勅答案は、天皇の意志とは異なっていたが、三月十一日、関白案どおりに朝議が一決した。

ところが翌日、これに反対する公家衆八十八人が、勅答の変更を求めて関白邸に押しかけるという列参行動に出た。その翌日、翌々日には下級官人たちも押しかけた。もとより決定された勅答に不満であった天皇は、彼らの行動を容認し、勅答の変更を示唆《しさ》した。結果、勅答は訂正された。現時点での条約調印には反対の立場を貫いたのである。

しかし、四月に大老に就任した彦根《ひこね》藩主・井伊直弼《いいなおすけ》は、六月、条約に調印した。これを知った天皇は激怒し、八月には有名な「戊午《ぼご》の密勅《みっちょく》」を幕府と水戸藩に送った。これは公武合体《こうぶがったい》と幕藩領主の意見統一を趣旨とするものであったが、朝廷の一連の行動は、幕府を刺激し、安政《あんせい》の大獄《たいごく》へと導く要因となった。

安政六年（一八五九）に入って、幕府は弾圧を強化したが、朝廷に対しては弾圧と懐柔の両策がとられた。また幕府は、外交政策で真っ向から対立することになった朝廷との関係修復と幕府権力の回復のために、新将軍（十四代将軍・徳川家茂《いえもち》）への皇女降嫁《こうか》を画策しはじめていた。

安政六年三月に桜田門外《さくらだもんがい》の変で井伊直弼が暗殺されると、この政策はより重要視されてくる。当初は孝明天皇の皇女が第一候補であったが、同年八月に夭折したため、異母妹の和宮《かずのみや》に絞られた。和宮は弘化三年生まれで、家茂と同い年だった。万延元年（一八六〇）四月、幕府は和宮降嫁を朝廷に奏請するが、天皇はこれを却下した。

しかし、それであきらめるはずもなく、幕府はさまざまな手段で降嫁を迫った。公武合体と鎖国攘夷を望む天皇としては、公武合体のための降嫁であり、いずれ鎖国状態に戻すと幕府に約束されると、しだいに反対はできなくなった。そして七月、ついに和宮側も承諾した。

ところが、江戸下向《げこう》の時期をめぐって再び紛糾し、天皇は前年に生まれたばかりの第三皇女を和宮の代わりにすることまで考えたほどであったが、これには幕府が承諾せず、結局、天皇が和宮を説得して降嫁が決定した。十月、天皇は正式に和宮降嫁を勅許し、十一月、納采《のうさい》が行われた。

翌文久元年（一八六一）四月、親王宣下により、和宮は親子《ちかこ》と命名され、十月に京を出発、十一月に江戸に到着して、十二月、江戸城に入った。婚儀は翌年二月に行われた。

孝明天皇が公武合体による鎖国攘夷を望んだように、本来、公武合体と尊皇攘夷は対立する考え方ではなかった。しかし、幕府の政策の本質が公武合体による開国であったように、諸藩ではこの政策を是《ぜ》とする論と尊皇攘夷論が厳しい対立関係を生じるようになった。とくに鎖国までに猶予期間をもうけた幕府に対して、即時の攘夷を主張する一派は文久二年一月、老中・安藤信正《あんどうのぶまさ》を襲う（坂下門外《さかしたもんがい》の変）など、行動を過激化させていった。そして公家にも接触して、この持論を吹き込んだ。五月、朝廷では国事御用書記掛《こくじごようしょきがかり》が設置されるが、この中には尊皇攘夷激派の公家衆も含まれている。

公武合体派による幕政改革が進められる一方、尊皇攘夷派の勢いは増した。安政の大獄で処罰された者たちの復権が始まったのである。公武合体派と尊皇攘夷派との溝もしだいに広がっていき、修復不可能になっていった。

朝廷内でいえば、和宮降嫁を推進した公家衆らが排撃され、朝廷を逐われた。尊皇攘夷派の圧力によるものである。文久二年十月には、攘夷を督促《とくそく》する勅使派遣も行われた。ここでも両派の応酬《おうしゅう》が繰り広げられ、幕府は勅使に対して将軍の上洛を約束した。

同年十二月、朝廷内に国事御用掛が設置された。尊皇攘夷派ではない公家衆を中心に構成されたため、尊皇攘夷派の巻き返しが起こり、翌年二月には、尊皇攘夷派を中心とする国事参《さん》政《せい》、国事寄人《よりうど》が設置された。尊皇攘夷派の動きは、すでに天皇の思惑を超え、コントロールできないところまできていた。

文久三年八月十八日、孝明天皇は公武合体派の公家衆らとはかり、会津《あいづ》藩や薩摩《さつま》藩と組んで、尊皇攘夷派の公家衆と長州《ちょうしゅう》藩を京都から追放するという行動に出た。いわゆる八月十八日の政変である。このクーデターによって、三条実美《さんじょうさねとみ》ら尊皇攘夷激派七人の公家衆は京都を脱出し（七卿落ち）、国事参政、国事寄人も廃止された。しかし、今度は公武合体派に力を与えることになった。彼らは必ずしも攘夷主義者ではなく、天皇は攘夷論を後退させなければならなくなる。

さらに慶応元年（一八六五）九月、兵庫沖に来航した米英仏蘭四か国の代表団を乗せた連合艦隊に軍事的圧力をかけられると、十月、ついに孝明天皇は通商条約を勅許してしまった。自らの意思で尊皇攘夷派を切り離した天皇であったが、それは朝廷内での孤立をもたらしたのである。

そして慶応二年十二月、なお公武合体に固執する孝明天皇が疱瘡《とうそう》（天然痘）にかかって崩御し、泉涌寺内の後月輪東山陵《のちのつきのわのひがしやまのみささぎ》に葬られた。この年は王政復古《おうせいふっこ》・倒幕の動きが急速に進展しはじめた年で、毒殺説が当時から流れた背景はここにある。（久保）

第7章

東京時代の天皇
立憲君主から象徴天皇へ

明治天皇（宮内庁蔵）

第一二二代　明治《めいじ》天皇　一八五二〜一九一二（在位：一八六七〜一九一二）

●近代的な「大日本帝国」を実現

慶応四年（一八六八）八月二十七日、京都御所紫宸殿《ししんでん》において、明治天皇の即位式がとり行われた。ときに十六歳。即位式は王政復古《おうせいふっこ》の新時代にふさわしく、すべてを神武《じんむ》の昔に復した古式に則《のっと》って行われたが、ただひとつ、古式にはないものが、紫宸殿の前庭に据えおかれた。それは、直径四尺（約一二〇センチメートル）もある大きな地球儀である。これこそ、世界の中の日本を意識した維新の心意気を表したものであり、そして、そのシンボルが明治天皇その人であった。

明治天皇は、嘉永五年（一八五二）九月二十二日、孝明天皇の第二皇子として、権大納言《ごんだいなごん》・中山忠能《なかやまただやす》の邸で生まれた。母は忠能の娘である典侍《ないしのすけ》・慶子《よしこ》。幼名を祐宮《さちのみや》といい、八歳で親王宣下をうけ、睦仁《むつひと》の名を賜った。アメリカのペリー提督率いる、いわゆる黒船来航の前年であり、将来の多事多難が避けられない時期であった。

のちに立派な髭《ひげ》をたくわえ、豪気英邁《ごうきえいまい》を謳《うた》われることになる天皇も、幼いころは夜になると何かに怯《おび》え、うなされるような繊細でひ弱な面があった。元治元年（一八六四）の禁門《きんもん》の変（蛤《はまぐり》御門《ごもん》の変）に際しては、京都御所内に撃ち込まれた砲声に驚いて、失神騒ぎを起こしている。前年の八月十八日の政変で京都を逐われていた急進的な尊皇攘夷《そんのうじょうい》派の長州《ちょうしゅう》藩が、失地回復を策して入京を図り、御所の宮門を警護する会津《あいづ》・桑名《くわな》・薩摩《さつま》の各藩兵と交戦したのである。前代未聞の出来事であり、それまで政情と隔絶した御所の深窓《しんそう》で、女官たちに日夜かこまれて育ってきた十一歳の少年にとって、なんとも手荒い洗礼となった。

慶応二年（一八六六）十二月二十五日、病を得た父・孝明天皇の崩御にともない、年が明けた正月九日、睦仁親王が践祚して皇位についた。しかし、倒幕運動は高まりをみせ、朝廷をとりまく状況もまた緊迫の度を増していた。

慶応三年十月十四日、薩摩・長州両藩に「討幕の密勅《みっちょく》」が下ったその日、江戸幕府は大政奉《たいせいほう》還《かん》を上表《じょうひょう》し、翌日、勅許《ちょっきょ》された。だが、あくまで倒幕にこだわる薩長両藩はクーデターを仕掛け、十二月九日、天皇は「王政復古の大号令」を発した。摂政・関白・将軍などが廃され、天皇は新政府の国家元首に位置づけられたのである。

慶応四年正月、鳥羽《とば》・伏見《ふしみ》の戦いに始まる戊辰《ぼしん》戦争が勃発し、そのさなかに元服した天皇は「王政復古」を各国行使に布告して謁見《えっけん》し、三月には「五箇条《ごかじょう》の御誓文《ごせいもん》」を発布した。そして、冒頭に述べた八月の即位式を迎えるのである。

同年九月八日、「明治」と改元され、ここに「一世一元《いっせいいちげん》の制」が定められた。十月、明治天皇は江戸を改めた「東京」へ行幸し、江戸城に入った。江戸の町は「天盃頂戴《てんぱいちょうだい》」と祝う市民であふれかえった。これより先の三月、天皇は初めて御所を出て、大阪へ行幸している。このとき、大阪湾の天保山沖《てんぽうざんおき》で日本初となる観艦式《かんかんしき》に臨み、「海とはなんと大きいものか」と、感嘆の声を漏らしたという。

同年十二月、いったん京都に戻った天皇は、故左大臣・一条忠香《いちじょうただか》の娘・美子《はるこ》（のちの昭憲《しょうけん》皇太后）と成婚の式を挙げ、明治二年（一八六九）三月、再び東幸、東京城（のち皇城、ついで宮城）に落ち着いた。事実上の東京遷都である。

明治四年八月、天皇親政の実《じつ》をあげるための宮中改革が、西郷隆盛《さいごうたかもり》、大久保利通《おおくぼとしみち》らの働きで断行された。これにより、天皇の生活環境は大きく変わる。午前十時から午後四時まで、表御座所《おもてござしょ》で政務をとることとし、女官制度は廃止された。学問所では福羽美静《ふくばびせい》、元田永孚《もとだながざね》、加藤弘之《かとうひろゆき》らが侍講《じこう》として、国学・漢学・洋学を進講した。また側近も、公家に代わって薩摩・長州・土佐《とさ》・肥前《ひぜん》出身の青年武士や旧幕臣の山岡鉄舟《やまおかてっしゅう》ら武勇の人材が侍従となり、馬術・剣術の鍛錬にあたった。

この改革を誰よりもよろこんだのは、天皇自身である。日中は武術で汗を流し、夜は彼らと酒を酌《く》み交わして談論を楽しむ。相撲好きが昂《こう》じ、荒武者《あらむしゃ》を投げ飛ばして得意になっていると、ある日、山岡鉄舟が相手を買って出て、天皇を羽交《はが》い絞めにし、「帝《みかど》として為すべきことではない」と諫めた。以後、天皇は二度と相撲をとらなかったという。

明治天皇は度々、地方に赴いた。なかでも明治五年から同十八年にかけて行われた「六大巡幸《じゅんこう》」は大掛かりなもので、ほぼ全国各地をくまなく回った。習志野《ならしの》、大涌谷《おおわくだに》、新高山《にいたかやま》などは、天皇の命名によるものである。その本来の目的は、国民撫育《ぶいく》と世情視察であったが、これにより天皇は、新しい日本の君主として国民のあいだに強く印象づけられることになった。

というのも、天皇が訪れた県庁や裁判所・工場・学校は、「御一新《ごいっしん》」以降、明治新政府が「富国強兵《ふこくきょうへい》」とともに掲げる「殖産興業《しょくさんこうぎょう》」の基本政策によって誕生した洋式の真新しい施設がほとんどで、国民はそうした近代文明の豊かな恩恵を与えてくれた天皇に対して、深い敬愛の念を抱いたからである。

西郷隆盛・木戸孝允《きどたかよし》・大久保利通の、いわゆる「維新の三傑」が相次いでこの世を去り、やがて内閣制度が導入されると、初代総理大臣・伊藤博文《いとうひろぶみ》らを中心に、欧米にならって憲法の作成が進められた。そして明治二十二年二月、天皇臨席のもと、「大日本帝国憲法」（明治憲法）が制定・発布された。天皇は、これが皇室典範《てんぱん》とともに完成したことを皇祖神に報告した後、総理大臣・黒田清隆《くろだきよたか》に授けたのである。

この憲法で、天皇は統治権（国家を治めるすべての権利）を有すると位置づけられた。主権者は天皇で、国民は臣民《しんみん》となっていたが、その大権行使にあたっては、憲法の条規に循《したが》わなければならないという立憲君主制としての原則が明文化されている。

すでに三十六歳の壮年となっていた天皇が、みなぎるばかりの自信と威厳を備えるようになるのは、このころからである。国民に歓迎された全国巡幸もしだいに陸軍大演習など軍事的なものに限られて、やがて天皇が民衆の前に生身《なまみ》の姿をさらすことは少なくなった。

それとともに、陸海軍の統帥者を意味する大元帥服《だいげんすい》をまとった天皇の御真影《ごしんえい》が、全国の学校に順次、下賜《かし》されていく。「天皇は神聖にして侵《おか》すべからず」と憲法の条文にあるように、天皇は再び九重《ここのえ》の雲深きところの雲上人《うんじょうびと》として、神格化されていくのである。

明治二十七年(一八九四)八月、朝鮮の支配をめぐる日清談判が決裂し、日清戦争に突入した。近代日本が経験する初めての対外戦争である。宣戦布告に際し、天皇は「朕素《ちんもと》より不本意なり。閣臣《かくしん》等の已《や》むべからざるを奉《ほう》するに依《よ》り、これを許したるのみ」と、伊藤博文や山県有朋《やまがたありとも》ら政府・軍部への不満を漏らした。そして伊勢神宮への戦勝祈願の勅使《ちょくし》派遣を拒否し、宮中での奉告祭《ほうこくさい》にも出席しなかった。だが、開戦後は、広島に移した大本営《だいほんえい》に自ら赴いて、翌二十八年四月まで政務・軍務をとっている。

この大本営は粗末な木造二階建てで、天皇は司令部がおかれた二十四坪の一室で昼夜、一着きりの大元帥服で過ごした。裏地が破れると、侍従《じじゅう》が不器用な手つきで繕《つくろ》った。また冬には、より極寒の中国大陸で戦っている兵士の労苦を思い、暖房もつけなかったという。いかにも平生《へいぜい》から質素を重んじる天皇らしい逸話といえよう。

それから十年後の明治三十七年二月、日露戦争の開戦に際しても、天皇は当初、戦争回避の意向を示していた。なにしろ相手は大国ロシアである。万一、敗れるようなことになれば、金甌無欠《きんおうむけつ》の国体《こくたい》に傷がつくばかりか、亡国《ぼうこく》あるいは植民地になるやも知れず、皇祖皇宗はもとより、国民に対しても申し訳が立たないという思いからであった。

しかし、無敵といわれたバルチック艦隊を東郷平八郎《とうごうへいはちろう》元帥率いる連合艦隊が日本海海戦で打ち破ると、世界は「東洋の奇跡」と賞賛し、日本は一躍、「世界の一等国」の仲間入りを果たすことができた。日清・日露両戦争の勝利により、天皇の権威はさらに高まったが、それと同時に、国際社会における影響力が一気に増して、日本は欧米列強に伍《ご》することとなった。こうした急激な発展を、だれよりも憂慮《ゆうりょ》したのが天皇であった。

日露戦争後、長年の激務がたたってか、天皇は糖尿病に腎炎を併発、その体は徐々に蝕《むしば》まれていった。それでも侍医が勧める避暑避寒を断り、政務に専念しつづけた。それが悪かったのか、明治四十五年七月十九日、天皇は夕食時に「目が眩《くら》む」と言うなり、意識を失った。そのまま昏睡《こんすい》状態がつづき、二十九日夜、六十一歳で崩御した（公式発表は三十日の午前零時四十三分）。翌三十日、第三皇子の嘉仁《よしひと》親王が践祚して皇位につき、「大正」と改元された。

九月十三日、青山錬兵場《あおやまれんぺいじょう》内の葬場殿《そうじょうでん》において、大葬《たいそう》がしめやかにとり行われた。その日、日清戦争の旅順《りょじゅん》攻略の英雄、乃木希典《のぎまれすけ》陸軍大将がその妻とともに殉死《じゅんし》し、国民の感懐《かんかい》を誘った。天皇の遺骸は遺詔《いしょう》により、列車で京都へ移され、伏見桃山陵《ふしみのももやまのみささぎ》（京都市伏見区桃山町古城《こじょう》山《さん》）に葬られた。在位四十五年、終始国民の中心にあって、数々の艱難辛苦《かんなんしんく》を克服していった大帝の崩御は、人々に計り知れない衝撃を与えた。

明治の文豪・夏目漱石《なつめそうせき》は小説『こころ』の中で、主人公に「私は明治の精神が天皇に始まって天皇に終ったような気がしました。（中略）御大葬の夜、私は何時《いつ》もの通り書斎に座って、合図の号砲《ごうほう》を聞きました。私にはそれが明治が永久に去った報知《ほうち》の如《ごと》くに聞こえました」と述べさせている。これは漱石自身の思いであると同時に、ひとつの時代が終ったと実感した国民すべての感慨を代弁するものであった。

明治天皇は、けっして政府の意のままに従ったわけでもなければ、専制君主や絶対君主だったわけでもない。近代日本の栄光を体現した不世出《ふせいしゅつ》の「聖天子《せいてんし》」として神格化され、国民にとってカリスマ的存在であったといえよう。その折々の心情は、生涯に十万首近く詠んだ御製《ぎょせい》によく表われている。

その崩御から八年が経った大正十年（一九二〇）、明治天皇を祭神とする明治神宮が創建され、天皇は「現人神」から「神」となった。昭和の敗戦後、大日本帝国の栄光につながるものがことごとく消滅していくなか、天皇の誕生日を祝う天長節《てんちょうせつ》（のち明治節）は、新暦十一月三日の「文化の日」として、いまも国民に享受《きょうじゅ》されている。（坂井洋子）

第一二三代　大正《たいしょう》天皇　一八七九〜一九二六（在位：一九一二〜一九二六）

●病弱ながら国民に親しまれ、漢詩に秀でる

大正天皇は、明治天皇の第三皇子として、明治十二年（一八七九）八月三十一日、青山《あおやま》御所

で誕生した。生母は従一位《じゅいちい》・柳原光愛《やなぎわらみつなる》の娘である権典侍《ごんのないしのすけ》・柳原愛子《なるこ》。嘉仁《よしひと》と命名され、明宮《はるのみや》と称した。正親町実徳《おおぎまちさねのり》が御養育御用掛となり、七歳まで明治天皇の外祖父である中山忠能《なかやまただやす》の邸で過ごした。明治二十年八月三十一日、儲君《ちょくん》となり、皇后（昭憲皇太后）の実子と定められ、同二十二年十一月三日、立太子の儀が行われて皇太子となる。この年、赤坂離宮花御殿《あかさかりきゅうはなごてん》を東宮《とうぐう》御所とし、ここに移った。

天皇には十四人の兄弟姉妹があったが、多くは夭折《ようせつ》し、成人したのは四人の妹宮だけであった。それだけに明治三十三年五月十日、旧摂家・九条道孝《くじょうみちたか》の四女・節子《さだこ》（貞明《ていめい》皇后）と結婚し、翌年四月、長子・裕仁《ひろひと》親王（昭和天皇）が誕生し、ついで雍仁《やすひと》親王（秩父宮《ちちぶのみや》）、宣仁《のぶひと》親王（高松宮《たかまつのみや》）が誕生したことは、久しく見ることのなかった皇室の慶事として国民をほっと安堵《あんど》させた。

日露戦争の勃発後、陸海軍少将に昇進し、明治四十年十月に訪韓する。皇太子の外国訪問は空前のことであり、きわめて意義の深いものであった。韓国併合が行われるのは、その三年後である。明治四十五年七月三十日、明治天皇の崩御により、践祚して皇位を継承し、同日、「大正」と改元された。

大正四年（一九一五）十一月十日、即位礼が京都御所紫宸殿で挙行されたが、生来病弱で、まもなく国務をとることがしだいに困難となった。そこで同十年十一月二十五日、皇太子・裕仁親王を摂政に任じ、以後、療養に専心することになった。大正十年三月から九月にかけて、当時二十歳であった裕仁親王はヨーロッパ諸国を歴訪したが、このときをもって昭和の天皇の時代が始まったともいえよう。

しかし、天皇はついに健康を回復することなく、大正十五年十二月二十五日、葉山《はやま》御用邸で崩御した。翌昭和二年（一九二七）一月、追号を大正天皇と定め、二月七日、大喪《たいそう》の礼がとり行われ、武蔵陵《むさしりょう》墓地（東京都八王子市長房《ながぶさ》町）にある多摩陵《たまのみささぎ》に葬られた。

大正天皇は慈愛にあふれ、また諸事に簡潔を好んだ。文藻《ぶんそう》豊かで、父・明治天皇が和歌を好んだのとは対照的に、十七歳ごろからはとくに漢詩を好んだ。御製の詩稿は四十歳ごろまでに一三六七首の多数にのぼり、御集《ぎょしゅう》にはそのうち二五一首が収められている。（坂井）

第一二四代 昭和《しょうわ》天皇 一九〇一～一九八九（在位：一九二六～一九八九）

●戦前・戦後も「立憲君主」を貫き、長寿を保つ

昭和天皇は、明治三十四年（一九〇一）四月二十九日、明治天皇の初の皇孫として、当時まだ皇太子であった嘉仁親王（大正天皇）と節子妃（貞明皇后）の第一皇子として青山御所で誕生した。称号を迪宮《みちのみや》、名は裕仁と命名された。

枢密院《すうみついん》顧問官の川村純義《かわむらすみよし》伯爵が御養育掛主任となり、麻布《あざぶ》の邸に預けられた。養育の基本方

針は、心身の健康を第一とし、天性を曲げないこと、人を尊ぶ性格と克己心《こっきしん》を養い、わがままな習慣がつかぬよう配慮されたという。明治四十一年、学習院初等科に入学後は、院長の乃木希典が初等科主任（のちの初等科長）を兼ね、質実剛健をモットーに、健康、質素、勤勉が心がけられた。

明治四十五年（大正元年・一九一二）七月三十日、明治天皇が崩御し、父・嘉仁親王の即位にともない皇太子となる。明治天皇のあとを追って殉死する乃木大将は、命を絶つ三日前の九月十日、皇太子を訪問し、自ら朱を入れた山鹿素行《やまがそこう》の『中朝事実《ちゅうちょうじじつ》』を差し上げ、「ご成人あそばすと、この本の面白さがわかりましょう」と述べたという。

初等科卒業とともに東宮仮御所内に東宮御学問所が設けられ、海軍大将・東郷平八郎元帥がその総裁となった。ここで理想の天皇を育てるための帝王教育が七年間続けられる。「大日本帝国憲法」（明治憲法）の定める統治権の総攬《そうらん》者および帝国陸海軍を統《す》べる大元帥としての心豊かな「君主の徳」をそなえつつ、科学的な認識力をも身につけた立憲君主を育成することが、その目標であった。

大正八年（一九一九）六月十日、久邇宮邦彦《くにのみやくにひこ》殿下の第一王女・良子《ながこ》女王との婚約が決定し、大正十年の半年間にわたるヨーロッパ訪問をへた同十三年一月二十六日、御成婚の式がとり行われた。これに先立ち、訪欧の旅から帰国してすぐの大正十年十一月二十五日、天皇に代わって大権を行使する摂政に就任した。大正天皇は幼少のころから病弱であったが、即位後さらに病状が悪化し、国務の遂行が不可能なまでになっていたためである。

経済不況が進むなか、関東大震災に見舞われた大正十二年、議会開会式に向かう途中、無政府主義者により車めがけて狙撃されるという虎《とら》の門《もん》事件が十二月に起こった。弾丸は窓ガラスを貫いたが、裕仁親王は幸いにも難をまぬかれた。

大正十五年十二月二十五日、大正天皇の崩御にともない、ただちに皇位を継ぎ、年号は「昭和」と改元された。こうして名実ともに始まった「昭和」の年号は、『書経《しょきょう》』堯典《ぎょうてん》にある「百《ひゃく》姓《せい》昭明《しょうめい》、協《きょう》和《わ》万邦《ばんぽう》」（百姓昭明にして万邦を協和す）からとったという。

一年間の喪《も》に服し、諒闇《りょうあん》の明けた昭和三年（一九二八）十一月十日、京都御所で即位の大礼を挙げた。天皇が「君民体《たい》を一《ひとつ》にす、是《こ》れ我が国体《こくたい》の精華にして、当《まさ》に天地と並び存《そん》すところなり」と読み上げると、参列者は何度も「天皇陛下万歳」と高唱《こうしょう》した。

やがて関東軍の謀略による満州事変、海軍の青年将校たちによる五・一五事件をへて、美濃《みの》部《べ》達吉《たつきち》博士の「天皇機関説《てんのうきかんせつ》」を問題視する国家主義の動きが高まり、天皇を「現人神」にまつり上げる空気が醸成《じょうせい》されていった。しかし天皇は、本庄繁《ほんじょうしげる》侍従武官長に「機関説を排撃せんため、自分をして動きのとれないものとすることは、迷惑だ」と漏らしたという。

こうした天皇の思いが表面化したのは、陸軍皇道《こうどう》派の青年将校たちによる昭和十一年の二・二六事件であった。天皇を輔弼《ほひつ》する政府要人や侍従長らが襲撃され、三人の死者を出したとの報せを聞いた天皇は、「すみやかに暴徒を鎮圧せよ」と命じ、ためらう陸軍当局に対し、「朕《ちん》自ら近衛《このえ》師団を率いて、現地に臨まん」と言い放ったとされる。

これ以後、軍部の発言権はますます増大していき、盧溝橋《ろこうきょう》事件をきっかけに日中戦争が始まったのは、その翌年の七月七日のことであった。こうして日本は泥沼の戦争にのめり込んでいき、天皇は軍部の暴走に苦悩しなければならなくなったのである。

まもなくアメリカ、イギリス両国との関係も悪化していく。昭和十五年九月、日本は日独伊三国同盟を締結し、その対立が決定的なものとなった。この三国同盟について、天皇は側近の木戸幸一《きどこういち》内大臣に、「万一、情勢の推移によっては、重大な危局《ききょく》に直面するのではないか」と漏らしたとされるが、そのおそれはまもなく現実のものとなる。昭和十六年六月、独ソ戦の勃発にともない、日本軍が南部仏印（ベトナム）に進出すると、アメリカ、イギリス、オランダが歩調を合わせて日本の資産を凍結し、さらに石油の対日輸出を禁止した。

こうして同年九月六日、天皇臨席で開かれた御前会議は、「対米（英、蘭）戦争も辞《じ》せざる決意」のもとに、「帝国国策遂行要領《ていこくこくさくすいこうようりょう》」が決定された。その席上、天皇は「四方《よも》の海みなはらからと思ふ　世になど波風のたちさわぐらむ」という明治天皇の御製を声高く読み上げ、つづけて「朕は常にこの御製を拝誦《はいしょう》して、故大帝の平和愛好の御精神を紹述《じょうじゅつ》せんと努めているのである」と述べられた。軍部の暴走を抑えようとしたもので、居並ぶ全員粛《しゅく》として声なく、ただ頭《こうべ》を垂れるばかりであった。

だが、このような天皇の思いもむなしく、十一月五日の御前会議で日米交渉の打ち切りと十二月初頭の開戦が決まり、十二月一日の御前会議では、もはや戦争回避を口に出す者は一人もいなかった。東条英機《とうじょうひでき》首相が「本日の議題につき、ご異議なきものと認めます」と締めくくって対米開戦が決定し、同月八日、「大日本帝国天皇裕仁」の名によって、宣戦布告の詔書が発布されたのであった。

十二月八日のハワイ真珠湾奇襲攻撃に代表される緒戦こそ勝利を収めたものの、昭和十七年六月のミッドウェー海戦では、最新鋭の空母四隻を失うという致命的な敗北を喫した。制海・制空権を失った日本軍は、以後、豊かな経済力に支えられた米軍の強大な軍事力の前に無惨な敗退を重ねていった。

昭和十九年に入ると、マリアナ沖海戦の惨敗につづいて、サイパン島も陥落した。それまで連戦連勝を報じる大本営発表を鵜呑《うの》みにして、勝利を信じて疑わなかった多くの国民も劣勢を自覚するようになった。本土の主要都市が連続的に空襲され、翌二十年五月には皇居の宮殿も一部炎上した。

この年の二月、「敗戦は遺憾《いかん》ながら、もはや必至《ひっし》なりと存じ候《そうろう》」と奏上《そうじょう》した元首相の近衛《このえ》文《ふみ》麿《まろ》に対して、「もう一度戦果をあげてからでないと、なかなか話はむずかしいと思う」と述べていた天皇も、六月には「この際、従来の観念にとらわれることなく、戦争終結について速《すみ》やかに具体的研究をとげ、これが実現に努力せよ」と、鈴木貫太郎《すずきかんたろう》首相に指示した。

しかし、近衛らがソ連を介しての和平交渉に活路を見出そうとしていた七月二十六日、米・

英・中の三国から無条件降伏を要求する「ポツダム宣言」が発せられた。これをめぐって軍部が「本土決戦」を頑迷《がんめい》に主張し、意見がまとまらないうちに、広島に原爆を投下され、中立条約を一方的に破棄したソ連の参戦を招いてしまったのである。

つづいて長崎にも原爆を投下された八月九日、皇居吹上御苑《ふきあげぎょえん》の地下防空壕《ぼうくうごう》で最高戦争指導会議が開かれた。議題は「ポツダム宣言」を受諾するか否か。受諾派と本土決戦派が三対三に割れ、鈴木首相が臨席した天皇に決断を求めた。天皇は「外相（東郷茂徳《とうごうしげのり》）の意見に賛成である」とし、「堪《た》え難きを堪え、忍び難きを忍ぼう」と述べられた。

しかし、国体の護持《ごじ》をめぐって、「日本国民の自由に表明する意思によって決定せられるべきものとす」という連合国側の返答を知った抗戦派がいきり立ったため、十四日、あらためて御前会議が開かれた。「聖断《せいだん》」を求められた天皇は、「これ以上、戦争を続けることは無理と考える。自分はいかになろうとも、万民の生命を助けたい」と強く述べ、ここに「ポツダム宣言」の受諾が決定した。こうして八月十五日の正午、天皇の読み上げる「終戦の詔書」がラジオを通じて全国に流れ、国民はさまざまな思いで、この「玉音放送《ぎょくおん》」に耳を傾けた。

まもなくアメリカの進駐《しんちゅうぐん》軍が本土に上陸し、日本はGHQ（連合国軍総司令部）の占領統治下におかれた。昭和二十年九月二十七日、天皇は最高司令官マッカーサー元帥を赤坂《あかさか》の米国大使館に訪ねた。そして「すべての決定と行動に対する全責任を負う者として、私自身をあなたの代表する諸国の裁決にゆだねるためにお訪ねした」という天皇の発言が、元帥の胸を強く打ち、アメリカは占領政策を円滑に進めるためにも、天皇の戦争責任を不問に付すこととし、この方針はその後の極東軍事裁判（東京裁判）でも継承されたのである。

昭和二十一年の元旦、「新日本建設に関する詔書」、いわゆる「人間宣言」が出され、「五箇条の御誓文」を再び国是に掲げて、新日本の再建をめざすことになった。その直後から全国《ぜんこく》巡幸《じゅんこう》が開始され、昭和二十九年まで続けられた。この鎮魂《ちんこん》と謝罪の旅は、沖縄を除く全都道府県、三万三〇〇〇キロメートルに及んだ。その後も、毎年の全国戦没者追悼式に出席し、国体や植樹祭、園遊会などの場で国民との触れ合いを重ねた。

翌二十二年五月施行の「日本国憲法」により、天皇は日本国の象徴であり国民統合の象徴として、国際親善などに重要な役割を果たしていく。昭和四十六年にイギリスはじめヨーロッパの七か国、同五十年にアメリカを皇后とともに訪問し、とくにアメリカで「私が深く悲しみとする、あの不幸な戦争」と述べたスピーチは、国内外に大きな感動を与えた。そして晩年には、記者会見などで、「自分は立憲君主たらんと行動してきた。それに拘泥《こうでい》しすぎて、（開戦を）防止できなかったのかもしれない」と述べている。これが「戦争責任」論に対する天皇の誠心誠意の答えだったのかもしれない。

昭和六十三年九月から深刻な容体《ようだい》におちいり、翌六十四年一月七日、十二指腸《じゅうにしちょう》周囲にできた腺《せん》がんのため、吹上御所で崩御した。在位六十四年は歴代最長、八十七歳と八か月の生涯は最長寿の天皇であり、まさに激動というべき「昭和」の御代《みよ》はここに終わりを告げた。新元号が「平成」となった二月二十四日、大喪《たいそう》の礼が厳かにとり行われ、武蔵陵墓地にある武蔵野《むさしのの》陵《みささぎ》に葬られた。

平成二十六年（二〇一四）八月、宮内庁が二十四年余をかけて編纂した「昭和天皇実録」が今上天皇に献上され、翌月以降、一般にも公開されることになった。その誕生から崩御まで、昭和天皇の八十七年の生涯を綴ったもので、未公開文書などおよそ三〇〇〇点の資料をもとにまとめられている。この「昭和天皇実録」から何が浮かび上がってくるのか、昭和史の新たな書き換えもあるかもしれないと注目されている。（坂井）

第一二五代 今上《きんじょう》天皇 一九三三〜（在位：一九八九〜）

●「象徴天皇」を体現して全国民から慕われる

今上天皇は、昭和八年（一九三三）十二月二十三日、昭和天皇と良子《ながこ》皇后とのあいだに、待望の長男として誕生した。三歳のとき、「やがて皇位を継承される方だから、厳格に育てねば」と、昭和天皇・皇后のもとから東宮仮御所に移され、女官や乳母《めのと》の手で育てられた。両親だけでなく、姉妹、弟とも離れての生活で、学習院中等科時代、「ぼくは兄弟げんかの味も知らなくて」と漏らしたことがある。

学習院高等科一年までの四年間、英語教師として来日したヴァイニング夫人（アメリカの児童文学作家）から、授業と個人授業により、民主主義についても教えを受けた。こうして成長期を戦後の新憲法下の自由な空気のなかで過ごした今上天皇は、すでに皇太子時代、「国民の苦しみに心を寄せた過去の天皇の話は、象徴という言葉で表すのにもっともふさわしい。私も、そのようなものでありたいと思います」と、皇室のあるべき姿に思いを馳せていた。これはまさに「威厳より親愛の皇室へ」という理念の表明にほかならないであろう。

昭和二十八年、エリザベス英女王の戴冠式《たいかんしき》に昭和天皇の名代として参列し、引きつづき欧米諸国を訪問した。このとき自らの目で確かめた各国の王室と国民のフレンドリーな関係が、国民との交流を重視する「新時代の皇室」を模索する大きな契機となったとされる。

やがて昭和三十三年十一月、正田美智子さまとの婚約が皇室会議で決定した。旧皇族でも旧華族でもない一実業家の令嬢が皇太子妃になるとあって、皇室に新時代到来と大きな話題を呼び、日本中に「ミッチー・ブーム」が巻き起こった。翌年四月十日の御成婚パレードでは、二人を乗せた馬車をひと目見ようと、皇居から東宮仮御所まで約八・八キロメートルの沿道に五十三万人もの観衆が集まり、テレビも一気に普及した。

その翌年の二月二十三日、長男・浩宮徳仁親王《ひろのみやなるひと》（現在の皇太子）が誕生した。ついで昭和四十年十一月三十日、次男の礼宮文仁親王《あやのみやふみひと》（現在の秋篠宮《あきしののみや》）が誕生し、さらに同四十四年四月十八日、長女の紀宮清子内親王《のりのみやさやこ》（現在の黒田清子）が誕生すると、いずれも一般の子どもと同じように育てたいという願いで、乳母制度を廃して養育掛をおかず、ご夫妻の手元で養育された。

昭和天皇が崩御した昭和六十四年一月七日、皇太子・明仁親王はその日のうちに皇位を継いだ。新天皇即位にともない、皇后・良子が皇太后となり、皇太子妃・美智子が新しい皇后に、浩宮徳仁親王が新しい皇太子へと、それぞれ変わることとなった。昭和天皇の喪《も》が明けた平成二年（一九九〇）十一月にとり行われた即位礼の後、新天皇は、「つねに国民の幸福を願いつつ、日本国憲法を遵守《じゅんしゅ》し、日本国および日本国民統合の象徴としての務めを果たすことを誓う」と述べられた。

形式よりも自分の言葉で、折あるごとに平和への希求を口にされてきた今上天皇。そして何より、象徴天皇の立場を踏まえながら、「皆さんとともに」をモットーとされ、国民の一人ひとりに語りかけるそのソフトな姿勢は、多くの国民に好感をもって親しまれている。

平成二十一年、今上天皇は即位二十年を迎えられた。その記念式典で、阪神・淡路大震災をはじめとする自然災害の犠牲者への追悼を捧げ、ついで戦争の惨禍が再び繰り返されないよう、戦争体験を後世に伝えていくと決意を新たにされた。そして、皇后陛下とともども、国民の祝福を受けるこの佳《よ》き日を迎えられたことに感謝し、「あらためて自らの在《あ》り方と務めに思いを致す」と結ばれている。

さらに五年後の今秋十月二十日、美智子皇后も元気に満八十歳を迎えられ、お揃いで誠心誠意、お務めに励んでおられる。（坂井）

皇室略系図

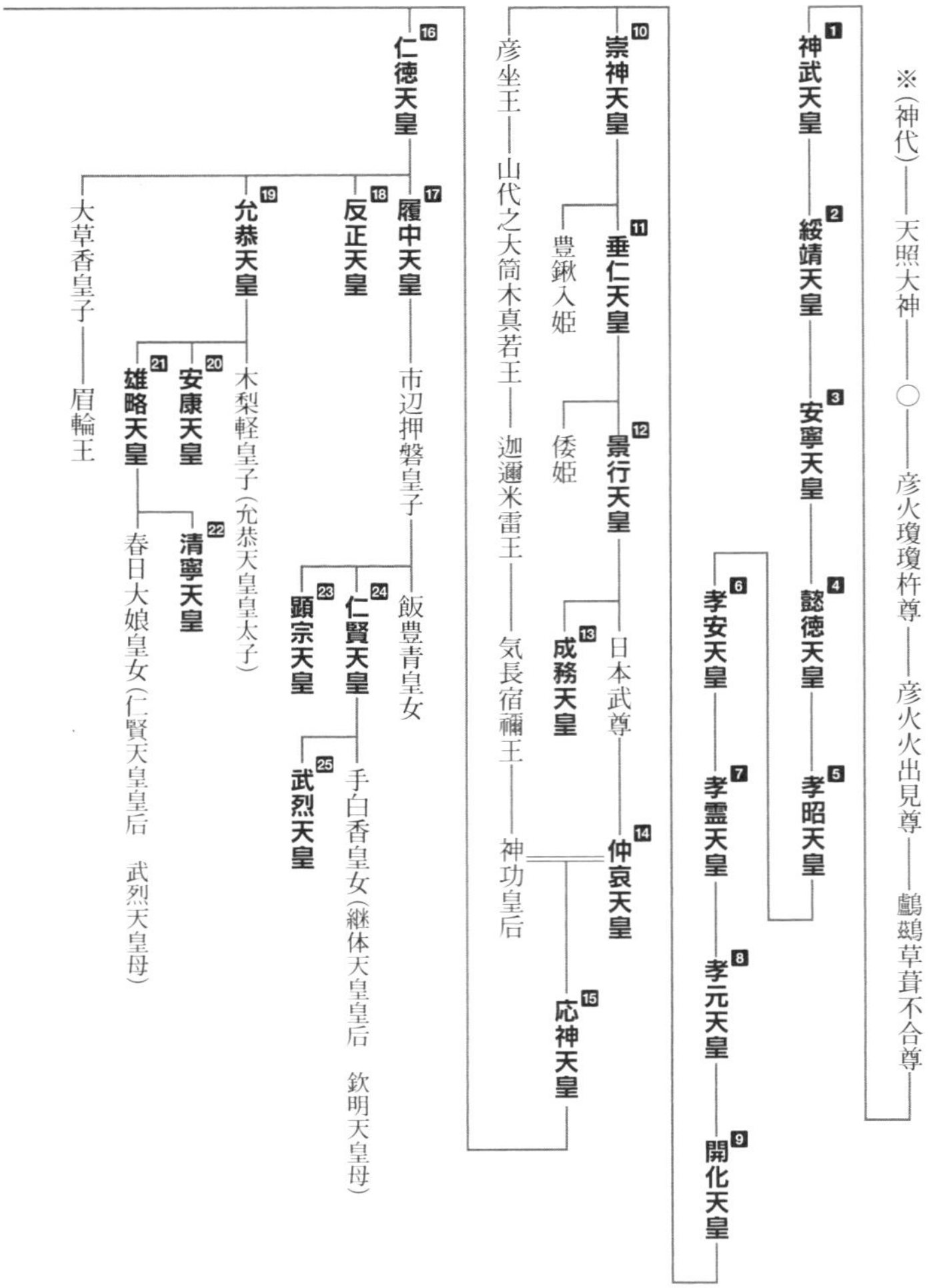

白ヌキ数字は「皇統譜」による天皇代数。丸数字は北朝即位順。
＊は追尊天皇および不即位・追尊太上天皇。

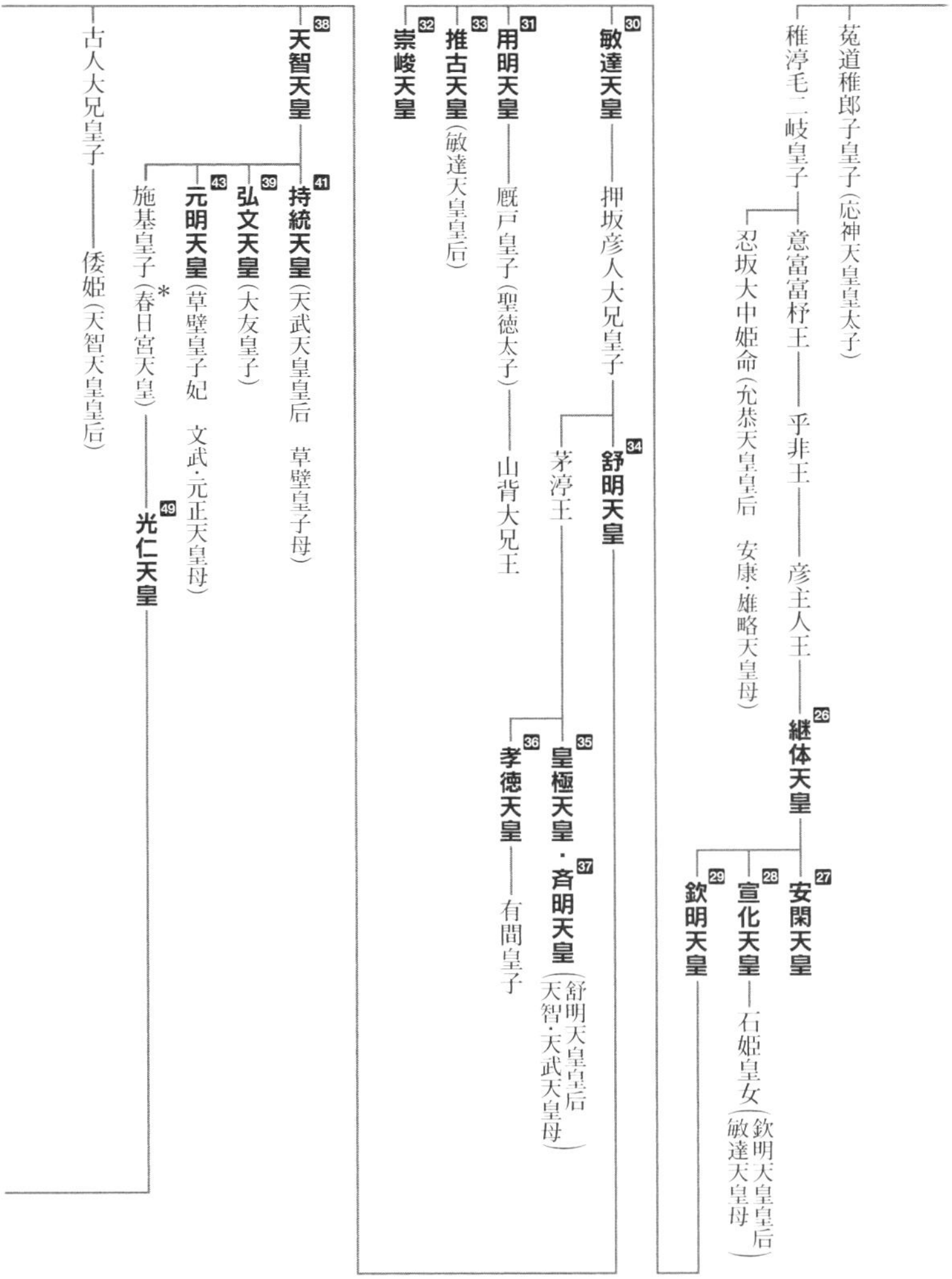
菟道稚郎子皇子（応神天皇皇太子）
稚渟毛二岐皇子
意富富杼王
忍坂大中姫命（允恭天皇皇后　安康・雄略天皇母）
乎非王
彦主人王
26 継体天皇
27 安閑天皇
28 宣化天皇
29 欽明天皇
石姫皇女（欽明天皇皇后　敏達天皇母）
30 敏達天皇
押坂彦人大兄皇子
34 舒明天皇
茅渟王
35 皇極天皇・37 斉明天皇（舒明天皇皇后　天智・天武天皇母）
36 孝徳天皇
有間皇子
31 用明天皇
厩戸皇子（聖徳太子）
山背大兄王
33 推古天皇（敏達天皇皇后）
32 崇峻天皇
38 天智天皇
41 持統天皇（天武天皇皇后　草壁皇子母）
39 弘文天皇（大友皇子）
43 元明天皇（草壁皇子妃　文武・元正天皇母）
施基皇子（春日宮天皇）*
49 光仁天皇
古人大兄皇子
倭姫（天智天皇皇后）

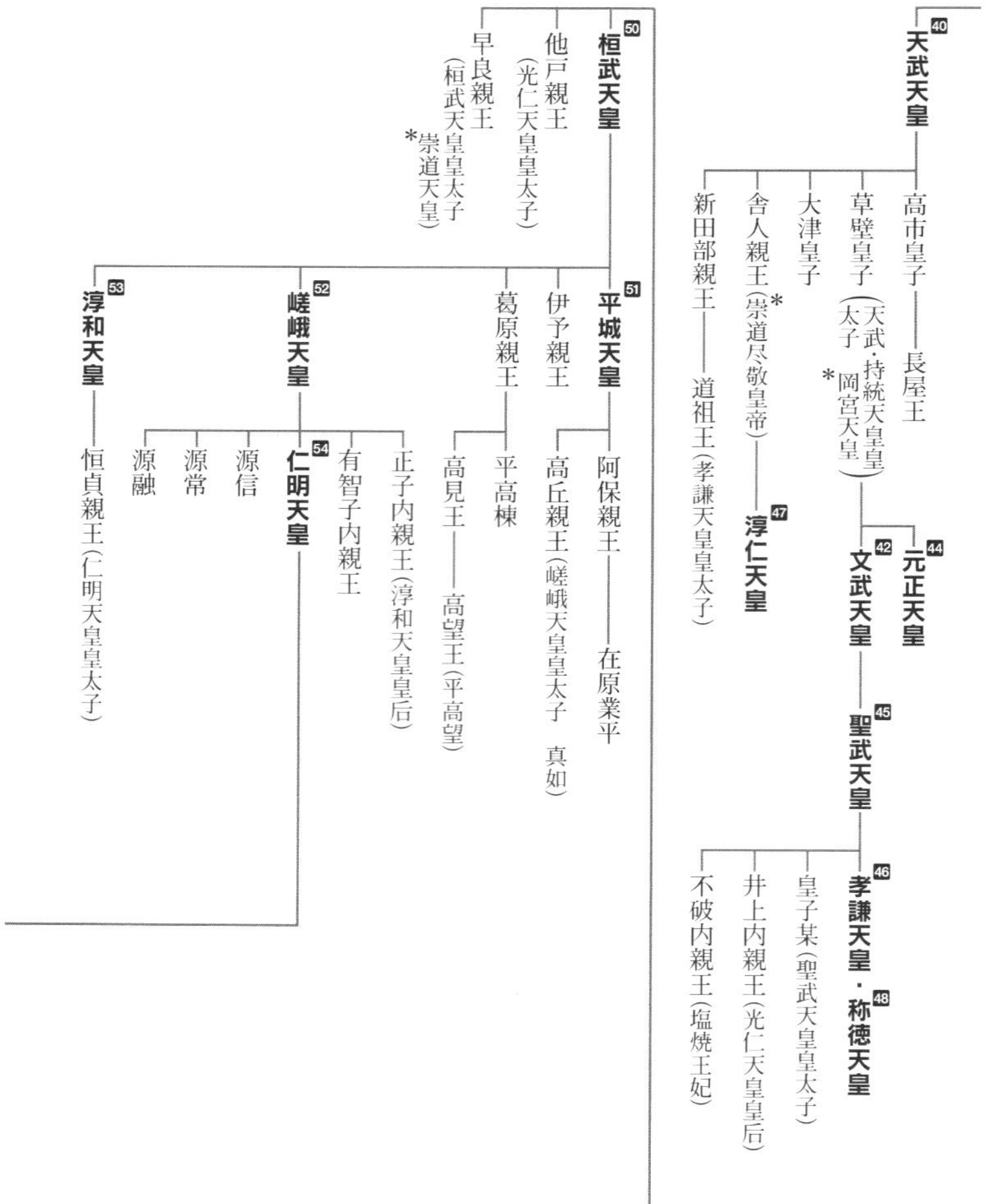
40 天武天皇
高市皇子
長屋王
草壁皇子（天武・持統天皇皇太子 *岡宮天皇）
大津皇子
舎人親王（*崇道尽敬皇帝）
47 淳仁天皇
新田部親王
道祖王（孝謙天皇皇太子）
44 元正天皇
42 文武天皇
45 聖武天皇
46 孝謙天皇・48 称徳天皇
皇子某（聖武天皇皇太子）
井上内親王（光仁天皇皇后）
不破内親王（塩焼王妃）
50 桓武天皇
他戸親王（光仁天皇皇太子）
早良親王（桓武天皇皇太子 *崇道天皇）
51 平城天皇
阿保親王
在原業平
高丘親王（嵯峨天皇皇太子 真如）
伊予親王
葛原親王
平高棟
高見王
高望王（平高望）
52 嵯峨天皇
正子内親王（淳和天皇皇后）
有智子内親王
54 仁明天皇
源信
源常
源融
53 淳和天皇
恒貞親王（仁明天皇皇太子）

- 55 **文徳天皇**
  - 56 **清和天皇**
    - 57 **陽成天皇**
  - 惟喬親王
- 58 **光孝天皇**
  - 59 **宇多天皇**
    - 60 **醍醐天皇**
      - 保明親王（醍醐天皇皇太子）
      - 源高明
      - 61 **朱雀天皇**
      - 62 **村上天皇**
        - 63 **冷泉天皇**
          - 65 **花山天皇**
            - 清仁親王 ― 延信王 ― 康資王（白川伯家祖） ― 源顕康
          - 67 **三条天皇**
            - 敦明親王（後一条天皇皇太子　小一条院）
            - 禎子内親王（後朱雀天皇皇后　後三条天皇母）
        - 64 **円融天皇**
          - 66 **一条天皇**
            - 68 **後一条天皇**
            - 69 **後朱雀天皇**
              - 70 **後冷泉天皇**
              - 71 **後三条天皇**
                - 72 **白河天皇**
                  - 73 **堀河天皇**
                - 実仁親王（白河天皇皇太子）
                - 輔仁親王 ― 源有仁
        - 選子内親王
        - 具平親王 ― 源師房
    - 敦実親王
      - 源雅信
      - 源重信
- 源多
- 源光

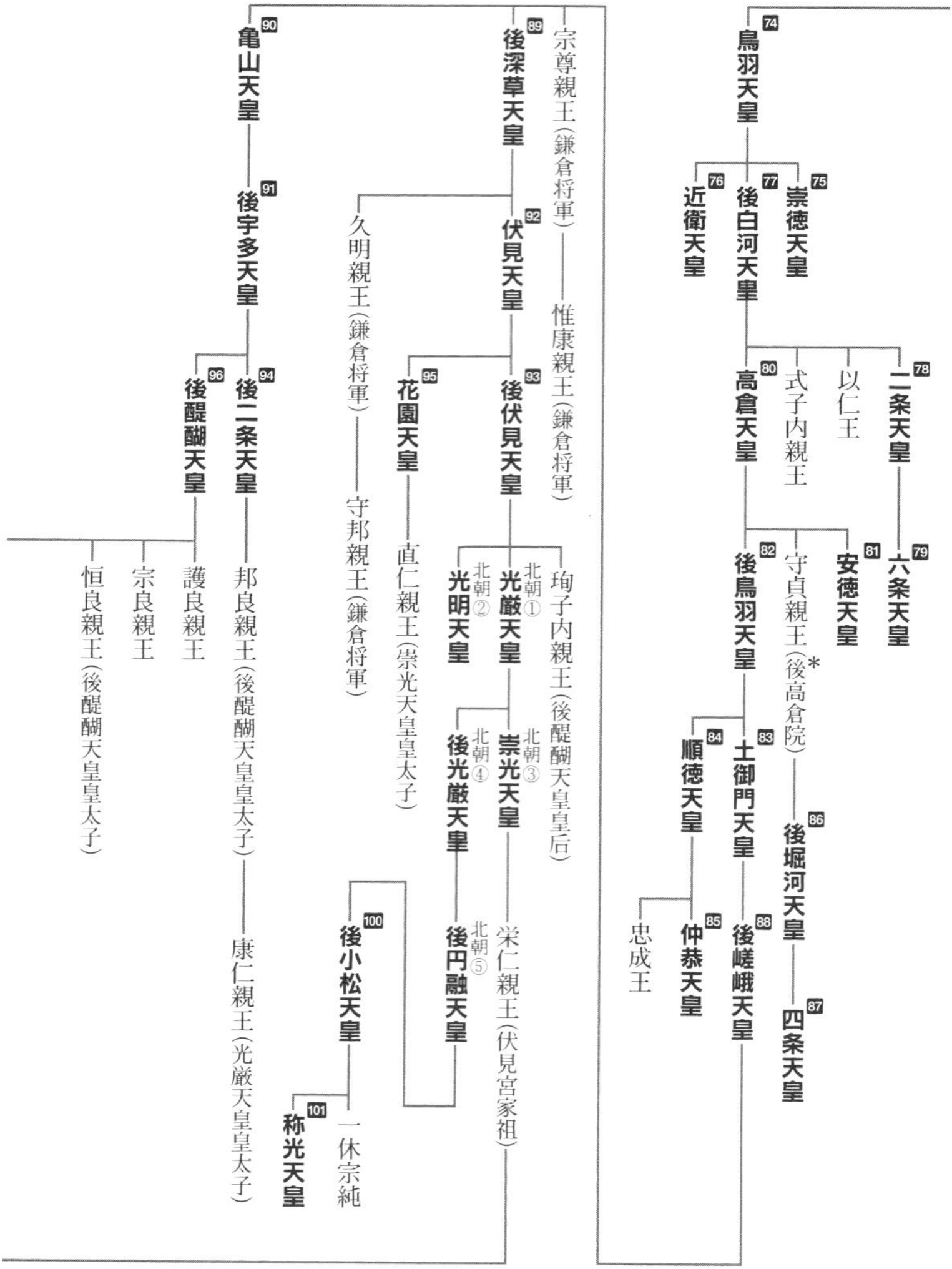
74 鳥羽天皇
75 崇徳天皇
77 後白河天皇
76 近衛天皇
78 二条天皇
以仁王
式子内親王
80 高倉天皇
79 六条天皇
81 安徳天皇
守貞親王（後高倉院）*
82 後鳥羽天皇
86 後堀河天皇
87 四条天皇
83 土御門天皇
84 順徳天皇
88 後嵯峨天皇
85 仲恭天皇
忠成王
宗尊親王（鎌倉将軍）
惟康親王（鎌倉将軍）
89 後深草天皇
92 伏見天皇
久明親王（鎌倉将軍）
守邦親王（鎌倉将軍）
93 後伏見天皇
95 花園天皇
直仁親王（崇光天皇皇太子）
珣子内親王（後醍醐天皇皇后）
北朝① 光厳天皇
北朝② 光明天皇
北朝③ 崇光天皇
北朝④ 後光厳天皇
栄仁親王（伏見宮家祖）
北朝⑤ 後円融天皇
100 後小松天皇
101 称光天皇
一休宗純
90 亀山天皇
91 後宇多天皇
94 後二条天皇
96 後醍醐天皇
邦良親王（後醍醐天皇皇太子）
康仁親王（光厳天皇皇太子）
護良親王
宗良親王
恒良親王（後醍醐天皇皇太子）

成良親王（光明天皇皇太子）
懐良親王
97 **後村上天皇**
98 **長慶天皇**
99 **後亀山天皇**
泰成親王（後亀山天皇皇太子）

貞成親王（後崇光院）*
102 **後花園天皇**
103 **後土御門天皇**
104 **後柏原天皇**
105 **後奈良天皇**
106 **正親町天皇**

誠仁親王（陽光院）*
107 **後陽成天皇**
智仁親王（八条宮　桂宮家祖）
108 **後水尾天皇**
好仁親王（高松宮　有栖川宮家祖）

109 **明正天皇**
110 **後光明天皇**
111 **後西天皇**
幸仁親王（高松宮を継承、有栖川宮と改称）
112 **霊元天皇**
113 **東山天皇**
文仁親王（八条宮を継承、京極宮と改称）
114 **中御門天皇**
直仁親王（閑院宮家祖）
115 **桜町天皇**
116 **桃園天皇**
117 **後桜町天皇**
118 **後桃園天皇**
欣子内親王（光格天皇皇后）
典仁親王（慶光天皇）*
119 **光格天皇**

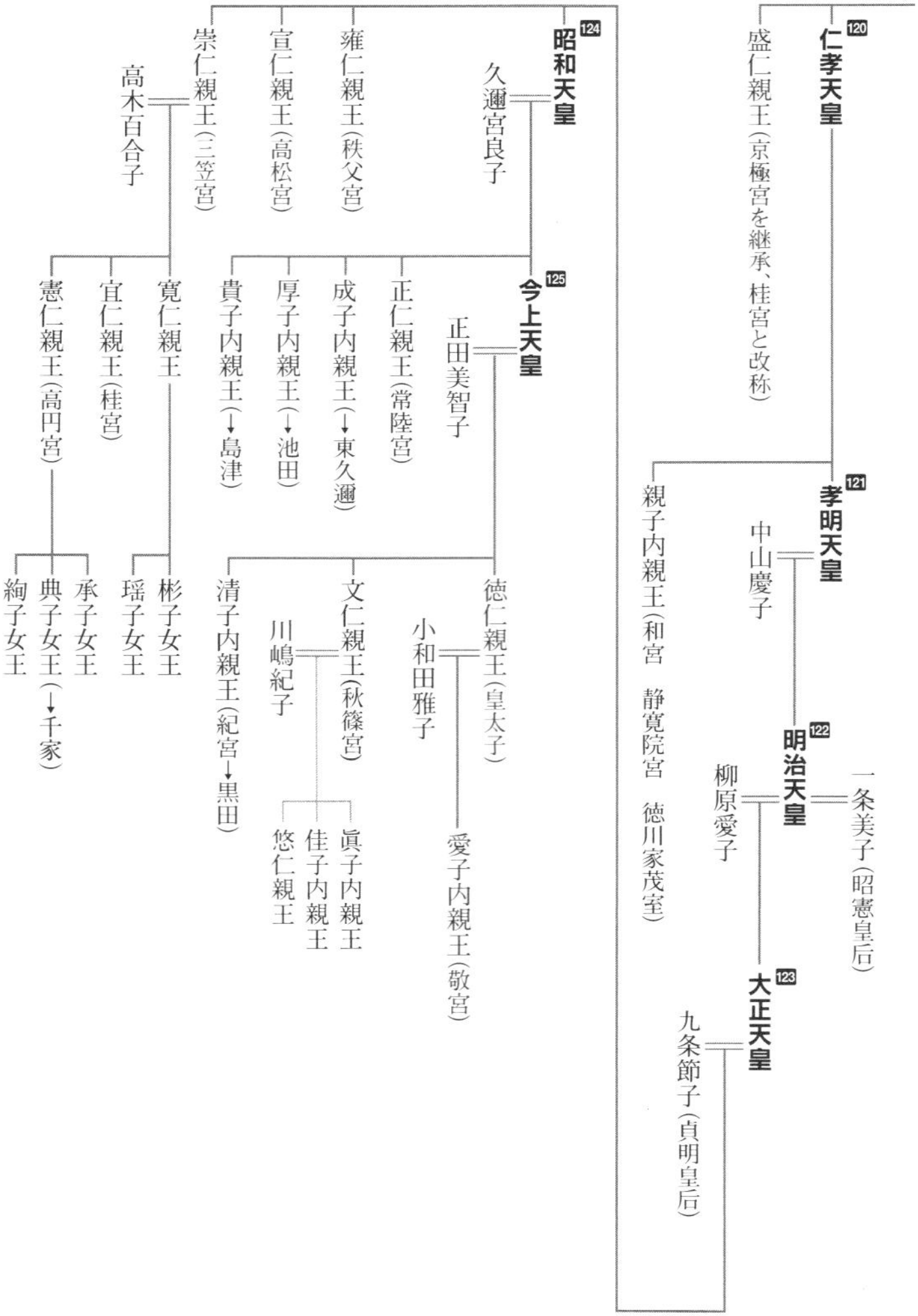
120 仁孝天皇
盛仁親王（京極宮を継承、桂宮と改称）
121 孝明天皇
中山慶子
親子内親王（和宮 静寛院宮 徳川家茂室）
122 明治天皇
一条美子（昭憲皇后）
柳原愛子
123 大正天皇
九条節子（貞明皇后）
124 昭和天皇
久邇宮良子
雍仁親王（秩父宮）
宣仁親王（高松宮）
崇仁親王（三笠宮）
高木百合子
125 今上天皇
正田美智子
正仁親王（常陸宮）
成子内親王（→東久邇）
厚子内親王（→池田）
貴子内親王（→島津）
寛仁親王
宜仁親王（桂宮）
憲仁親王（高円宮）
徳仁親王（皇太子）
小和田雅子
文仁親王（秋篠宮）
川嶋紀子
清子内親王（紀宮→黒田）
愛子内親王（敬宮）
眞子内親王
佳子内親王
悠仁親王
彬子女王
瑶子女王
承子女王
典子女王（→千家）
絢子女王

■執筆者（五十音順）

荊木美行（いばらき・よしゆき）
1959年和歌山県生まれ。筑波大学大学院地域研究研究科修士課程修了。皇學館大学大学院教授。著書に『初期律令官制の研究』（和泉書院）、『律令官制成立史の研究』『風土記と古代史料の研究』（以上、国書刊行会）ほか。

木本好信（きもと・よしのぶ）
1950年兵庫県生まれ。駒澤大学大学院日本史学科博士後期課程修了。前・甲子園短期大学学長。著書に『律令貴族と政争』（塙書房）、『奈良時代の藤原氏と諸氏族』（おうふう）ほか。

久保貴子（くぼ・たかこ）
1960年岡山県生まれ。早稲田大学大学院文学研究科博士後期課程修了。早稲田大学非常勤講師。著書に『近世の朝廷運営―朝幕関係の展開』（岩田書院）、『後水尾天皇』（ミネルヴァ書房）ほか。

五島邦治（ごしま・くにはる）
1952年京都府生まれ。大谷大学大学院文学研究科博士後期課程修了。京都造形芸術大学客員教授。著書に『源氏物語六條院の生活』（風俗博物館）、『京都　町共同体成立史の研究』（岩田書院）ほか。

坂井洋子（さかい・ようこ）
1953年大阪府生まれ。作家。著書・共著に『幕末維新史事典』『物語　龍馬を愛した七人の女』（以上、新人物往来社）『日本女性史事典』（三省堂）、『歴代天皇一〇〇話』（立風書房）ほか。

清水　潔（しみず・きよし）
1948年三重県生まれ。皇學館大学大学院文学研究科修士課程修了。皇學館大学国史学科教授をへて同大学学長。著書に『類聚符宣抄の研究』（国書刊行会）、『新校　本朝月令』（皇學館大学神道研究所）ほか。

竹居明男（たけい・あきお）
1950年京都府生まれ。同志社大学大学院文学研究科博士後期課程中退。同志社大学文学部教授。著書に『日本古代仏教の文化史』『北野天神縁起を読む』（以上、吉川弘文館）、『天神信仰編年史料集成』（国書刊行会）ほか。

平泉隆房（ひらいずみ・たかふさ）
1954年福井県生まれ。皇學館大学大学院文学研究科国史学専攻単位取得退学。金沢工業大学教授。白山神社宮司。著書に『中世伊勢神宮史の研究』（吉川弘文館）。

■企画・編集　小倉一邦（クエストラ）　■図版作成　木川六秀

監　修

所　功（ところ・いさお）

京都産業大学名誉教授。昭和16年（1941）岐阜県生まれ。名古屋大学文学部史学科卒業。同大学大学院文学研究科修士課程修了。皇學館大学助教授、文部省教科書調査官をへて、京都産業大学法学部教授、法学博士（慶應義塾大学）。平成24年より、同名誉教授、モラロジー研究所教授、麗澤大学客員教授。専門は日本法制文化史（主に平安以来の宮廷制度、近現代の皇室文化）。

著書に『伊勢神宮』（講談社学術文庫）、『京都の三大祭』（角川ソフィア文庫）、『皇室の伝統と日本文化』『歴代天皇の実像』（モラロジー研究所）、『皇位継承のあり方』（PHP新書）、『天皇の「まつりごと」』（NHK出版生活人新書）、『天皇の人生儀礼』（小学館文庫）など。

JIPPI Compact

じっぴコンパクト新書　226

歴《れき》代《だい》天《てん》皇《のう》知《し》れば知《し》るほど

2014年12月31日　初版第一刷発行

監修者……………所　功
発行者……………村山秀夫
発行所……………実業之日本社
〒104-8233　東京都中央区京橋3-7-5 京橋スクエア
電話（編集）03-3562-1967
　　（販売）03-3535-4441
http://www.j-n.co.jp/
印刷所……………大日本印刷
製本所……………ブックアート

ISBN978-4-408-33314-4（編集企画第二）